The History of "South-Bound Expansion of Japan"
Historical Patterns of Japanese Views on Southeast Asia

矢野暢 YANO Toru

「南進」の系譜

日本の南洋史観

千倉書房

南へ、南へ。

の言葉をくりかへさう。この言葉が日本人の全人口によつて高唱されるの日の来たるまで。

氷と雪と朔風と闘争の北へではなくて、南へ、南へと。

メナム河の流れへ、メコン河の広大な平原へ

比律賓、ボルネオ、スマトラの大平原へ、密林へ、常春の林の中へ

処女地南洋へ

スコオルが大地を狂はせる南の国へ

民族待望の南の海と土とへ

それから若き大陸濠洲へ

労働者の天国ニュウ・ジイランドへ

それから更に印度の方へ（略）

こゝに日本民族の使命があり、こゝに日本の歴史的約束がある。こゝに日本の人口が移し植ゑられなくてどこに日本人のはけ口があらう。こゝに日本の過剰労働と、技術と、知識と、資本とが用ゐられなくて、どこに用ゐるところがあらう。そしてまたこゝに日本の市場が開拓されなくてどこに日本の将来があらう。

『南進論』より（室伏高信著、日本評論社、二五一―二五六ページ）

「南進」の系譜　日本の南洋史観

目次

第一部 「南進」の系譜

第二部 日本の南洋史観

第一部 「南進」の系譜

まえがき

私は、過去数年間、このような本を書かねばならないと思い続けてきた。過去一、二年、その思いは、もう強迫観念のように私をしばるようになっていた。書きあげて念願を果したいま、やっとその強迫観念からの解放感を覚えている。

私がこの仕事に取り組むようになった動機が何であったかは、自分でははっきりとわかるような気がする。第一に、私が、日本人の海外での生態という事柄に興味を抱き始めてから久しい。そして、私は熊本県の生まれで、生家は水俣と八代との中間の佐敷(現在は芦北町)という小さな町にある。私は京都大学に入るまで、毎日のように天草を眺めて育った。しかも、私は、幼時の十年間を旧「満州」で過ごした引揚げ者でもある。戦前に外地に住まった日本人の生態も少しは実感としてわかるのである。

第二に、私は東南アジアのことを研究している以上、現地での生活が長く、とくに昭和三十九年から二年間、マレー半島の一イスラム村落で、調査のため村民になりきって暮したことはいまの私に大きな影響を与えている。当時近くの町に熊本弁をしゃべる日本人の老婆がいて、調査の合い間に一、二度世間話をしに行ったことがある。そのとき、私はまだ、そのような老婆がマレー半島にいることの意味を深刻には考えてはいなかった。そのことはともかく、私の場合、東南アジアの現地に住む、純朴で善意そのものの日本人とのつきあいは比較的長い。そういう人びとのためになにかを書かねばと思いたったのはだいぶ前のことである。

第三に、私は、ある段階から、東南アジアの各地で反日論がふつふつと起こるのを気にし出していた。

それは深刻な悩みの種であった。決定的だったのは、昭和四十九年一月、田中角栄首相の一行が来たときに、ジャカルタでたいへんな「反日」暴動を体験したことである。そのとき、底知れない恐怖感の中で、日本人がなぜこんな目に遭わなければならないかを解き明かさねばならないと思った。そして、そのことは、「お前はなぜ東南アジアを学ぶのか」という問い掛けを誰かから受けた場合、はっきりした解答を返せることにもつながるだろうと考えた。

要素分析するとこのように二つ、三つにわかれるのだが、とにかく、いわくいい難い、複合的な動機に駆られて私はこの本を書き始めた。書きながら、私は、この本を通じて打ち出すべき自分の狙いを心の中で確認し続けた。むろん、私のかねてからの念願は、いまの日本の無関心な土壌の中で、東南アジア研究に正当な「市民権」を与えること、そして、日本人の南方との関わりというテーマを、アジア学界の主要なテーマとして浮かび上がらせることである。

しかし、そういうこととはまったく別に、日本人の南方との関わりということについて、私なりのいくつかの具体的な問題意識があった。ここでの私の意図は、次の六つの問題について、私なりの解答を出してみることであった。

日本人の南方関与は、「アジア主義」的特質に乏しく、その意味からも、日本の朝鮮半島および中国との関わりと、東南アジアとの関わりとは本質的に違うのではないか。

明治時代の「南進論」については思い切って評価のレベルを下げてよく、むしろ同時代の無告の民の南方流出のほうに比重を掛けるべきではないか。

「南進論」についていえば、むしろこれまであまり注意を払われていない大正時代の「南進論」的風潮にもっと注目する必要があるのではないか。

明治以降の日本人の南方関与を、太平洋戦争という「南進」政策が可能になった基盤、という観点から吟味してみることもだいじではないか。

日本人の南方進出の研究は、もうそろそろ個々の日本人、個々の進出企業の個別研究の域まで進まなくてはならないのではないか（この本では堤林数衛、高橋忠平その他についてケーススタディを行なってみた）。戦後の日本人の東南アジア進出についてまわる精神性は、戦前の「南進」との連続性の上で捉えることができるのではあるまいか。

このような私の狙いは、いまの段階では少しぜいたく過ぎたかも知れない。しかし、かりに出来上がりは不完全でも、歴史の淘汰に耐えて残りうるようなある程度の水準の実証的な仕事にしたいと思い、私なりにできるだけの努力をしてみたつもりである。しかし、きらびやかで尊大な近代日本、つまり今日まで脱亜入欧を続けてきた近代日本の「業」を暴き、かつ裁こうとする私のかっこいい意図は、時にはぐらついてだめになりそうになったこともあった。とにかく、とんでもなくしんどい仕事であった。

たとえばあるできごとの起こったのが何年であったか、年号一つ確認するだけでも大変なのである。だいいち、資料が乏しくて、ほとんどのことがまるで判然としない。立派な年表などありはしない。全面的に信頼できる資料やデータは、ほんとうのところ、皆無であった（『南洋の五十年』や西村竹四郎の『在南三十五年』などまでも含めて）。それに、私より先に同じような研究をした人が、入江寅次氏のような民間の篤学の士以外にはいないというのもつらいことであった。けっきょく、私が、最後のところで、いちばん頼りにしたのは自分の足であり、耳であり、そして自分の直感であった。

私の取材先は、日本国内はむろんのこと、シンガポールやインドネシアにまで及んだ。日本国内では、忙しい公務の合い間を縫って、山形、新潟、東京、名古屋、大阪、京都、福岡の各地で取材を重ねた。山形で堤林数衛の生前の日記十数巻を含む得難い一次資料を発見したこと、新潟の柏崎でからゆきさんのブロマイドや、明治大正時代にシンガポールで出版された幾冊かの書物を入手できたこと、また戦前、照南神社の神主をしておられた千々和重彦氏が博多にご健在なことを知り、飛んで行って実に有益な面接の機会に恵まれたことなど、取材にまつわる思い出は尽きない。

この間、たくさんの方々にお世話になった。順不同にあげると、福田庫八、入江寅次、千々和重彦、堤林三郎、高橋士郎、吉井牛太郎、木村二郎、市倉徳三郎、杉山周三、小関三郎、大場条太郎、世川惣次、佐藤武英の各氏など……、私の意図をよく理解して下さり、貴重なご教示をいただいた方々の名前を全部あげ尽くすことはできない。私は、こういう方々も含めて、明治以降南洋で苦闘された善意の日本人すべてに、この本を捧げたく思う。

また、この本の完成までには、多くの方々に取材の便宜を図っていただいたし、また文献蒐集やデータ確認そして原稿の清書などのために、なん人かの心優しいひとたちが下働きを勤めてくれた。あわせて、深く感謝の意を表したい。原稿の完成を辛抱強く待っていて下さった中央公論出版部の正慶孝氏には、特別にお礼をいわなくてはならない。

なお、本文中では、存命の方の場合でも、なるべく敬称は略させていただいた。それぞれなんらかの歴史的存在として位置づけたつもりであって、そのためには、敬称は不必要だと思ったからである。

この本は、ある意味では未完成である。これだけの拡がりをもつ仕事は、私一人の手に負えるものではない。もし読者の方々のご協力を得ることができて、いずれ日本人の南方関与の歴史がもっと鮮明に描けるようになるとすれば、この拙ない本を著した意味があったということになるだろう。

昭和五十年八月十五日

京都深草墨染にて　　　矢野　暢

プロローグ

「南方関与」ということ

❖ある歴史学的課題

さて、いったいなにからどう書き始めたらいいのだろう。なにせ、いまから書こうとしていることは、日本の近代史の、目立たないけれどもだいじな主題となった大きな事柄なのである。そして、すべては明治初年の昔に始まっている。

まず、次の作文を読んでいただこう。いずれも戦争前に書かれた小学生の作品である（木村二郎編『南十字星』第四号所載）。

作品1　僕の弟はスラバヤで生れました。南洋で生れましたから洋二と名をつけました。洋ちゃんはよく太つてゐて、せいも割合高いやうです。でも家中では一番小さいのです。（昭和十年、四年生の作

品）

作品２　此の間、ぼくの山でとらがとれた。其のとらは、わりあひに小さかつたが、めすにしては大きかつた。とらは頭にたくさんきずをしてゐたので、僕は、ゆふべはずゐぶんあばれたのだなと思つた。（昭和十二年、三年生の作品）

作品３　僕等が尋常二年の時始つた戦争が今でもう満二年です。……僕は支那へ行く出征軍人を送つたことは無いけれども、僕たちのために戦つて下さるのですからありがたいと思つてゐます。日本人会で送る時、僕のパパも慰問袋を送りました。送るのにお金を三円使ひました。……シンガポールにゐる支那人は日本をとてもにくいと思つてゐます。（昭和十四年、四年生の作品）

このすばらしい作文を書いた子供たちがその後どうなったか、私は知らない。彼らは、これを書いた当時、シンガポールの日本人小学校に学んでいて、日本にはいなかった。南洋に生まれ育ったこのような純真な日本人にとって、いうまでもなく、その後の歴史の経過は、いいようもなく無慈悲なものであった。これらの作品は、日本と南洋との関わりについて、大きな問題を投げかけているように思う。いわゆる「南進」といういまわしい現象を担った人びとの中に、歴史悪に貢献した野心的な日本人とそうでない純真な歴史の犠牲者とが同時に含まれていたということである。

昭和十五、六年にはじまった南方圏とのにわかな国策的な関わりを、歴史家の清沢洌は「速足なる日本の南進歩調」（「日本国際史」国際関係研究会編『米国の太平洋政策』所収）と巧みに捉えている。この「速足の南進歩調」をつくり出したものは何であったのか、また、どういう歴史的条件が整っていたところで、日本はそのような「南進歩調」をとろうとしたのか、肝心なことはまだよくはわかっていないのである。とくに、昭和期「南進」に正当性のイメージを与えたのは、正統的な日本人が明治の頃から国策的な南方進出の歴史を重ねてきていたかのような誤った判断であった。はたして、ほんとうにそうであったのか。もしそうだとすると、南方と関わったすべての日本人が悪意の人間であったということになりはしないのか。

❖用語法の微妙さ

私は、戦後になって日本人が使い始めた「東南アジア」という言葉に、まだどうもしっくりいかないものを感じるのである。戦前の日本人がこの言葉を用いなかったというわけではない（昭和十二年七月『満鉄調査月報』十七巻七号「東南アジアに於ける日英の抗争」、昭和十四年八月『新亜細亜』一巻一号、本田敬之「東南アジアに於ける国際航空路」、昭和十五年九月『太平洋』三巻九号、関嘉彦「ドイツの東南アジアに対する政治経済関係」など、かなりの数の実例がある）。しかし、ふつうの日本人は、この言葉を連合軍からの借り物として、つまり他人の言葉として、戦後、かっこよく使い始めたのである。

戦前は、はじめ「南洋」がいちばん正統な表現であり、やがて「南方」「南方圏」という言い方もそれに劣らず親しまれるようになった。そして、その頃の日本と現地との関わりの過程で、日本と東南アジアとの関わりを律するすべての論理が出尽くしているのである。要は、第二次大戦後の関係だけをみても、日本と東南アジアとの関わりのことはなにもわからないということである。日本人が、「南洋」を「東南アジア」と言いかえただけで、過去の歴史をきれいさっぱり忘却したのだとすれば、歴史というものをないがしろにする許しがたい傲慢な態度だといわなくてはならない。

こういうたくさんの問題を、これからできる限り解き明かしてみたいと思う。

その前にもう一つ、言葉の問題でいえば、私は「南進」という言葉の乱用をつつしむべきだと考える。この言葉には、悪いニュアンスがまとわりつきすぎている。だから、私は、日本人の南方との自然な関わりの総体を「南方関与」と呼び、そして「南方関与」が国策と結びつき、望ましくない傾向を帯び始めた局面についてだけ、「南進」という表現を用いることを提案したい。つまり、私が描こうとしている事柄は、「南進」をも内包した、日本人の「南方関与」の総体である。

そういう話の前置きで、まずさしあたって、明治の初めに、日本人はそもそもどういう具合に「南方関与」を開始したのか、そのことからはっきりさせていこうと思う。

I 南方関与のはじまり

日本人進出の端緒

❖シンガポールの場合

まず、シンガポールである。シンガポールの日本人進出の歴史を語ることは、明治のからゆきさんから昭和の「南進」にかけて、日本人の南方関与をそのまま跡づけることになる。

明治の初めのシンガポールが、人口吸引力をもった魅力的な文明都市であったとは思えない。明治初期のシンガポールは「付近はまだ草茫々として、虎も折々出て人をさらひ、鰐は少しも珍らしくないといつた状態」(羽生操『椰子・光・珊瑚礁』)だったそうである。明治十年頃になってもまだ二階建ての建物はなく、家はみなニッパ椰子《やし》葺きであったという。電気がつくのは明治二十三年である。この町は、横浜、神戸、上海、香港、そしてインド、欧州とつながる国際航路の一つの寄港地であった。なによりも、それは、淫蕩な白人たちのうごめくミナトであった。

このシンガポールに最初に行った日本人がだれであったか、ほんとうのことは遠い歴史のもやに隠れてよくはわからない。ただ、それが女性であったことだけは、どうやらはっきりしている。南洋への女性進出史を調べている山崎朋子は、そのことについて、次のように慎重なしかも巧みな書き方をしている。

「シンガポールにおける日本人娼婦の第一号は、明治初年にシンガポールで夫のイギリス人が死んだため生活の方途を失った日本人妻だとも言われ、また明治四年にシンガポールへ上陸した横浜生まれのお豊という女性であるとも言われている。このほかにもまだ、黒髪を切り男装してシンガポールへ渡って来たおヤスという女性が最初だとか、サーカス団の一員としてシンガポールに来てそのまま帰らなかった〈伝多の婆さん〉だとかいった説もあるが、いずれにせよ明治期も早い頃からからゆきさんの歴史ははじまっていると言わなくてはならない」（『サンダカンの墓』四七ページ）

このなにげない一つの文章から、著者がたくさんの文献にあたっていること、しかも、いくつかの文献がそれぞれ違った事実を伝えているため面喰らったことが如実に読みとれるのである。この文章の中のそれぞれの情報を私なりにもとの文献に戻してみると、次のようになる。

最初の「明治初年にシンガポールで夫のイギリス人が死んだため生活の方途を失った日本人妻」は、塩見平之助の『南洋発展』（明治四十五年）からとられている。

「明治の初年、横浜より日本女子を妻とせる一英人の新嘉坡に移転して幾もなく死去せし者あり。其妻乃ち断髪男装して其地のヨーロッパ、ホテルのボーイ稼に従事せしむ。容色の衰へたりと謂ふにも非ず。遂に人に誘はれ、陋巷に賤業を始めたる者、実に南洋に於ける日本賤業の祖師様なりと伝へり」（一九五ページ）

次の情報、つまり「横浜生まれのお豊」については、二、三のたしかな資料がある。この女性については後で触れるけれども、必ずしも娼婦であったとはいえない。

第三の情報「黒髪を切り男装してシンガポールへ渡って来たおヤスという女性」は、おそらく井上雅二の『南洋』(大正四年)の次の文章が根拠になっているのだろう。「古老に聞くに、新嘉坡に足を印したる日本娘子軍の第一人はおヤスといふ美人であつた。……おヤスは即ち緑の黒髪を、根元より切り落し、ボーイに変装して、外人のホテルに住み込み、その愛嬌と忠勤とは、いたく旅客や主人の愛する処となつた」(七五〜六ページ)。また同じ内容のことを、南蛮鉄こと佐野實が大正四年の段階で書いている(「南洋に評判の日本女豪傑」『実業之日本』大正四年春季増刊、一二二ページ)。そして、最後の「伝多の婆さん」のことは、南洋及日本人社刊の『南洋の五十年』その他に出てくる。その『南洋の五十年』には、もう一つ別の情報も出てくる。

「維新前後。尤《もつと》も古い時代に新嘉坡に来てゐた人と云へば元ローヤルシヤターの母親《おつか》さんと云つていた松田うたさんであつたらう。何んでも、御維新の三、四年前大阪で支那人の妻君になり、一所に新嘉坡に来て店を開け仕入れに帰朝中台湾征伐が始まり、便船がなくて帰星を遅らした事があつたと云ふ話をしてゐた。サーカスに加つて来星其まゝ居残つた伝多の婆さんと共に、井上外務卿の署名のある旅券を持つて偉張つてゐた」(一三六ページ)(引用中の「星」はシンガポールの広東語読み「星加坡」より：編注)

しかし、井上外務卿の署名ある旅券というのが気になる。井上馨が外務卿に就任したのは明治十二年九月である。井上は、それ以前にも、慶応四年一月末から短期間、外国事務掛に勤めていたことがあるが、はたして「旅券」に「外務卿井上馨」と署名したであろうか。

いずれにせよ、こういう曖昧なたくさんの情報の中から、一つの真実を浮かび上がらせるのはたいへん難しい作業である。さあ、いったいどれが正しいのだろう。

井上雅二の『南洋』に出てくる「おヤス」という女性が現存したことは事実のようである。しかし、ほんとうのおヤスは大道でバナナ売りをしていたという説もある。井上が、「おヤスは即ち緑の黒髪を、根元より切り落し」と書いているのは、塩見の『南洋発展』があげた「一英人の妻」の特徴とも合致する。ここらあたりには、情報学でいう、いわゆる「コンタミネーション」(情報の混同)の可能性がみてとれる。

井上雅二についてはあとからくわしく触れようと思うが(本書九〇ページ参照)、この人はたいへんなアジア主義者であって、世界を股にかけた男である。彼がシンガポールに初めて行ったのは明治四十三年のことで、いったん帰国後、翌四十四年夏からはジョホールでゴム園開拓に従事している。したがって、大正の初めに『南洋』を執筆したときは現地にいたわけである。しかし、彼の性分からして、彼が正しい情報蒐集に専心したという保証はない。

「情報の混同」という観点から、こんどは塩見の『南洋発展』に迫ってみると、「明治の初年、横浜より日本女子を妻とせる一英人の新嘉坡に移転して幾もなく死去せし者あり」という情報に該当する日本女性がいたことは事実である。それを明らかにするためには、どうしても、「お豊」という女性について触れないわけにはいかないようである(主として、西村竹四郎『在南三十五年』六四〇～三ページによる)。

お豊は、江戸の植木職人の娘であった。十二歳のとき、徳川慶喜の母天正《ママ》院の屋敷に奉公にあがったが、持病の喘息のために親元に戻ってしまう。その後、父親は横浜で外国人と鉄工所を開いている。お豊にはお花という従姉(姉という説もある)がいたが、お花は横浜に来ていた英国人商人グレーンに見初められ、結婚する。グレーンはその後シンガポールに発ち、まもなくお花を現地に呼んでいる。お花は喘息持ちのお豊に同情しており、喘息がなおるからといって、お豊をシンガポールまで連れて行く。お花とお豊が日本を出たのは明治元年四月であった。

お豊の喘息はいったんなおったが、三年目に従姉夫妻と日本に帰ったら再発したので、またシンガポールに戻っている。明治三、四年のことである。明治六年頃、従姉の夫グレーンは病死する。残された二人は共同して雑貨商を始めたが思わしくなく、白人相手のホテルを始めたが、これもうまくいかなかったらしい。そうこうしているうちに、お豊は、ジョホール王の血筋につながるインチク・サブデン・ビン・ヤハヤというマレー人資産家に懇望され、これと結婚する。これが明治七年ではなかったかと思われる。

このようなお豊の経歴は、彼女が昭和十年代まで生き永らえ、その間、多くの日本人に自分の生い立ちを語っていることから、比較的信用できるように思う。もしそうだとすると、塩見らが書いている「横浜より日本女子を妻とせる一英人の新嘉坡に移転して幾もなく死去せし者あり」というのは、グレーンとお花だという推定がなりたつ。しかし、「其妻乃ち断髪男装して其地のヨーロッパ、ホテルのボーイ稼に従事せしむ」というのは、ほかに確認のしようがないが、お花のことではないのかも知れない。また、山崎朋子の文章にある「明治四年にシンガポールへ上陸した横浜生まれのお豊」というのは、すでに謎が解けたわけである。お豊が二度目にシンガポールに来たのは、明治四年頃であったのだから。

シンガポールに最初に行った日本人女性は、どうやらこのお花とお豊の両名であったという公算が高い。しかし、彼女たちのようないわば正道を歩んだ人間ではない女性が、同時代人として存在しなかったとまでは言い切れないのである。明治十四年現在、在留邦人はわずか男八名女十四名の計二十二名であった。この十四人の女性の中には、そのお豊もおヤスも、そしてまた「伝多の婆さん」も含まれていたことはまちがいない。そして、明治十年頃には、すでに二軒の邦人娼家があったというから、その十四人のほとんどみなが娼婦であったことは想像するに難くないのである。

❖インドネシアの場合

いまのインドネシア、つまり当時の蘭領東印度について、明治初期の日本人の進出を調べるのはとても難しい。一つには、この国の地理的な拡がりが大きくて、ジャワ、スマトラ、セレベス、南ボルネオなど、それぞれ別個に日本人進出の歴史をもっているということがある。そして、スマトラの北西部は、シンガポールでの歴史とほぼ軌を一にするところもあり、だから当然、かなり初期の頃から日本人の進出があったと考えねばならない。

　事実、記録に残っている一番古い日本人は、明治六年頃からスマトラのアチェに住んだ塩沢某という人である。当時はまだアチェが蘭領になるかならぬかの瀬戸際で、アチェ戦争が戦われた頃であるから、たいへん古い話である。この人のことについてはほとんどなにもわからない。スマトラのメダンの日本人共同墓地には明治十九年に建てられた墓もある。

　石居太楼氏のすぐれた記録（石居太楼「ジャワ邦人草分け物語」武田重三郎編『ジャガタラ閑話』二三ページ）によると、ジャワ島に最初にやってきたのはやはり女性であったようで、名前が確認できる一番古いのは西田トメ（明治十六年頃渡航）という人であったそうである。しかし、それ以前にも、ジャワの砂糖を積み出す船の船員として、幾人かの日本人がジャワに来ているはずであるという。

　ジャカルタに残っている日本人の墓で一番古いのは、ジャカルタ旧市街のコタ駅の裏手に位置するマンガドア墓地にある。「貿易商後藤実史妻俗名登美……明治二十七年一月二十九日歿、行年三十八歳」という一基である。その夫実史の墓碑もその横にあり、明治三十年三月に三十六歳で亡くなったことがわかる。この後藤実史は和歌山県人であった。「明治二十年頃からバタビア、ノールドウィク街に後藤政治郎なる店舗があり、玩具、食糧品など商う唯一の邦人商店があった」（石居太楼）という事実と結びつけて考えてよいかも知れない。とすれば、明治二十年頃が女性以外の邦人進出の最初の時期にあたると考えてよさそうである。事実、明治二十年になると、長山主税という商人がバタビアに住み始めている。長山は、日本の英国人商館に勤務していて、その商館のバタビア支店に赴任してきたのである。

　明治二十五年には、林信雄という肖像画家がシンガポール経由でジャワを訪れ、そのまま住みついている。明治二十七、八年頃、内田という東京出身の人がスラバヤに酒場をひらいている。また、吉坂寅吉という人が、サーカスの団長として「日清戦争の頃」ジャワを訪れ、そのままバタビアに居着いてしまっている。これは明治二十八年、と考えてよさそうである。後年、名実ともバタビア在留邦人の第一人者となる玉木長市がジャワに来たのは、その直後と推定されるが、はっきりしない。ジャワの場合、日本人が定着したのは、初期には主としてバタビアとスラバヤであったが、のちにスマランも加わった。

ジャワ、スマトラ以外の地域についてみると、南ボルネオは、明治四十三年に長崎県出身の金子久松がゴム園開拓に乗り込んでいる。もっとも、この金子は、それ以前にシンガポールに住み、勤務先の支店がスラバヤに開設されたとき、明治四十年に初代支店長としてジャワに来ている。同じ、明治四十三年に熊本県出身の正源寺寛吾という歯科医がバンジャルマシンに住みついている。南ボルネオの木材集散地バリクパパンに日本人が進出したのは大正二年であった。また、セレベスの場合は、マカッサルへの進出が、明治四十年前後と推定されるが資料がなく、メナドには、南太平洋貿易会社がコプラ貿易のために進出したのが大正五年であった。

明治三十年の蘭領東印度全体の在留邦人総数は百二十五名、内訳は男二十五名、女百名であったという。それが、日本領事館が開設された明治四十二年の調査によると、在留邦人総数六百十四名、内男百六十六人、女四百四十八人となっており、この二回の調査の結果の比較からわかることは、明治三十一、二年から四十一、二年にかけての十年間が、日本人の蘭印進出の一つの盛期であったということである。

蘭印への日本人進出が遅れたのには理由が考えられないわけではない。第一に、日本から距離的に遠く、まして交通も不便であったということ。第二に、明治三十二年七月に至るまで日本人の法的な扱いは不遇で、華僑と同じ処遇を受け居住地も制限されていたこと。第三に、蘭印まであえて行くという背後には、シンガポールやマレー半島にさえ住めない特殊な事情をもつか、あるいはシンガポールの邦人の経済活動が飽和化してはみ出る日本人が出たか、などの特別な事由があってのことであった。

バタビア、スラバヤ、メダンなどに流れていった娘子軍《じょうしぐん》についての資料はほとんどない。おそらく、蘭印の場合も、女性の進出が先行していた可能性は強い。しかし、それを実証する手掛りはまったくないのである。

❖タイの場合

次に、タイ(シャム)についてみてみよう。

最近、波多野秀という人の「タイ国在住六十年――想い出すままに」(日付は昭和四十九年十月十五日)という手書きの原稿を見る機会があった。この人はチェンマイ在住で、北タイのことにくわしい人である。その冒頭は、次のような書き出しである。

「横浜の野崎洋行がシャムに支店を出すので支店長、柳田亮民、波多野章三(波多野秀の兄)の三人が初めてバンコックへ上陸したのは明治二十五年の春頃、日清戦争の始まる二年位前のことでした。三人の他には誰も日本人はいなかったそうです。その時章三は一四歳でした。三人はシナ宿に泊って毎日家探しに出かけ、バンモーの角に手頃の家を見つけ一ケ月九バーツでそこを借り開店しました。支店長はだらしなくて、のんだくれ、日本へ送金しないので商品が来なくなり、二年位で店はつぶれ支店長は残った品物を競売にかけ柳田、波多野両名を置き去りにして一人で帰国してしまいました。置き去りにされた二人は食うに困ってセンベイ焼をしてやっと命をつなぐ有様でした」

この個所にすぐ引き続いて、次のような記述がある。

「ある日上海を逃れてバンコックに来られた磯長海州氏夫妻に出会い柳田のところへ紹介しました。夫妻は小さな女の子を連れておられたので直ぐ日本人とわかったそうです。磯長氏は上海で写真業を営んでおられたが、風雲が怪しくなってきたのでバンコックで開業したいという話を聞き、急に力強くうれしくなって早速柳田が借家探しに出かけ今の中央郵便局の前に大きな家を見つけそこで開店の運びになりました。波多野章三も弟子入りして明治四十三年にこの店を継ぐことになりました」

さらに続けて、もう一個所だいじな記録がある。

「その次に上海を逃れてやって来たのが角田の婆さんで日本娘を五人連れて家が見つかるまで柳田の所で皆ごろねをしとりました。急に日本人がふえ賑やかになり美味しい物も食えるようになって柳田は大変な張り切りようで家を探しました。すぐその当時一番にぎやかで交通の便の良かったサムエークの角を借りてそこでフジホテルの看板をあげて開業しました」

この波多野の手記は、初期の日本人の生態を記録に留めている点で貴重である。この手記のかなりの部分が事実を正確に伝えていると思う。たとえば、磯《ママ》永海州という鹿児島県人が明治二十八年二月に写真屋を開業したという事実はほかの資料（たとえば、図南商会『暹羅王国』一五四ページ）でも確認できる。また、そこに登場する「角田の婆さん」は、たぶん明治のバンコクでだれ知らぬ者ない存在であった「上海婆さん」のことではなかろうか。もしそうだとすると、彼女の訪泰の時期は意外に遅かったということになる。

ただ、この手記には、あきらかに正確でない個所もある。なかでも、決定的に正しくない個所は、明治二十五年の春、三人がバンコクに上陸したとき、「三人の他には誰も日本人はいなかった」という記述である。

タイに日本人が住みついたのは、文献資料による限りでは、明治二十一年のことである。この年、山本安太郎、山本鋠介という二人の十七歳の青年がシャムに住みついている。「真面目の日本人にして暹羅に至りしは、日本開国以来此両山本を以て始めとす」（『暹羅王国』一四三ページ）。この前年の九月、日本とシャムは東京で、修好条約ニ関スル日本国暹羅国間ノ宣言に調印したが、その折に来日した外務大臣テーワウォン親王の随員チャオプラヤー・パーッサカラウォン（本名ポーン・ブンナーク）が、これを機会に有為の日本青年を自国に連れて行き、日本とシャムとの友好の絆として育てたいと申し出た。そして、いろいろな経緯を経て、けっきょくその両山本が親王一行に同行してバンコクに渡ったのである。

その二人の山本のうち、鋠介のほうが、明治二十四年、タイで初めての日本人商店野々垣商店の創設のために尽力したという記録もある。この事実からしても、波多野の手記にある、明治二十五年、横浜の野崎洋行の進行が日本人進出の嚆矢であったという記述は正しくないといえる。もっとも野々垣商店は半年でつぶれているから、野崎洋行が開店したとき、ほかに日本人商店がなかったというのはほんとうであろう。山本鋹介は、岩本千綱の有名な「暹羅《シャム》老撾《ラオス》安南《アンナン》三国探険」に同行し、明治三十年四月にハノイで死んでいる。山本安太郎のほうは、岩本千綱のシャム移民計画に協力したりしたあとシャムの文部省の嘱託となり、シャム語の達人として、その後日本から訪れる多くの日本人専門家の世話をしている。

日本人商店の定着は、明治二十八年に始まり、この年日暹商会（一月）、大山商店（八月）、桜木商店（八月）、図南商会（十一月）がそれぞれ開店し、翌二十九年には都築商店（四月）、そしていったんつぶれて再開する大山商店（十月）、日暹貿易会社（十一月）が開店している。大山商会が最初のはビールと鉱泉水の販売、再開後には陶器を扱っているほか、残りの店はすべて雑貨店である。明治二十四年には建築師佐々木寿太郎がバンコクに住みつき、明治二十五年には、シャム文部省の「お傭い」技師として画工大山兼吉、彫刻師島崎千六郎、同伊藤金之助の三人が三年契約で来訪しており、また、明治二十七年九月には、青森県出身の三谷足平が医院を開設している。

明治三十年三月現在のシャム在留邦人統計がある。それによると、「総数五十一人内男二十四人女二十七人にして男は商業店主四名商業店員四名医師一名画工一名写真師一名鼈甲師一名建築技師一名建築助手一名通訳一名語学生三名内地探検者二名（岩本千綱　山本鋹介）商業視察者二名にして残り二名は醜業者戸主なり、又女は醜業婦十五名外人妾四名、醜業者の妻二名にして残り五名は通常人の妻なるも素より醜業婦上りの者なり」（『暹羅王国』一五五ページ）。女性のほうの計算が合わないが、これは原文通りである。とにかく全体の数が少なく、とくに男性の場合、写真師が磯永、建築技師が佐々木という具合に、それぞれだれか名前を推定できるほど限られていた。そして、このシャムにも、やはり娘子軍の進出を見ていたのである。

❖フィリピンの場合

最後にフィリピンの場合はどうであっただろうか。

『大日本商業史』の著者菅沼貞風《ていふう》がマニラに渡り、現地で病気にかかって急死したのは、明治二十二年七月六日であった。菅沼が死んだとき、マニラに在留した日本人は、領事館の谷田部梅吉領事、書記生鈴木成章のほかは貞風に同行した福本日南だけであったという(入江寅次『邦人海外発展史』上巻、二〇一ページ)。領事館が開設したのはその前年明治二十一年十一月であった。

菅沼貞風はフィリピンに三カ月滞在し、その間「昼は則ち出でゝ地理を視、夜は即ち筆を描きて之を記し或は風俗を察し、或は土宜を究め、其間未だ曽て一日も怠ることあらず」(福本日南)という生活を続けた。この菅沼の三カ月の滞在が、ふつう邦人渡航者の先駆として語られるのが定説である。しかし、私は、菅沼はたんなる旅行者であって、しょせん活動の本拠は日本本土であったと判断する。その証拠には、彼は帰国の準備の最中に死んでおり、しかも、マニラでは、領事館の一室を宿舎にあてていた。

だから、この際、私としては、菅沼貞風こそがフィリピンに渡り定着した最初の日本人であるという定説、どうやら戦時中に創られたらしい定説を崩すことにしたい。菅沼の場合、南進論を説いたすぐれた著作があるということ、その墓がマニラ郊外のサン・ペドロ・マカティの外人墓地にあった(昭和十三年まで)ということで、なにかしら南進日本人の総大将であるかのような誤った印象が定着してきたにすぎないのである。

羽生操の『椰子・光・珊瑚礁』によると、フィリピン「最初の移住者」は田川森太郎という九州人だそうである。田川の前身は長崎の船大工であり、外国に出て金もうけをする機会を狙っていたところ、たまたま修繕にいった外国船がアメリカに行くことを知り、頼み込んで乗せてもらっている。それは「丁度十八歳の時」であったらしい。そして、パナマに行き、そこからオランダ船の水夫になり航海に出たが、陸地が恋しくなり脱船したところがたまたま中部フィリピン、パナイ島のイロイロ港であったという。これが「明治十五年」であった、と羽生は書いている。

最近の研究によると、田川森太郎はたしかに長崎県西彼杵郡の出身であり、元治元年十月の生まれで、明治二十三年ころフィリピンに着いたようである（吉川洋子「米領下マニラの初期日本人商業・一八九八－一九二〇」『東南アジア研究』十八巻三号、一九八〇年十二月を参照）。古川義三の『ダバオ開拓記』にも田川のことが出ており、それによると「一八九一年（明治二十四年）最初イロイロに上陸、船大工として働いた」（一三五ページ）とある。明治二十四年というのは遅すぎる感じがしないでもないが、辻褄は合う。

ただ、もしそうだとすると、田川森太郎ではなく、明治二十一年秋に開設した日本領事館の谷田部梅吉らが、最初に定着した日本人だという意外な結論になる。しかし、領事館開設直後の調査では在留邦人数はすでに三十五名あった、と報告されている。古川義三が「田川氏がフィリピンに来る前にも、マニラその他に少数の日本人がいたそうであるが、詳しいことは何も知られていない」（一三六ページ）と書いていることから察しても、おそらく領事館開設の前に日本人の無告の民が幾人かすでに定着していたのはたしかであろう。

いずれにしても、田川森太郎が「最初の移住者」である、というもう一つの定説も崩れざるを得ないのである。ただ、この田川森太郎は、その名前は『村岡伊平治自伝』にも頻繁に名前が出てくるところからもわかる通り、初期の在留邦人の中心的人物として早くから活躍していたことは間違いない。田川は、マニラに「田川商店」を創立、次いで「日本バザー」も開設し、後から来る日本人の商業活動、とくにマニラ麻事業への道をひらいた重要な先駆者なのである。

とにかく、フィリピンの場合も、明治二十年以前に日本人の影はあるのだが、それが誰であったかを確認することはできない。おそらく、自然に流出した無告の民であったことだろう（杉野宗太郎「フヰリッピン群島探険実況」『東京地学協会報告』第十七巻第一号、明治二十八年参照）。それが、菅沼貞風でも田川森太郎でもなかったことだけは間違いないのである。

けっきょく、各地へいったいどんな日本人が最初に定着したかを調べてみても、歯切れの悪い結論しか出せないのである。それというのも、記録に名の残るような正統的市民が南洋と関わるということは、ほとんどなかったからである。歯切れの悪い結論しか出ないけれども、とにかくはっきりしたことがあって、それは、南洋に明治の初期に出た日本人が、娼婦あるいは芸人あるいは小商人などのいわば社会の底辺部分に近い人々が主であったということである。名もなく恒産も地位もない貧しい日本人が、記録にも残らない形で日本から流出し、各地に散らばって行ったのである。

そういう無名の日本人にたいして、ほかの日本人がいくばくかの関心を向けたのは、たとえば明治の末から大正のはじめにかけて、あるいは昭和十六、七年頃、日本の世論が「南進論」に熱をあげたときぐらいなものであった。しかし、そういう時でさえ、かれらの南方関与のプロセスについて、知的な掘りさげが行なわれたわけではなかった。つまり一般の日本人の関心は、物好きな好奇心か、それとも見てはいけないものを見てしまったという類いのかすかな驚きであるかのどちらかでしかなかった。そうこうしているうちに、明治百年が経過してしまったというわけである。明治百年は、この意味で、大きな歴史学的怠慢に伴われた百年であったといえよう。

明治初期の海外渡航のシステム

❖入江寅次という人

ところで、このような無名の日本人たちは、どのようにして南洋まで行くことができたのであろうか。

ここで、明治初期における日本人海外渡航のしくみについて、ごく簡単に学んでおく必要がある。

入江寅次という人がいる。この人が戦前に出した二冊の本、『邦人海外発展史』(上・下巻)と『明治南進史稿』は、近代の日本人の海外進出を跡づけた仕事としてはもはや古典にすらなっている。主として文献資料に基づいて書かれており、しかも戦前の研究水準を反映していて、部分的には事実誤認やささやかな間違いが見られるが、この二冊の本は、日本人の南方関与を研究する場合には、必ず眼を通さなくてはならないだいじなテキストである。入江氏は専門の学者ではない。雑誌『海外』の編集にたずさわったり、移民問題研究会に勤めたりしたあと、外務省領事移住部に昭和四十三年まで在勤していた。いわば民間の人ではあるが、たいへんな篤学の士であった。

この人は、戦争中にもこつこつと近代日本人の海外進出史の研究を続けていた。そして、全五巻の分厚い日本人海外進出史が完成されるはずであった。その第一巻「明治前期の海外日本人」は原稿が完成し、活字に組まれ校了になっていたのに、戦災で組み版が焼けてしまったのである。いまでは校正刷りが一部奇蹟的に残っているだけである。第二巻は手書き原稿だけが入江氏の手元に完成していたのだが、これはその後散逸してしまっている。

その幻の名著ともいうべき「明治前期の海外日本人」の目次を見ると、書き出しが、第一章「幕末の渡航者」となっており、その第一章の構成は、一、海外渡航差許布告、二、印章作製と諸般の準備、三、各国行渡航者の色分け、四、条約外の支那渡航者、五、幕府・諸藩の留学生、となっている。ここには、まさに近代日本の開国過程がつぶさに描かれていて興味深い。とにかくこの第一巻だけでも六三〇ページもあるのだから、もし全五巻が完成していたら、明治以降の日本人の海外進出について、どんなすばらしい業績が残されたことか、まったく惜しいことである。

入江氏は、昭和五十二年、横浜で亡くなられた。戦争のために、入江氏が蔵していた貴重な資料は燃えてしまったし、それと同時に、入江氏をそのような仕事に強く駆りたてていたパトスも消えてしまったという。だから、戦後三十数年、入江氏は無為のままに過ごしてきた。戦前の一冊の名著のことを思うとき、これは信じられないことである。

「明治前期の海外日本人」も含めて、入江氏の三冊の本を手掛りに、明治の初めの段階での海外渡航のルールを調べてみると、いろいろなことがはっきりする。いましがた書き写した「明治前期の海外日本人」の目次の中に、いくつかの手掛りがある。たとえば「海外渡航差許布告」「印章」など……。

❖印章制度

日本人の海外渡航に関する「開国」後の最初の公的な措置は、慶応二年に幕府が発した「海外渡航差《さし》許《ゆるし》布告」(四月九日付)であった。

「海外諸国へ向後学科修業又は商業のため相越度志願の者は、願出次第御差許可相成候、尤も御紙の上御免の印章可相渡候間、其者名前並に如何様の手続を以て、何々の儀にて、何れの国へ罷越度き旨等、委細相認め、陪臣は其の主人、百姓町人は其所の奉行、御代官、領主、地頭より其筋へ可申立候、若し御免の印章なくして窃かに相越候者有之候はば、厳重可申付候間、心得違無之候様主人々々、又は其所の奉行、御代官、領主、地頭より入念可被申付候」

そして、同年四月十三日付で、幕府は各国の外交代表団にたいして左の通達を送っている。

「……我邦人ども外国へ差遣候節は、我政府より免許の印章を相渡可申、右印章貴国政府へも差送り置可申に付、照会の上、所持の印章相違無之候はば、厚く被取扱候様いたし度、印章所持不致輩は、我国人之取扱被致間敷候、……」

この措置によって、日本人は海外渡航の場合に「印章」すなわち今日の旅券が必要となったのである。この当時、印章の裏には、「覚《おぼえ》」として、

一、願済の国々の外、猥りに他へ罷越し滞在等致すべからず、帰朝の期限を延引すべからざる事。

一、外国の人別に加り候儀は勿論、他国の宗門に入るべからざる事。
一、御条約の趣を守り、誠実を以て外人と相交べき事。
の三項が刷り込んであった。

海外渡航印章制度が具体的に行なわれ始めるのは、その年の九月二十九日であった。渡航印章の発給者は外国奉行所と神奈川奉行所で、翌三年からこれに長崎奉行所と函館奉行所が加わった。印章発行の具体的な数を調べると、慶応二年が七十枚、翌三年が百七十九枚で、行き先は、米、清、仏、英、独、露に限られ、そして、この順番で発行数は多かった。つまり、アメリカに渡航するのが一番多かったということである。

この当時、日本人がどのような理由があれば海外に行けたかを定めたものとして、慶応二年五月に日本と米、英、仏、蘭、四カ国との間で定められた「改税約書」の第十条がある。

「日本人、その所有船又は条約済外国船により、貨物の輸出入を行ふこと勝手たるべし。又政府の印章を得れば修業又は商業のため、各外国に赴く事、並に日本と親睦なる各外国の船中に於いて、諸般の職務を勤むる事故障なし。外国人雇置く日本人、海外へ出る時は、開港場の奉行へ願出、政府の印章を得ること妨げなし」

これらによると、少なくとも四つの目的、すなわち、①修業のため、②商用のため、③外国船で勤務するため、④外国人に雇われた日本人が雇い主に同伴して海外に出る場合、のいずれかであれば、自由に印章の交付を受けることができたことがわかる。この四つの理由目的のうち、四番目の「外国人雇置く日本人」というのは、たんに召使いか子守りかなにかに雇われている場合に限られず、もっと広義に解釈されて、海外に出る目的で新たに外国人に雇われるものにも該当したようで、明治元年のグアム島とハワイへの日本からの出稼ぎ人の渡航は、この「外国人雇置く日本人」の項を生かして実現したものであった。

❖印章と無縁な日本人

しかしながら、明治の初期に南洋に流れた日本人は、入江寅次氏が描くこういう官制の渡航手続きとはほとんど無縁ではなかったろうか。明治九年三月十八日、「外国船乗込規則」が制定され、外国船に搭乗し旅行しようとするものの取締りが開始されるが、それ以前に南洋にわたったものの大部分は、「印章」も「旅券」ももたなかったといってよい。明治二十八年五月からシンガポールに領事として在勤した藤田敏郎は、「明治廿九、卅年頃新嘉坡在留日本人は約千人にして、内九百余人は女子にして其九割九分は醜業婦なり、其多くは誘拐されたるものに係る。彼等姓名を偽称するが故に、外務省より取調べ帰国せしむべく命ぜらるゝ毎に多大の困難を感じたり」(『海外在勤四半世紀の回顧』七一ページ)と書いている。これをみると、藤田が、領事でありながら、在留邦人総数を正確に掴みかねていたこと(シンガポール領事館に記録された在留邦人数の統計では、明治二十七年末で男百十九人、女二百七十八人、計三百九十七人、三十一年末で男百二十七人、女三百六十四人、計四百九十一人となっていて、千人というのは多すぎる感じである。『南洋の五十年』五二四ページ参照)、また在留邦人の多くが偽名を用いていたことがわかってとても興味深い。この藤田の文章からも、在留邦人の多くが正式の渡航手続きなどとは無縁であったことが読みとれるのである。

南洋に外務省の在外公館が開設された歴史を調べると、シンガポールがいちばん早くて明治十二年四月、現地の華僑の胡旋澤という人を領事事務に委任する形で開設されている。この人の死亡と共に一時閉鎖され、明治二十二年一月に日本人領事を置く領事館が正式に開館するのである。最初は乙宗商会という在留邦人の商店の二階に間借りして始まっている。当初はマレー半島だけでなく蘭印もその管轄下におかれた。フィリピンは、明治二十一年十一月、マニラに領事館が開設されたが、明治二十六年にはいったん閉鎖、明治二十九年に再開されている。大正八年五月には、ダバオ領事分館が置かれている。シャムの場合は、明治三十年三月に、バンコクに公使館が開設される。蘭印は、明治四十二年二月になって、やっとバタビアに領事館が開設されるのである。こうしてみると、南洋に散らばった在留邦人は、明治二十一、二年頃までは、外交的な保護を期待できる状態にはなかったことがわかる。

ついでに日本から南洋に行く航路の歴史を簡単に調べてみると、日本郵船の前身の郵船三菱の航路が上海から香港まで延長されたのが明治十二年十月であった。実はそれまで、日本の船は香港まで一隻も来たことはなかったのである。だからましてや日本の南方航路などなかった。郵船三菱の香港航路はそれから月に二回の定期航路を保っていたが、英、仏、米三国の郵船との競争に勝つことができず、明治十七年四月に廃止されている。この郵船三菱と共同運輸との合併によって、明治十八年十月、日本郵船がつくられる。日本郵船が香港航路を開設するのは明治二十三年三月のことであった。

そして同年十二月に神戸・マニラ間に臨時配船が行なわれ、翌二十四年夏以降マニラ線が定期航路化する。明治二十六年十一月、ボンベイ航路が開始され、遠洋航路の嚆矢となった。日本郵船が欧州航路を開始するのは明治二十九年三月である。そして、オーストラリア航路の始まりは、同じ年の十月のことであった(『日本郵船五十年史』巻末年表、八七一~九四ページ参照)。しかし、日本郵船がシンガポールに支店を置くのは、大正七年になってからのことである。そして、南洋郵船が発足し、ジャワ航路を開始するのは大正元年十月のことである。いうまでもなく、ジャワと日本を直接結ぶ商業航路が開設されたのは明治三十五年九月、オランダ系の「爪哇・支那・日本線」が開通したときのことであった(南洋航路についての興味深い意見を掲げたものとして、佐藤四郎・大野泰平共著『南国』大正四年刊がある)。

❖移民政策

ところで、明治二十四年に日本吉佐移民合名会社が設立され、そして明治二十九年四月「移民保護法」が制定されて以後、日本の移民制度は、南洋とどう関係があったのであろうか。

明治の初めから明治三十三、四年頃まで、政府は移民を政府間ベースによる官約移民にだけ限っていたが、明治三十四年八月以降、民間ベース、すなわち移民会社が自由に移民を斡旋できる時代に移行する。明治三十六年一月、政府はフィリピン行き自由移民の取扱いを許可している(『明治南進史稿』二三四ページ)。

同年六月、バギオを避暑地にするためのマニラ・バギオ間道路工事に日本人移民が求められ、七月から数カ月のあいだにおよそ千五百名の日本人労働者がフィリピンに運ばれた。このいわゆる「ベンゲット移民」は、日本人担当の工事区間全延長八キロ、たいへんな難工事であったため、まれにみる悲惨な結果となった(この工事に従事した和歌山県出身者榎本栄七の簡単な手記「ダバオ開拓の回顧」が残っている)。三十八年一月の道路の開通までに、相当数の日本人が、工事中に病死ないし事故死を遂げている。死亡者数の推定としては、七百、五百、三百数十、百数十といろいろな説があるが、正確な数を確認できたものはまだない。

ベンゲット工事のために日本から流入した労働者たちは、工事の終ったあと直ちに失業したが、日本に帰った者は少なく、フィリピンの各地に散っていき、そのまま定着したものが多かったようである。彼らのその後の定着先は、およそ次の通りにわかれたという(『明治南進史稿』二四八〜九ページ)。

①ルソン島マニラ市およびその付近で大工、漁業に従事したもの
②同島カヴィテ市およびその付近で商店を開いたもの
③同島バギオ付近で農耕、建築および土木工事に従事したもの
④同島オロンガポで米軍兵舎の建築その他に従事したもの
⑤パナイ島イロイロ市で大工職に従事したもの
⑥セブ島セブ市で雑業に従事したもの
⑦ミンダナオ島ダバオ市およびその付近で農業に従事したもの

⑧同島サンボアンガ市およびその付近で真珠貝採取、木挽、雑業に従事したもの
⑨同島マラウェ方面で米軍兵舎の建築に従事したもの
⑩各島でアメリカ軍人のボーイおよび娯姆に雇われたもの
⑪ルソン島ベンゲットほか各地の金坑およびバタン島の炭坑の坑夫に雇われたもの
⑫各島で菓子の行商あるいは写真業などに従事したもの

移民のことはこれまでにしよう。

そして最後に、やはりどうしても、いわゆる「娘子軍《じょうしぐん》」、つまりからゆきさんのことについて触れておかねばならない。

からゆきさんのこと

❖『村岡伊平治自伝』の評価

娘子軍のことについて触れる場合、まず一つのだいじな手続きとして、昭和三十五年に世に出た（活字化の意味。資料そのものは戦時中より知られていた：編注）『村岡伊平治自伝』という資料をどう評価するかという問題がある。なにせ、南洋の娘子軍に脚光をもたらした最大の功労者は村岡伊平治その人であり、そしてかれの残したこの自伝を通過することは日本人の南方進出を学ぶ者にとっての一里塚であるからである。すでに、この自伝に全面的に依拠した、森克己『人身売買――海外出稼ぎ女――』（昭和三十四年）のような学術的な書物まであらわれている。

この本の舞台は、南支、香港、シンガポール、セレベス、フィリピンであって、その各地での娘子軍とそれを喰い物にする女郎屋《ピンプ》の生態、そして、その他の「正業」日本人の生態まで、実になまなましく

実名入りで描かれてある。時代は、明治十八年に始まり昭和十一年にまで及んでいる。そして、全体を通して、村岡伊平治自身が主人公として活躍する。

この本に描かれてある娘子軍の生態や彼女らが喰い物にされるメカニズムは、まぎれもなく歴史の実像である。そういうメカニズムの内部に身を置きメカニズムを動かす立場にいたものでなければ描けない、事実をおさえている者だけが持つ迫真力がある。この本の登場人物には、歴史に実在した人間がそのままの役割づけを受けてあらわれている。そして、なおだいじなことは、村岡伊平治がなにげなく語る分別づいた述懐部分がさえているのである。

「どんな南洋の田舎の土地でも、そこに女郎屋がでけると、すぐ雑貨店がでける。日本から店員がくる。その店員が独立して開業する。会社が出張所を出す。女郎屋の主人も、ピンプと呼ばれるのが嫌で商店を経営する。一カ年内外でその土地の開発者がふえてくる。そのうちに日本の船が着くようになる。次第にその土地が繁昌するようになる」(五七〜八ページ)

このような意味で、この本は、日本人の歴史を語るやはりかけがえのないドキュメンタリーなのである。

ただし、である。この本の記述はさほど信憑性があるわけではない。記述の細部をたしかめるために、検証手続きを深めれば深めるほどいい加減さが気になってくる。たとえば、村岡伊平治の最初の訪問地香港についての記述からしておかしい個所がある。伊平治は、明治十八年十二月の香港について、「東洋館」と「大高館」という二つのホテルがあったといい、しかも「東洋館」の経営者は「西山という前科者で、四、五年前に渡航したのだそうである」と書いている。そして、日本人の店として野間商店というのが一軒あったとも書いている。

明治十九年六月七日現在における香港在住日本人リストなるものが存在する(台湾総督府熱帯産業調査会編『明治初年に於ける香港日本人』一九〇〜二〇〇ページ)。このリストが作られた時期は、村岡の香港滞在の時期とさほどずれていないから参照するのに最適である。ところが、この記録によると、「大高館」「東洋館」「野間商店」のいずれも存在せず、西山某という名前もリストにはない。

　西山という名前の日本人による旅館経営が在留邦人リストに登場するのは明治二十一年九月であり、それによると西山由造という男が西山商店と西山宿屋の二つを兼営していることになっている。開店は明治二十年六月と記録されている。しかし、二十一年の記録にも、「大高館」と「野間商店」のことは登場しない。ただ、明治十九年に下宿屋として記録されていた横瀬要吉という男が、明治二十年五月には「横瀬宿屋」を開業し、それが明治二十六年十月の記録では「東洋館」に名前が変わっている。そして、大高という名の付く宿屋が香港にあらわれるのは明治二十二年一月である。

　吟味の結果を整理すると、「東洋館」と「大高館」が、萌芽の段階でではあれ、同時に存在するのは明治二十二年以降であるということ、西山某は「西山旅館」を経営したのであって、「東洋館」の経営者は横瀬要吉という日本人であること、「野間商店」という商店は少なくとも明治三十五年までの香港には存在しないということ。ちなみに、野間姓の日本人を調べてみると、明治三十年代になって野間傅という入墨師が住みついたという例があるだけである。つまり結論としていえることは、村岡伊平治は明治十八年には香港に行っておらず、かりに行ったとしても明治二十二年以後のことであったということになる。ところが、この自伝によると明治二十二年にはもうシンガポールに行って大活躍していることになっているから不思議である。

　そういう具合に、『村岡伊平治自伝』は、ちょっと考証を加えただけで、いくつもボロが出てくるのである。また、シンガポール時代の記述のいい加減さについては、山崎朋子もつとに指摘している（『サンダカン八番娼館』一四ページ）通りである。私も私なりに考証を加えてみて、すぐそのでたらめさを確認することができた。シンガポールの在留邦人については、『南洋の五十年』や『在南三十五年』のようなリアルな一次資料がいくつかあるのに、村岡伊平治が、いや、かれらしい人物がそのような資料のどこにも登場しないのはなぜであろうか。フィリピンでの活動の記録も事実に反する不可解な記述が多い。

このような問題点を考えてみると、『村岡伊平治自伝』を信頼に足る歴史の一次資料として位置づけることは、躊躇しないわけにはいかない。私の正直な気持をいえば、この本の文章の一行たりとも、過去の事実の検証のために用いる気にはなれない。ただ、この本を貫くある種のヒューメインな精神性は高く買えるとは思うが……。

❖英領植民地の公娼制度

本論に戻ろう。

アジアの英領植民地では、日本の開国以前から公娼の風習が制度的に存在した。たとえば、一八四一年に英領となった香港をみると、一八四五年六月から早くも公式に娼楼の存在が認められている。一八五七年には、条例第十二号で性病検査条例が公布され、そして一八六七年には、新たな条例で娼妓の登録と身体検査実施が定められている。一八七九年十一月からは、娼妓から営業税を徴収することが立法化され、営業の場所の指定も行なわれるようになってくる。このようにして、香港では、一九三二年の公娼廃止令まで、英領植民地の一つのモデル・ケースとして、公娼が容認され続けるのである。

シンガポールもむろんその例外ではなかった。歴史のある段階には、苦力《クーリー》など下層民の保護管理を担当する華民保護局の管轄のもとで、日本女性による売春業が公けに認められていた。日本人娼婦についてのはっきりした統計が出るのは明治三十五年のことであるが、この年の八月末で「妓楼数八十三軒、娼婦六百十一名」であった。そして、明治三十七年末の統計では「娼家百一軒、娼妓六百一名」と出ている。

❖娘子軍の生態

日本人娼婦は、すでに述べたように、明治のごく初めから発生している。彼女たちのほとんどが密航者としてやってきている。「貸座敷業者、旅館、船員、無頼漢が共謀し連絡者を日本に置き多くは甘言を以って婦女をつり、女中奉公又は子守として渡航すれば莫大な給料が得られると称して誘惑したもの……」(『明治初年に於ける香港日本人』三〇八ページ)。密航は数人一組みとなって行なわれ、多い場合で二十名であったという。明治二十五年春頃の香港への密航の記録をみてみると、「二月二十一日着のドイツ船で長崎より五名密航　三月十日着のドイツ船で神戸から二名密航　三月十四日着の英国船で門司より四名密航　四月四日着の日本船伏木丸で十三名密航、その内八名窒息死……」という記録が残っている。八名窒息死、というのは、船の貯炭庫《バンカー》に入れられた場合によく発生したことであった。

彼女たちの出身地が主として長崎県島原地方と熊本県天草郡であったことはよく知られている。天草の貧しい土地柄について、森克己教授は、「農業もだめ、水産業もだめ、工業もだめとすれば、結局近世以来続けてきた島外出稼ぎ以外にはこの窮境を脱する道はない」(『人身売買』一八八ページ)と捉えている。昭和十六年、天草の総人口が約十八万であった頃、国外に出ていた天草出身者は三万二百二十七人を数えたという。つまり総人口の六分の一相当が出稼ぎのため海外に出ているという土地柄なのである。

彼女たちが日本で「娘子《じょうし》軍《ぐん》」と呼ばれるようになったのは明治三十年代の初めからである。それ以前にも、現地の在留邦人はおおむね「娘子軍」と呼ぶならわしであった。「からゆきさん」という呼び方は、むろん南洋の現地で使われた表現ではなかった。彼女たちを抱える楼主のことは「ピンプ」(嬪夫)と呼ぶ習慣であった。

シンガポールの初期の頃には、楼主たちは邦人社会の有力者として羽振りをきかせていた。二木多賀次郎、渋谷銀次、小林千代吉などがそうであった。彼らは一面では雑貨商などの「正業」をもちながら、裏の商売として娼楼を経営していた。たとえば、イポーの町には、長崎市出身の山田豊三郎という男がいたが、美術雑貨を扱う旭商会と三笠写真館を経営しながら、かげでは、最盛期、十三軒の妓楼に百人の女性を抱えていたという。

たんにシンガポールに限らず南洋の各地において、大正の初め頃までは、在留邦人の統計をとると、女子人口のほうが男子人口を上回る状態が続いた。娘子軍の存在はたんに風俗的な意味をもったというよりは、初期の在留邦人社会では、むしろ経済的な意味を帯びたことのほうがもっと重要であった。娘子軍に「寄生」するかたちで邦人の商業活動が形成発展を遂げていったからである。なかでも、呉服屋、日常雑貨商、旅館業、医者、そして写真屋、洗濯屋、鼈甲《べっこう》細工店など、すべて娘子軍の繁栄に「寄生」するかたちで発生したのだった。日露戦争直後の最盛期には、スマトラのメダン付近まで含めて、六千人の娘子軍が年にゆうに一千万ドル（一九〇四年当時、一ドルは約二円であった。したがって約二〇〇〇万円に相当する：編注）の収入を得ていたという。

❖廃娼の動き

それにもかかわらず、娘子軍の派手な存在を眼の敵にしたのは日本領事館であった。彼女らの存在を最初から国辱的存在であるとみなし続けていたが、日露戦争の勝利以後、日本の国家的威信が高まり、また在留邦人の構成が「正業」優位の方向に向かい始めるとともに、廃娼を実現しようとする外務当局の意向はにわかに強まることになった。そこで日本領事はシンガポール政庁にたいして執拗な働きかけを行なった。その結果、まず大正三年四月、政府によって「ピンプ」狩りが行なわれ、日本人男性楼主七十二名（一説には四十余名）が英領マレー全土から退去命令を受けた。これを仕向けたものは大正二年八月に着任した新領事藤井實であった。しかし、このとき一度限りの「ピンプ」狩りだけでは、勢いは削がれたものの、廃娼というところまでには至らなかった。大正五年の統計では、まだシンガポールの娼家の数七十、娼妓の数三百八十、マレー半島全土で約千五百名の娼婦がいたとされている。

大正九年一月四日、総領事代理山崎平吉の招集によってマレー半島全土から三十数名の在留民代表がシンガポールに集まり、自発的な決議によって年内（シンガポールとマラッカは六月末まで）に廃娼を断行することを決めている。この会議の席上、表立って廃娼に反対意見を述べたものはいなかったという。その後、娼婦たちの一部は日本に帰り、残る一部は私娼となるか、あるいは現地人と結婚するかして、大正の末頃までには歴史の表面から消えてしまうのである。

❖日本人の冷たい「眼」

娘子軍の存在をめぐって、けっして見落としてはならないことが一つある。それは、彼女たちの南方での生態を眺める正統的日本人の眼はどのようなものであったかということである。島村抱月の「滞欧文談」（『抱月全集』第五巻）には、明治三十五年にシンガポールで体験したこととして、次のようなエピソードが書いてある。

「例の馬来街といふのを過ぎる。怪げなる洋装をして、髪は仏蘭西巻といふにかぶりたる日本婦人の三人五人、……一行の人々車上より指顧して、国辱なりと罵るものもあれば、国益なりと笑ふものあり」

「国辱なりと罵る」といえば、明治二十二年、シンガポールに日本領事館が開設されたとき初めて領事代理として着任した中川恒次郎は、最初の現地報告の中に次のように書いている。

「新嘉坡にて患《うれ》ふるところは気候の悪きにあらずして人気の不良なるにあり（中略）独り支那人のみならず印度人、馬来人の如きも中々狡猾に且つ侮慢にして特に日本人を軽蔑し且つ愚弄すること甚だしきものあり是れ他なし従来当地に居住するものは一に小売商、行商を除くの外は淫売女及び之に由りて口を糊する水夫上りの者のみにして彼の行商の如きも右の女子を以て得意となし、彼等の居所に出入し加之紳士紳商と云ふ者にして来往の途次又歩を狂ぐる故に日本人と見れば必ず淫売女に関係ある者と思ひ軽蔑するものなり」（『南洋の五十年』五二三ページ）

これをかりに「国辱派」の典型的な認識であるとすると、逆に「国益派」のほうは福沢諭吉で代表させていいように思う。「時事新報」(明治二十九年一月十八日付)に書いた「人民の移住と娼婦の出稼」という評論の中で、福沢は、娼婦の海外への出稼ぎは日本の「経世上必要なる可」しと真面目に説いている。この評論は、福沢の評論活動の中でも、有名な「脱亜論」とともに、異彩を放っている。

Ⅱ 「南進論」の系譜

「南進論」の特徴

❖代表的「南進論」者

日本人の南洋進出、つまりここでいう南方関与には、同じ日本人の海外進出ではあっても、ほかの、たとえばアメリカ移民、南米移民などとは違うところがある。つまり、自然に流出した日本の庶民が望むと望まないとにかかわらず、しかも彼らとは無関係な形で、日本と南洋との結びつきを必然化してみせるイデオロギーが時折あらわれるのである。そのようなイデオロギーのことを、ふつう「南進論」という。

「南進論」が、理論的な系譜からいうと、江戸時代の南方経略論に起源をもつという見方をする人もある。たとえば佐藤信淵の『防海策』はまさに立派な「南進論」であるし、その中には「南洋」「図南」という表現すら登場している。帆足萬里の『東潜夫論』も明治期のある種の「南進論」に似通うところをもつ南方経略論である。そのほか、この二人とは少し違った形で南方経略に触れた者として、吉田松陰、野本白岩、平野国臣、山田方谷など幾人かの名前をあげることができる。ただ、江戸末期の南方経略論はそれなりの思想史的意義をもってはいるが、いろいろな理由から現代的な意味連関には乏しいように思う。

そこで、ここで問題にしたいのは、日本が開国したあとの状況の中であらわれた、いわば近代的装いをもった「南進論」である。そのような近代的な「南進論」は、明治十年代末まではあらわれず、明治二十年代に集中的に噴出している。なぜ明治二十年代に噴出したのかについては後で考えてみるとして、さしあたって、明治期「南進論」がおおよそどのようなものであったかをみておかねばならない。

本庄栄治郎教授の『先覚者の南方経営』(昭和十七年)という小冊子をみると、明治期「南進論」の代表的なものとして、志賀重昂の『南洋時事』、菅沼貞風の『新日本の図南の夢』、田口卯吉の「南洋経略論」(雑誌論文)、樽井藤吉の『大東合邦論』、副島八十六の「南方経営論」(講演筆記)、竹越與三郎の『南国記』の計六篇が選び出されている。これはたいそう個性的な選択にみえるけれども、理論的水準および社会的影響という視点からきわめてよく考え抜かれた選択であるように思う。

また岡義武教授は、ある論文の中で、杉浦重剛の『樊噲《はんかい》夢物語』、志賀重昂の『南洋時事』、菅沼貞風の『新日本の図南の夢』、田口卯吉の「南洋経略論」の四篇を「代表的なもの」として選んでおられる(「国民的独立と国家理性」『近代日本思想史講座』第八巻、四八ページ)。岡教授の選択は、ふつうのひとがよく行なう、ごく自然な組み合わせであるといえよう。

いま、話の手掛りをつくるために、東西の代表的な学者の選択を参考までにあげてみたが、ここにあがったのは、ことごとく「南進論」の系譜から落とすことのできない、ごく代表的なものばかりだといえるかも知れない。ただ、なにをもって「南進論」とするかは、意外に難しいことなのである。その点をまず考えてみよう。

❖「南進論」の歴史的役割

「南進論」のことが過去大騒ぎされたわりには、「南進論」の理論ないしかれらの存在が、どのような社会的影響のもたらし方をしたかについては、これまであまり肯けるような議論がなかったように思う。「南進論」がなぜ問題にされねばならないかをはっきりさせるためにも、「南進論」者たちがどのような役割を演じたか、また演じえたかをしっかり押えておく必要がある。私は、次の四ケースにわけて、「南進論」者たちの歴史的役割を捉えてみたらどうかと考えている。

第一のケースは、「南洋」を「西洋」や「東洋」と違ったものとして捉え、日本人の知的関心の対象として新しい地理的範囲を区切ってみせた役割、である。これは、後にも述べるように、志賀重昂の『南洋時事』が果たした役割である。このケースの系譜は志賀以後の理論的発展をもっと執拗に追ってみる必要があるように思う。

第二のケースは、日本の国策としての「南進」政策に多少とも理論的影響を与えた場合である。たとえば、横尾東作の「南洋公会設立大意」、鈴木経勲の『南洋探険実記』、田口卯吉の「南洋略論」、富山駒吉『航南日誌』、広瀬武夫「航海私記」など……。あるいは志賀重昂の『南洋時事』もそうであろうが、あんがい榎本武揚や斎藤幹(明治二十三年一月から五年間シンガポール領事)などのほうが重要人物であるかも知れない。とにかく、彼らは、明治の日本人の領土獲得欲を南洋群島となにげなく結びつける役割を果たしている。

第三のケースは、日本国民の南洋熱を盛り上げるアジテーター的役割を果たしたケースである。「南進論」を一般大衆が親しむまでに普及させたのは竹越與三郎の『南国記』をおいてほかにはない。むしろ、この点では、名前をよく知られたいわゆる「南進論」者たちよりは、大正初期の『実業之日本』やいくつかの政治小説のほうがはるかに大きな役割を果たしたといえるのである。

第四のケースは、自ら南洋に赴き探険その他に従事して、いわば南方関与の先駆者ないし殉教者というイメージをまとい、後の時代に日本が国策として「南進」政策をとり始めたとき、政治的シンボルとして祭り上げられることになる人びとの場合である。菅沼貞風、坂本志魯雄、依岡省三、岩本千綱、石橋禹三郎、あるいはまた宮崎滔天、大井憲太郎、副島八十六など、そして鈴木経勲、志賀重昂、田口卯吉らまでここに数えてもいいであろう。なかでも、岩本千綱の『暹羅《シヤムラ》老撾《オス》安南《アンナン》三国探険実記』(明治三十年)という痛快な探険記はかなり広く読まれた本であった。

このように、いくつかの「南進論」を社会的影響という観点から捉えなおしてみると、「実」の理論と「虚」の理論とでもいえるようなコントラストがみえてくるのである。たとえば菅沼貞風である。彼の『新日本の図南の夢』は内容の充実といい、また文章の密度といい、あまたの「南進論」関係の作品のなかでは群を抜いたものではあるが、これが初めて公刊されたのがなんと昭和十五年であったというのは気になる点である。たとえば花園兼定『南進論の先駆者菅沼貞風』(昭和十七年)など、昭和十五、六年段階で執筆された菅沼貞風の伝記をみても『新日本の図南の夢』のことにまったく触れていない。それまでほとんど人の眼に触れなかったという事実を考えると、この作品をほかの明治期「南進論」とまったく同列に扱うことには躊躇を覚えるのである。だから、菅沼貞風が「南進論」者として大きく浮かび上がったのは、多分にかれが二十五歳の若さでフィリピンで死んで、その墓がマニラにあるというロマン的事実に基づくと判断しなくてはならない。

また、「虚」と「実」という観点からみると、岩本千綱、宮崎滔天、大井憲太郎らが、「南進論」と呼ぶに値するほどの理論を持っていたかどうかは大いに疑わしいのである。かれらは、志士気取りで南洋をうろつきまわった無節操なゴロツキでありはしなかったか。依岡省三は、ありふれた商人でしかなかった。杉浦重剛にいたっては、差別思想でからだのしんまで毒された、旧時代的な貴族主義者でしかなかった。

要するに、私たちは、近代日本のよこしまな歴史のなかで手垢にまみれきった「南進論」にたいして、日本人の残したユニークな精神的所産として正当な評価を与えるためにも、それを新鮮な視点から洗い直すことが必要なのである。昭和のある時期に不都合なまでに「南進論」者の水ぶくれ現象が生じたことを忘れてはならない。だから、「虚」の部分を削り落とすことが先決である。

❖「南進論」の七つの要素

「南進論」的思考様式が明治期の所産であることは改めていうまでもないことである。幾人かの「南進論」者がそれぞれかなり個性的な理論を語っている。それでも明治期の南進論といわれるものにはすべてに共通するいくつかの考え方の癖があった。かれらの考え方の特徴は、七つの要素にまとめることができるように思う。

日本人の海外進出にとって、もっともふさわしい地域として南洋を取り上げ、この地域の潜在的重要性をほかのどの地域よりも大きく描こうとする。

「北進」理論、すなわちロシア、朝鮮半島、中国北部などへの進出もしくは投資を重視する議論にたいしては、神経質なまでに対抗しようとする。そして北にたいしては受身の政策、つまり「守」が最善の策であると説く。

南洋の未開発性、政治的後進性を強調し、それを開発、発展させるのはほかならぬ日本の使命であると説く。

南洋が西洋の勢力圏として先天的に帰属すべきだということを認めない。「天公が暫く他人に預置ける新日本の好版図」(菅沼貞風)というレトリックがつかわれたのはそのいい例である。同時に、西欧先進諸国の南洋開発能力、あるいはその南洋との関わりの妥当性について疑問を呈する。

比喩的にいって、「陸」の思想というよりは「海」の思想として語られる。たとえば、竹越が「我が将来は北にあらずして南に在り。大陸にあらずして、海にあり。日本人民の注目すべきは、太平洋を以て我湖沼とするの大業にあり」と書いているのはその典型である。そこで、海軍増強、造船力強化、航路延長、貿易振興、移住の自由などの政策提言を伴うことが多い。

日本人の南洋ないし「海」への関心の遅れを概嘆する。

南方関与によって、日本国内の社会的、経済的問題の解決ができると考える。

このような要素をもち、なおかつ社会的影響力をもった理論ということになるとひじょうに限られてくる。話の初めになにげなく引いた本庄栄治郎教授と岡義武教授の選択がなぜ意味があるのかが、ここでやっと鮮明にわかってくるわけである。つまり、慎重な選択がそこではなされていたのである。

とにかく日本人は、従来、「南進論」者の問題を扱う場合には、それに該当しそうな人物を玉石混淆にやたらと羅列する傾向があった。特に、戦時中の日本人は「南進」の英雄をやたらと発掘する趣味があったように思う。しかし、もう時代が変わったのだし、「南進論」にたいして正しい位置づけをするためには、日本の近代史の中で、ある程度創造的な役割を果したものにだけ、「南進論」者をむしろ選択局限していくほうが妥当ではないかと考える。

志賀重昂と竹越與三郎

❖志賀の『南洋時事』

そこで、私の個人的な判断を述べるとすれば、私たちはまずさしあたって、志賀重昂《しげたか》と竹越與三郎の二人に注目しなくてはならないように思う。ほかの「南進論」者を問題にする必要がないというわけではないが、この二人には、他の論者にはないかけがえのない特徴がある。近代日本の思想界に、「南洋」

概念を独自の尊厳をもったものとして定着させた功労者志賀重昂、そして「南進論」を一般大衆のレベルにまで普及させた張本人として竹越與三郎……。この二人を選ぶことは、異論のないところであろう。

志賀重昂の経歴については比較的よく知られている。彼は、文久三年十一月十五日、三河岡崎の藩士志賀重職の長男として生まれた。父病死のあと、母方の祖父杉下鳩台の家に引き取られ、儒者の家風と親しむことになる。明治七年、東京に出て芝の攻玉塾にはいり、同十一年まで主として英学を学んだ。明治十一年、神田の精算学舎に入り、大学予備門に通い始める。十三年、札幌農学校に進学。農学校在学中は、欧州の文物に関心を示すと同時に北海道の未開拓地の探険を試み、カムチャツカまで行こうとしたぐらいであった（志賀の「札幌在学日記」下巻にくわしい）。

明治十七年、札幌農学校を卒業すると、長野県立松本中学校教諭になり、植物学を教えたが、まもなく退職して上京し、あまり満たされない日を送っている。ところが、明治十九年二月、海軍兵学校練習艦「筑波」に便乗を許され、約十カ月間にわたって南洋諸島、オーストラリアを巡航視察することになる。この時の航海の見聞をまとめたのが『南洋時事』であった。明治二十年四月、丸善から出版されたが、いうまでもなく志賀重昂にとっては処女出版であった。この出版によって、志賀は論壇に安定した地位を占めることになり、明治二十一年四月には杉浦重剛、三宅雄二郎（雪嶺）らと政教社を創立、雑誌『日本人』の編集および主査という大きな任務にあたることになる。この雑誌の主旨がいわゆる「国粋保存」であったことはよく知られている。

『南洋時事』の巻頭には一編の英語の詩が配されてあり、その自作の詩は“Arise! Ye sons of Yamato's Land! A Grand work awaits your hand! ……”という具合に始まっている。この詩がなぜ付けられたかは不明だが、この本の性格、すなわち一種の警世の書としての性格を象徴しているといえる。志賀は、はじめ紀行をゆっくりと書くことを予定していたのだが、「紀行ノ如キハコレヲ他日ニ譲ルモ可ナリト。乃ハチ更ニ筆ヲ把リ匆々走書シテ此一篇ヲ著ハシ、名ヅケテ南洋時事ト云フ」（初版自序）というふうに考え、

「時事」というライトモチーフ、つまり時局的な問題意識に導かれて一気に書きあげている。

この本には重要な特徴がいくつかある。第一に、「南洋」という言葉に志賀がどのような思いを込めて使ったかである。彼自身の言葉を引くことにしよう。ひじょうに大切な個所である。

「南洋トハ何ゾヤ。未ダ世人ガ毫モ注意ヲ措カザル箇処ナリ。然レバ予輩ハ南洋ナル二字ヲ始メテ諸君ガ面前ニ拉出シ、是レガ注意ヲ惹起セントスルモノナリ。南洋ナル新物体ト新話頭トヲ初メテ捉ヘ来リシ面目ヲ自得スルモノナリ」(自跋)

彼の自負心にもかかわらず、「南洋」という言葉を言葉としてつかった最初の日本人が志賀重昂でないことははっきりしている。この本の刊行された明治二十年以前にも、この言葉はすでに使われてきている。志賀が自負したかったことは、「南洋」という概念を、東洋とも西洋とも違うタームとして、しかもその二つに劣らず重要なタームとして、日本で初めて措定してみせたということであった。この点での志賀の貢献は大きいと思う。志賀が「南洋」という言葉をあざやかに駆使してみせたことから、後に続く日本人はこのタームにごく自然に打ちとけることができるようになった。

第二に、「劣等人種ノ優等人種ニ於ケルヤ、劣等人種ハ其精神、身体共ニ優等人種ト軒輊スル能ハズ」と書いているように、明らかに進化論の優勝劣敗思想の影響を受けていた。しかし、その反面で、「嗚呼黄、黒、銅色、馬来ノ諸人種ハ今日ニシテ自ラ計ル処無ケバ、竟ニ此世界ハ白哲人種ノ専有ニ帰セン。……予輩黄人種ハ宜シク今日ニ当リ白人種ト競争シ之レヲ防禦シ、以テ予輩種属ノ性命ヲ保維スルノ策ヲ講ゼザル可カラズ」と書いているところなどには、アジアの黄色人種共通の危機を強く感じとり、黄色人種の対応の必要を感じていたことが読みとれる。

第三に、しかしながら、黄色人種としての日本のとるべき対応策はアジアの連帯の音頭をとることではなく、むしろ「英国ト気脈ヲ通ジ以テ立国ノ基礎ヲ鞏固シ」と、ごく正統的な外交を固めることであると説かれる。

第四に、けっきょく志賀が説きたかったことは、日本人の平和的＝商業主義的な海外雄飛であったようで、「海外到ル処ニ大和民族ガ莞然タル温顔を見ンコトヲ冀望スルモノナリ。海外到ル処ニ商業的ノ新日本ヲ剏造センコトヲ希願スルモノナリ」と書き、さらにこの本の最後を「海外到ル処ニ商業的ノ新日本ヲ創造スルコソ、汝ガ今日ノ使命ナレ、汝ガ今日ノ急務ナレ」とよく似た文章の繰り返しで閉じている。

『南洋時事』は志賀がまだ二十四歳の時の作品であって、そのせいか、全体の構想も文章のスタイルも十分に磨き上げられてはいない感じを否めない。そして、志賀自身、このあと「国粋保存」の考え方を究める方向に関心を移し、それほど「南洋」問題のフォローアップはしていない（大正四年十月の講演原稿「木に縁て魚を求む」は数少ないすぐれた例外である）。それにしても、発想といい、取り上げた素材といい、当時としては抜群に新鮮な存在であったこの本の歴史的な意義は、いくら強調してもしきれることはないだろう。志賀が死んだのは昭和二年四月六日であった。

❖竹越の『南国記』

ところで、あらゆる「南進論」関係の出版のなかで、おそらく、竹越與三郎が明治四十二年四月二十四日付で二酉《にゆう》社という出版社から出した『南国記』ほど世間に大きなインパクトを与えたものは、あとにも先にもないように思う。

竹越與三郎は、慶応元年十月五日、埼玉県本庄町の清野仙三郎の次男として生を享けたが、明治二年六歳の年に、わけあって新潟の竹越家の養子となっている。竹越家は與三郎に漢学塾で漢籍を学ばせたが、十五、六歳の頃には史記、班固の漢書、春秋左氏伝を読み、才気煥発を示したという。十七歳で上京し、中村敬宇の同人社に入り、英語を学び、一年後、慶應義塾に入学し、福沢諭吉の門に出入りすることになる。

卒業後、官界、実業界を忌避し、進んで時事新報社に入り、記者稼業を始める。その後、朝日新聞社が『大阪公論』を発刊したとき、主筆に招かれて大阪に行ったが、一年足らずで廃刊になる。帰京して徳富猪一郎の国民新聞に加わっている。その間、バックルの文明史やマコーレーの英国史などと親しみ、歴史学への興味を深め、明治二十三年には『新日本史』を著わした。そして、明治二十八年には『二千五百年史』の原稿を完成、もとの原稿を三分の一に削減した上で出版している。

この出版を通じて陸奥宗光の知遇を得ることになる。陸奥は、竹越の見識と文才を高く評価し、実務の上でも大いに重用し、外務大臣のときには外交文書の自由閲覧さえ許している。陸奥の推薦を通じて西園寺公望とも知遇を得ており、西園寺からもひじょうに可愛がられている。

明治二十九年には『世界之日本』という雑誌を発刊し、これを主宰することになった。しかし、この雑誌も経営が思わしくなく、不成功に終っている。明治三十一年、伊藤内閣に西園寺が文部大臣として加わったとき、竹越は、勅任参事官兼秘書官として任官する。翌三十二年には、郷里の越後から代議士に当選、政友会に籍を置いて政治活動に入った。その後、衆議院議員に五回も当選、その間竹越三叉《さんさ》の雅名で政治評論活動にも力を入れている。

明治四十二年夏、南洋旅行に赴き、その時の見聞と所感を一書にまとめ上げたのが、この『南国記』であった。『南国記』が刊行されると、その反響は異様なほど大きかった。明治四十四年十月までに十版を数え、大正四年一月には縮刷版まで出ている。少なくとも三十二の新聞、十八の雑誌、いわば当時のほとんどすべての主要なマス・メディアが、この本を取り上げて書評している。一、二の例外を除くと、だいたいみな、竹越の主張を積極的に評価するものであった(昭和十七年刊日本評論社版に付された木村荘五の解題参照)。

数少ない反対論の中では、『ジャパン・タイムス』という雑誌が次のような書評を掲げたのは記録に留めておいてもいいであろう。

「尠《すくな》くとも日本の南方発展に対する流行的な叫びはデリケートな事柄であり、且つ禍をかもす。されば吾人は、それを唱道することに極めて慎重でなければならぬ。しかし吾人が著者の結論に賛成しないのは、和蘭に対し、アメリカに対し、濠洲などに対しての遠慮からではないのである。吾人の信ずる処では、我が発展の此の段階に於て、南方へ引返すといふことは自殺である。それは寧ろ不知の未来に残されるが良い事柄である」

このような的を射た批評ではあったが、竹越ブームの渦中にあってはほとんど日立たずに無視されて終った。

『南国記』が、ほかのどの南進論関係の文献よりも普及した理由としては、竹越與三郎の知名度、あるいは明治末から大正初めにかけての時代的特質などがあったかも知れない。しかし、もう一つには、竹越の文章ないし文体の魅力も大いに貢献したと思われる。田山花袋は、この本を読んで、「竹越君の『南国記』は近頃にない興味を以て読んだ。文章に非常に気の利いた印象的のところがある。……私はこの一冊によつて一種の新しい芸術的印象を受けたことは争はれない」と書いている。

『南国記』の書き出し、というより第一章の見出しは「南へ！　南へ！」となっている。この言葉は、その後「南進」を語るときの枕言葉として人びとに親しまれることになった。この第一章を読み進めて行くと、「邦人南方を忘る」「熱帯を制するものは世界を制す」「南人の北進は不自然なり」「島国にして大陸に力を用ゆるの不利」「我将来は南にあり」などの文中小見出しがたいそう印象的である。第一章から第九章までは前年の旅行での観察がごく具象的に描いてある。

竹越の「南進」理論のポイントは、まず日本人を南方起源の「南人」と捉え、日本人の「北進」は歴史の約束に反するということであった。『南国記』を織りなす要素は基本的には二つあるように思う。一つは歴史家としての澄んだ眼でもって、アジアで展開している大局的なドラマを見究めようとする客観主義的な姿勢である。ただそれは、日本も含めて、イギリス、フランス、オランダなど帝国主義国の植民政策の比較という枠組みを踏まえている。他方、もう一つ、日本の国益を踏まえたいわゆる南方経略論的な姿勢であって、この姿勢と客観主義的な姿勢との微妙な交錯が、この本の得もいえぬ迫力ある魅力をつくり出した要因であったと考えてよかろう。竹越が、たとえばシンガポールの将来性を高く評価し、「帝国的色彩を帯びた一大要素」として捉えている事実、また英仏両国が中国の雲南省に向けて鉄道の敷設競争を行なっているのを重視している事実などには、たんなる客観主義的な認識を越えた、激しい政治的感情がからまりついていたとみなくてはならない。

『南国記』はフランス語の翻訳があったらしく、明治四十四年四月に井上雅二がジャワで蘭印総督に会った際に、総督が仏訳を通じて内容を知っており、そうとう危惧の念を抱いていたという事実がある(井上雅二『南方開拓を語る』三二一ページ)。残念ながら、私はまだこのフランス語版を見る機会に恵まれてはいない。しかし、それにしても、『南国記』がたんに日本国内で青年層の南洋熱を鼓舞しただけでなく、いくばくかの外向けのインパクトを伴っていたという事実は興味深いことである。

竹越與三郎は大正九年九月に『日本経済史』全八巻を完成、その後宮内省の臨時帝室局御用係を勤め明治天皇史の編纂にも従事する。大正十二年勅選貴族院議員となり、昭和十五年には枢密院顧問官に任ぜられ、そして戦後まで生き延び、昭和二十五年一月十二日に亡くなっている。この竹越が、C・G・セリグマンの編纂した有名な『社会科学百科事典(*Encyclopedia of Social Sciences*)』の一項目を担当し、日本と中国の土地所有制度について書いていることはあまり世に知られていないようである。

「南進論」の社会的基盤

❖反官・反中央の思想

志賀重昂と竹越與三郎の二人にしぼって、「南進論」の正統的な論調を紹介してみたが、明治時代の「南進論」は基本的にはどういう性格をもっていたのだろうか。いくつかの意外な特徴があるように思う。昭和の時代に焼き付けられた歪んだイメージの先入観から、多くの日本人は、明治時代の「南進論」がもっていた創造的な性格のほうを見失いがちである。

まずなによりも、「南洋」が日本の身近な地域として親しまれるようになったのは、明治期「南進論」の残した大きな功績であった。日本人が脱亜入欧に専心していたとき、「南洋」概念が定着したというのは、それ自体有意義なことであった。そしてまた、明治時代の「南進論」は、一部の例外を除いて、基本的には善意の思想であった。軍事力よりは政治の力、強引な侵略よりは平和的な経済進出を考えたのであって、その意味では、どことなく平和主義的なニュアンスをまとっていた。この頃の「南進論」が、いわゆる国権論的なアジア主義思想とは遠く離れた地平で唱えられていた事実はもっと注目されなくてはならない。その二つが合流して、怖ろしい化学反応を起こすのはもっと後のことである。

明治の「南進論」の善意の性格は、実は「南進論」者たちが共通してもっていた哀しい出自、ないしは反官・反中央の信念と無関係ではなかったように思う。志賀重昂が、大学予備門まで進みながら札幌農学校に学んだこと、竹越與三郎が慶應義塾からジャーナリズムに身を投じたこと、菅沼貞風が平戸の微禄の藩士の家に生まれ、苦学して藩校を出ていること、鈴木経勲が旧士族の父親の「士族商法」のとばっちりを受け、ろくな教育も受けず貧乏な青年期を送ったこと、……こうしてみると、「南進論」者たちがだれ一人として薩摩長州などの雄藩出身者でもなければ東京大学出身者でもなく、心の底では絶えず中央の正統的な発想をシニックにみる立場にあったことがわかる。その意味で、「南進論」は在野の思想、民間の思想であり、そして絶えず夢を追う不遇なロマンチストたちの思想であった。「南進論」者たちは、在野の者特有の人の善さをもっていたから、理論の上でたくさんの隙を残したことは事実である。そして、かれらはロマンチストであったから、空想的でありすぎた。そして自分たちの語る事柄がどのような論理的陥穽を秘めるかには無頓着であった。特に、「海外進出」というロマン的行為を美化するあまり、それがどれほど底知れぬ政治的、外交的な問題を伴うかについて、少し軽く考えすぎたきらいがある。だから、「南進論」は、簡単に政治的に悪用されえたのである。

❖「南進論」の盛衰

ところで、「南進論」は、長い期間にわたって常時コンスタントにだれかが唱えていたわけではなかった。この事実は、「南進論」のだいじな特徴の一つである。すなわち、「南進論」には盛衰がみられるのである。先程も指摘したように、明治時代の「南進論」の噴出は十年代の末に始まり、二十年代の初めに集中しているのである。たとえば菅沼貞風が『新日本の図南の夢』の原稿を書いたのは明治二十一年であった。これは何に基づくものであろうか。

一つの大きな時代の流れとしていえば、明治二十年前後は、「内国殖民論」から「海外殖民論」へという海外移住思想の転換の時期に当たっていたということがいえる。たとえば、田口卯吉は、明治十年代には「北海道開拓論」(明治十四年『東京経済雑誌』)について書いているが、明治二十三年になると「南洋経略論」を書くことになる。また、田口と同じく北海道開拓論に専念していた若山儀一が明治二十二年になるとメキシコ殖民論の提唱を始めている。第一次松方内閣で外務大臣を榎本武揚が勤めたということは、このような殖民思想転換の時期において、大きな意味をもったように思う。

殖民思想の転換の基盤にあったのは、いわゆる士族授産の問題であった。廃藩置県以来、旧士族階級救済のため施策はいろいろな形で重ねられてきたが、その過程で荒蕪地《こうぶち》開拓と士族授産とを結びつける発想が生まれ出たことはよく知られている(若山儀一「士族授産私議」『若山儀一全集』上巻参照)。その施策の一つ、士族授産金制度が明治二十二年を最後に打ち切られることになったとき、東京府に割り当てられ、支出されずに残っていた士族授産金に眼を付け、それを新鮮な構想のもとで活用して士族授産に新局面を拓こうとしたのが田口卯吉であった。田口卯吉は、「東京府士族の有志者をして南洋に移住せしめ、一は以て其独立を助け、一は以て国威を伸べんと欲するにあり」（田口卯吉閲『南島巡航記』）という目的で、明治二十三年、「南島商会」を創設している。明治二十年代の初めはそういう時代でもあったのである。

それからもう一つ、明治十八年、ドイツがマーシャル全群島を保護領としたということがある。志賀重昂が「南洋は多事なり」というレトリックを『南洋時事』の中で用いた背景には、そのような太平洋地域における諸列強の領土獲得の動きが激しくなったという事実があった。このような情勢にたいして、日本国内ではにわかに「海国日本」のスローガンが叫ばれるようになり、明治二十年三月十四日には海防設備充実の勅諭まで発せられ、下賜金三十万円が出されている（『伊藤博文伝』中巻、五一二～六ページ）。このような情勢の中で、少なくとも一時的には、アジアに関心を持つ日本人の眼が「南洋」問題に注がれるようになったのである。

ただ、二十年代初めに沸騰した南洋熱は、朝鮮半島問題をめぐる日清関係が緊張しはじめ、人びとの関心が再び「北」に戻るようになると、またたく間に冷却してしまう。そして、副島八十六らが三十年代につなぎ役を勤める。その後、日露戦争を経て、明治の末に竹越與三郎が『南国記』を書くという形で「南進論」の火種は守り続けられ、大正期へと持ち越されるのである。

大正時代の「南進論」

❖大正期「南進論」の内容

最後に、明治の末に竹越與三郎の『南国記』で一花咲いた「南進論」が、その後、大正時代にはどのような展開をみせたかをみてみなくてはならない。

大正時代には大正時代の「南進論」があった。だから、「南進論」は明治二十年代特有の現象であったと断定するのは正しくない。ある意味では、むしろ大正期のほうが「南進論」の着実な定着をみたのである。

大正三年、第一次大戦の勃発に乗じて、日本は独領南洋群島に兵を進め、占領に成功する。南洋群島は大正八年以降は委任統治領となり、日本の領土の正統な構成部分として、日本国内法で直接統治が行なわれることになった。このことによって、南方経営論はたんなる机上の空論の域を越えて現実政策として位置づけられねばならなくなるのである。それとともに、この旧独領南洋群島、日本流にいうと「内南洋」の獲得を新たなきっかけとして、日本の「南進論」には、大正三年以降、未獲得の地理的な拡がり、すなわち「外南洋」に向かって新たな拍車がかかることにもなる。

大正時代の南洋関係の出版でめぼしいものを列挙すると、左の通りである。

農商務省編『南洋の産業及其富源』北文館、大正元年十二月
井上清『南洋と日本』大正社、大正二年七月（二〇〇四年、大空社より「アジア学叢書」の一冊として復刊…編注）
江川薫『南洋を目的に』南北社、大正二年十月
佐野實『南洋諸島巡行記』東京堂、大正二年十二月
梶原保人『図南遊記』台湾台中、大正二年十二月
吉田春吉『南洋渡航案内』北村書店、大正三年六月
内田嘉吉『国民海外発展策』拓殖新報社、大正三年十月
大森信次郎『南洋金儲百話』南洋通商協会、大正三年十一月
島津久賢『南洋記』春陽堂、大正四年八月
山田毅一『南進策と小笠原群島』放天義塾出版部、大正五年八月

副島八十六『帝国南進策』民友社、大正五年十月
山本美越乃『我國民ノ海外發展ト南洋新占領地』有斐閣書房、大正六年十二月
佃光治／加藤至徳『南洋の新日本村』南北社出版部、大正八年一月
田澤震五『南國見たまゝの記』新高堂書店、大正十年十二月

これら十四冊のうち、だいじなものに注釈をつけておくと、まず井上清の『南洋と日本』に始まる大正二年刊の四冊は、いずれも南方各地を視察した所感をまとめたものである。井上の『南洋と日本』は、いちばん最後の結論部分「南洋の将来」の個所がひじょうに有名である。この本の最後は次のような文章で閉じられている。

「終りに云ふ、吾人の南進論は些かも軍事的意味を帯びず、産業、通商及移民の上より観察し、最も吾に近接せる広茫無涯の大発展地あるを説明し、敢て膨張的国民の奮起を促がすのみ。時は今なり。一日遅るれば一日の損あり。一年遅るれば英人進み、二年遅るれば独人邁進し、三年遅るれば米人雄飛し、四年遅るれば濠洲人来り、五年遅るれば蘭人其根拠を堅め、六年遅るれば支那人益々跋扈し、七年遅るれば印度人の数、更らに増加せん。若し十年、二十年の後に至りて、南洋を語るも既に晩し。巴奈馬運河は明後年を以て開通するにあらずや。波斯横断鉄道成るの日、世界の交通地図は、更らに如何の影響を生ずべき乎、乞ふ之を想へや」

井上の考え方の特徴は、日本とほかの列強との関係を「ゼロ・サム」ゲーム的な論理で捉えている点にあり、しかも十年待てばもう遅すぎるという、たいへん焦った時間感覚がユニークである。この発想は昭和になっても人びとに親しまれ、この個所はいろいろな形で引用されている。

江川薫と佐野實の旅行記は、明治の在留邦人の生態が見事に捉えられている点で明治期「南進」の様相を探るための貴重な一次資料になっているが、たんなる旅行記に終らず、それぞれ結論部分で南洋事情に政策論的な分析を加えている。

大正三年以降、特に山田毅一と副島八十六の本あたりから、出版の傾向ががらりと変質をみせている。山田も副島も、実は明治時代から「南進論」を説く論者として知られており、たとえば山田の『南洋行脚誌』(明治四十三年刊)には、付録として「海外発展策」という巨視的な議論の個所が巻末に付いている。副島は、明治三十年に南洋旅行をして以来「南進論」者として活躍し、なかでも明治三十六年十一月、東邦協会で行なった「南方経営論」という講演は、明治の「南進論」の系譜に載りうる注目すべき議論として話題を呼んだ。副島の「南方経営論」の最後には六つの提案があり、①領事館の増設、②銀行支店の設置、③航路の拡張、④国内外国語学校の整備拡張、⑤殖民学校の新設、⑥大規模および一流の南洋学術探検隊の派遣、が提唱されている。

このような既往の背景をもつ二人が、内南洋の獲得とともに、ひときわ高いオクターブで「南進」政策を唱え出したとしても不思議ではなかった。そして、この二人の刊行物を通じて、「南進」という用語法がごく日常的なものとして日本社会に定着していくことになった。それとともに、明治時代特有のロマン的表現としての「図南」あるいは「南洋経略」などという言葉づかいは消えていくのである。

山本美越乃《みおの》は当時京都帝大法科大学の助教授であったが、領土的膨張主義に強く反対する立場から、「経済的発展主義」という平和的な海外発展の理論の持ち主であった。山本の大正六年の本は、民間の「南進論」者の刊行物と違い、ドイツの経済社会学の文献の引用があるなど、いっけんアカデミックな構成のものではあるが、しょせん日本の南方進出の風潮を学者の立場から弁証するものでしかなかった。

田澤震五の『南國見たまゝの記』は読み物としても一級の旅行見聞記であるが、行動半径の中に内南洋が含まれず、主として蘭領東印度、英領マレー、仏領インドシナなど、日本が将来発展すべき外南洋地域について鋭い観察をなしている点が注目される。この本の序文を読むと、当時、田澤が「一時猫も杓子も南洋々々の声を挙げて居つたのに今日其の声の頗る振はないのは何故か」(六ページ)という気持を抱いていたことがわかる。

こうしてみると、大正期の「南進論」がそれなりの歴史的役割を果したことがはっきりする。それは少なくとも二つの意味で重要な役割を果した。一方では、井上清の考え方のように、せっぱつまった「ゼロ・サム」的感覚をまとうことによって、日本の帝国主義固有の精神性の強化に貢献したこと、他方では、「南進」というタームを定着させ、南方進出を日本の海外進出の正統的なコースとしてなにげなく予定することになったこと、この二つの意味で、大正期「南進論」には、続く昭和期「南進」への伏線が秘められていたと見なくてはならない。

❖『実業之日本』の役割

大正時代の「南進論」については、あと二つだけ見逃せないだいじな事柄がある。一つは、『実業之日本』を中心とするマス・メディアのまき起こした南洋ブームのこと、もう一つは大正四年における「南洋協会」の創設である。

南洋ブームに関係した雑誌としては、明治二十年代、三十年代に発刊された『殖民雑誌』『殖民公報』『東京地学協会雑誌』、そして『武侠世界』『太陽』なども無視できないが、大衆的なレベルに及ぶ広汎な影響ということになると、『実業之日本』がいわば唯一無二のメディアであった。いうまでもなくこの雑誌は明治三十年六月に第一巻第一号が出ており、南方関係の記事がちらほら誌面に登場し始めるのは明治四十三年(第十三巻)ぐらいからである。この年は、第二十号に「南洋爪哇に於ける日本商人と独逸商人との商戦」という評論が唯一つあるだけである。

明治四十四年(第十四巻)になると、第六号「有望なる南洋貿易には如何なる発展策があるか」に始まり、十四号の「南洋に発展しつつある日本人」など、六、七篇の南方物評論の掲載を数えることができる。そして、翌年の明治四十五年(第十五巻)には、第二号に実業之日本社社長の増田義一が「海外発展を熱望する青年を如何に指導すべきか」を書くなど、やはり六、七篇の南洋関係の評論が掲載されるのである。

それが大正になると、大正二年（第十六巻）に大隈重信の「南洋諸島に雄飛せよ」（第十一号）、梶原保人「年利五割に当る南洋一の有利事業」（第二十二号）、大倉丈二「南洋護謨事業に於ける小資本発展法」（第十三号）など、いたって実利的な評論を十数篇も数えるようになる。大正三年（第十七巻）には、南洋で成功した立志伝中の人として、小川利八郎の体験談が載るようになる。小川は、「南洋に売薬王となつた奮闘経歴」（第十三、十四号）、「空拳南洋に発展し得べき有利事業」（第十六号）など、少なくとも三回原稿を寄せている。この小川の目立った活躍も含めて、大正三年の『実業之日本』はまさに南方物を一つの軸として編集された感じすらある。たとえば、第三号から連載の始まる、「実用的馬来語の独習」という現地語入門の記事さえあらわれるのである。

大正四年（第十八巻）は『実業之日本』が南洋熱を煽り立てたピークの年であったといってよかろう。この年の四月には、春季増刊号（第七号）として「南洋号」という臨時増刊が出ている。全一七〇ページほどのこの号には、南洋関係の情報がぎっしり詰まっている。井上雅二の「四千円の資本で十年目から五割の純益を挙ぐる確実事業あり」などの投機心を煽る評論もあれば、新渡戸稲造の「文明の南進」もある。社長の増田義一が「南洋発展論」を書いていれば、記者たちが「南洋渡航案内」「南洋渡航者に必要な参考書」を書いている。とにかく、この臨時増刊号が世間に与えたインパクトはひじょうに大きいものであった。

この増刊号以外の号をみても、三山喜三郎「僅に百円の渡航費から年収八百円となる南洋有利事業」（第四、五号）、同「薄資家にても巨益を汲む南洋有利事業」（第六号）、吉田春吉「南洋無限の宝庫は我国人の来るを待てり」（第八号）など、たいそう魅惑的な南洋への勧誘の企画が数多くある。

大正四年の南洋ブームの余波は大正五年（第十九巻）まで持ち越され、第七号が巻頭言に「往け南方へ」を掲げているほか、高木兼寛男爵が「夏は我子に水夫をさせて南洋へ」（第十四号）を書き、新渡戸稲造が「南洋を視察して」など三論文を寄せるなど、依然として南方物の比重は大きいのである。ところが、『実業之日本』における南洋物の扱いは、大正六年（第二十巻）から目立って小さくなり、大正七、八年あたりになると、南方進出を煽る評論はもうほとんど姿を見せなくなっている。そうなった主な理由は、第一次大戦が終り、日本人の関心がにわかに世界的な視野で拡がったり、あるいは逆に国内の新たな経済問題に関心を奪われたりして、南洋ブームが終ったことに基づくものであったと考えられる。

いずれにしても、大正期初頭の『実業之日本』のまき起こした南洋熱が相当なものであったことは間違いないのである。

❖「南洋協会」の創立

ところで、「南洋協会」の創設であるが、これは大正四年一月三十日に東京で発足している。協会の趣意書をみると、「南方諸島の広大なる、爪哇・スマトラ・ボルネオ・セレベス・馬来半島・比律賓群島のみを以てするも凡そ一百万方哩にして、無尽蔵の豊庫は世界民族の開発を待つあり、殊に我が国と南洋とは、地理的及歴史的に於て、将た経済的に於て最も親密なる関係を有し、巨額の資本労力は既に注入せられ、将来益々発展の域に進まんとす。

本会は汎く南洋の事情を研究して、其の開発に努め、以て彼我民族の福利を増進し、聊か世界の文明に貢献せんと欲す……」とある。

協会創立を呼びかけた発起人十八名の顔触れの中には、吉川重吉、渋沢栄一、近藤廉平、田健治郎の四人の男爵が加わっていたが、設立の準備過程で中心的に動いたのは、当時の台湾民政長官の内田嘉吉とマレーでゴム園を経営していた井上雅二、星野錫らであった。「南洋協会」創設の背景を調べると、実は、大正二年にすでに同じ名前の協会が作られたことがあり、資金難で解散していたのを時流の変化に即してこの際復活させるという着想から、それが生まれたということが判明する。

「南洋協会」の初代会長には伯爵芳川顕正が就任したが、まもなく田健治郎男爵にとって代わられている。協会の本部は東京に置かれたが、国の内外に支部が設けられた。協会の主な任務としては、協会規約第三条に、①南洋に於ける産業、制度、社会、その他各般の事項を調査すること、②南洋の事情を本邦に紹介すること、③本邦の事情を南洋に紹介すること、④南洋事業に必要なる人物を養成すること、⑤本邦の医術、技芸、その他学術の普及を図ること、⑥雑誌その他出版物を発刊すること、⑦講演会を開くこと、⑧南洋博物館および図書館を設くること、⑨その他必要の事項、の九項目があげられてあった。

「南洋協会」は、なかば公的な南洋関係の機関としては最初のものであったし、大正四年の発足以来、その後昭和二十年まで着実に活動を続け、いわば明治期の「南進論」のエトスを昭和時代にまで伝達するだいじな歴史的役割を果すのである。このことはともかく、この協会が創設以来行なった具体的な活動には重要なものがいくつかある。たとえば、大正四年八月以来欠かさず発行された月刊雑誌『南洋協会雑誌』(その後『南洋』と改題)、南洋各地に商品陳列館を開き(大正七年、シンガポールに開館したのが最初)、日本の生産品の輸出振興に貢献したこと、南洋商業実習生制度を設け(昭和三年)、毎年数十名の青年を南洋各地の邦人商店に送り込んだこと、オランダ語およびマレー語の講習会を重ね(オランダ語は大正六年以降、マレー語は大正十一年以降ほとんど毎年開講)、現地語の普及につとめたこと……。

このようにしてみると、これまで無視されがちであった大正時代が、想像以上に重要な意味をもっていることがはっきりする。近代日本の「南進」に実質的な力と大衆的基盤を与えた点で、この大正時代の風潮は大きな役割を果したのである。いたって実利主義的な、それだけに日本人の大衆層と結びつきえた「南進論」として、大正期の一連の思潮は、ある意味では明治時代の「南進論」よりははるかに大きな実際的意味をもったのではなかったか。

Ⅲ　経済進出のパターン

初期の様相

❖マレーの千代松

ところで、明治の初めから南洋に流出した日本人たちを「経済人」として捉えてみた場合、どのような経済活動の軌跡が浮かび上がってくるだろうか。

明治十年前後のシンガポールに千代松という男がいた。姓もわからなければ生まれ故郷がどこかもわからない男で、小さい時売られたか、かどわかされたかしてサーカスの一座にひろわれて、流浪のあげくに明治三、四年頃シンガポールに定着したといわれている。この千代松が、ある時、世話好きのお豊さんから借金をして、それを資本《もとで》に始めた商売が吹矢であった。

「千代松は早速それで吹矢と屋台を一台買ひ、廻転用の円い板をくつつけ、一方、金子商店に行つて、安物の陶器や紛ひ物の時計類を仕入れると、之で準備は出来上つた。円い板には数字が幾つも書いてあり、それをぐるぐる廻して、客に吹矢で吹きあてさせる、数字には懸賞があるから、うまく吹当てると賞品の日本雑貨が貰へる、といつた至極簡単な遊びだ」（羽生操『椰子・光・珊瑚礁』二六四ページ）

この話の中に、実はなにげなく、いちばん初期の日本人の経済活動の様式がみごとに描かれてある。お豊さんからの借金、金子商店の日本製の安物雑貨、そして低所得層の現地民相手の吹矢業、これらが一本の線でみごとにつながれている。当時の数少ない日本人たちは、からゆきさんの存在を基軸として、経済的な「共棲」関係を保っていたのである。

もう一つの話を引用しておこう。

「行商は南洋の一名物にして、在留日本人は全く行商人と称するも大差なき程なり。……我行商人は多く各都会に於て種々なる商品を数個のトランクに積み込み、多数の苦力に担はせ、山野深く又は離たる村落に至りて、彼れ等土人の好奇心に訴へ、又は必要に訴へて売却するものにして、土人は驚く可き購買力を有す。……我が行商人中最も多数なるは売薬行商にして、彼れ等は数十種の売薬の、而も既に数年を経過して効能の全く消失せる品を安価に仕入れ、之れを携へて自らも医師なりと称し、聴診器と二三の医者らしき器具とを所持して、出張診察と大法螺を吹き立て、……ある土人は日本行商人に目薬を求めしに、タムシの薬を与へたれば、何かはたまるべき、土人は其を用ゐて遂に失明したり」（江川薫『南洋を目的に』一〇三〜五ページ）

ここにも最初期のごく典型的な経済活動が見事に描写されてある。

からゆきさんたちの強いられた哀しい営みのことをひとまずおけば、吹矢、玉ころがし、射的、輪投げのたぐい、そして少し気の利いた連中はあんま、人力車引き、そして売薬行商をするのが、ごく初めの頃の日本人の「経済活動」であった。そして、手の器用なもので写真屋、散髪屋、洗濯屋、歯科医などを始めるものもいた。この頃のことを書き出したらきりがない。ただ日本人の庶民特有のたくましい生存欲、小賢こさ、小器用さ、要領のよさ、しぶとさなどが、いろいろなエピソードを通じて感じとれるとだけいっておこうか。

❖売薬行商から「トコ・ジュパン」へ

いうまでもなく、このようなごくプリミティブな経済活動は、ある段階からもっと高度な商活動に変わり始める。たとえば、蘭印の場合、ある段階から「トコ・ジュパン」（日本人のお店）という表現が現地の人びとによって親しまれるようになる。

「行商行程を経て、漸く一本の商品陳列棚と一列並び商品、小さな店を借入れるだけの資本の蓄積ができると、これら行商の青年は自分が巡歴した地方で適当の場所を選定して開始したのが、トコ・ジュパンとして蘭印各地を風靡した雑貨店のはじまりである。トコ・ジュパンの存在は夜ともなれば皓々たる石油ガス、ランプの灯りに日本の玩具や繊維製品、雑貨がよく陳列されて輝き、その村の、町の社交場の如く土地の名士より労務者まで集っていた」（石居太楼）

このレベルまで来ると、たんに合理的経営が始まるだけでなく、資本蓄積が開始される。そして、関連部門がそれにつれて刺激を受けて、在留邦人社会全体の変容が始まるのである。日本からの雑貨品の輸入のために貿易商社が支店を設けるようになる（シンガポールに三井物産支店が開設したのは明治二十六年であった）。そして、郵船会社がはいり、銀行の支店が開かれる。

台湾銀行の支店がジャワのスラバヤに開店したときの面白い記録が残っている。

「当時は三井が三名、南洋郵船の出張員が一人、それに有馬洋行、その外一、二の小売雑貨店、或は歯医者、洗濯屋等は多少居つたが、銀行の店を開けても殆んど預金する者がなく、唯まだ娘子軍の残党が残つて居つて、娘子軍が稼ぎ貯めるとぼつ〳〵持つて来て預金をした。台湾銀行の一番よいお得意さんは娘子軍であるといふ状態であつた」（根本栄次『台湾銀行南方進出盛衰記』三ページ）

これは、大正四年の話である。

このような段階において、商業資本の蓄積がどうなされ、また日本人の経済活動のパターンがそれから先どう変遷していくかは面白い問題である。ここでは、二人のすぐれた経済人の一生を取り上げながら、その問題をごく具体的に見ていくことにしよう。その二人とは、シンガポールで「越後屋」という呉服屋を経営して大をなした高橋忠平と、行商から身を起こし、もっとも有名な「トコ・ジュパン」網をジャワに張りめぐらして大をなした堤林数衛の二人である。

商業資本の定着

❖高橋忠平の「越後屋」

高橋忠平は、明治三年十二月十五日、新潟県柏崎に生まれたが、生後まもなく、柏崎からほど遠くない野田村の須田家に養子にやられ、十七歳まで須田家の長男として過ごしている。その間、明治十五年に尋常小学校を終えたあと、同年から明治二十一年にかけて七年間柏崎近くの南条村にあった藍沢塾で漢学を学んでいる。生家の高橋家は柏崎の代々続いた呉服屋であったが、その後子供に恵まれないため、明治二十二年、忠平を須田家から返してもらい、家業をつがせることになった。

当時、柏崎の商圏は広く関西から群馬あたりまで拡がっており、高橋一族も呉服反物の行商を各地で行なっていた。高橋家に戻った忠平も、各地を行商して歩くことになる。行商のかたわら、遊びごとも覚えるようになった。ところが、あるとき、群馬県に行商に出たとき、たまたま泊まった旅館の隣の部屋の話を洩れ聴いて「米相場」というものがあることを知り、遊び代を稼ごうとして相場に手を出し、商売の金を全部すってしまった。父親の忠之助は激怒して、忠平は勘当されてしまう。

明治二十九年、横浜から船に乗り上海に行くが、柏崎出身の領事に愚をさとされて日本向けの船に乗ると、同乗した日本人から「むざむざ帰るとはなにごとか」といわれ、新潟には帰らず台湾に行ってしまう。それから、明治三十七年まで、毎年春秋二回、台湾へ呉服物の行商に出ている。というよりは、生活の本拠は台湾に置かれた。その明治三十七年に英領香港に店舗を設け、在留日本人女性相手に呉服を販売する。新しい店は香港の「女郎屋地区」の真中に所在していたそうで、商売相手のほとんどが娘子軍であったようである。高橋忠平の商法は「かし売」を絶対認めず、すべて現金売りであったという。そして、香港滞在中にシンガポールにまで行商に出ている。いちばん最初にシンガポールを訪れたのは、やはり明治三十七年の七月のことであった。

香港での商売はうまく行かなかったようである。明治四十一年七月、香港の店を引きはらってシンガポールに移り、同年八月上旬からミッドル路に「越後屋」というささやかな店をかまえ、呉服反物の販売をはじめる。忠平の当初の念願は、ある段階で呉服商売から足を洗って、新潟に帰って石油開発に従事することであったが、この頃からしだいに石油のことは忘れ始めている。

西村竹四郎の『在南三十五年』の明治四十一年の記録をみてみると、「当時尚ほ、正業者の数はなほ微々たるものであった。青年会も、日本人会もなく、何事かあれば指導に立つ人は僅か数名で……」と書いてある。当時のシンガポールでは、越後屋の商売相手は、当然のように、女郎屋のおかみに限られた。おかみたちが娘子《むすめ》たちを連れて着物や生地を選ばせに来るのだった。

支払いはその都度払いではなく、不思議なシステムになっていた。そういう置き屋の楼主は金融について常識があったとはいえず、収入を銀行にはほとんど預金せず、越後屋のような呉服屋に「いずれ反物をもらうから」といって預ける習慣であった。「お金をハンカチに入れて、勘定もせずにぶらさげてきたものだ」(福田庫八氏談話)そうである。預かったほうは一応形式的に帳簿をつける。ところが、娘子たちが品物を選ぶとき、その場で値段を具体的にきいたり、言ったりしないのがルールであった。つまり、そういうルールだと、呉服屋だけでなく、楼主たちのほうももうけることができたからである。

裸一貫でシンガポールにやってきた高橋忠平は、女郎屋の収入をそっくり預かるというこのシステムをうまく活かして着実な地歩を築いていく。「一風変つた頑固な気風が内外の信用を博し広く半島及びメダン方面にまで活躍し」(『南洋の五十年』五一六ページ)というのが当時の現地での定評であったようである。明治四十五年刊の塩見平之助の『南洋発展』には、当時のシンガポール在留邦人社会の実力者として、「二木多賀次郎、播磨勝太郎、小林千代吉、矢ヵ部倉吉、高橋忠平、加藤鉦太郎の諸氏あり。其他少壮中の中川菊三氏の如きは後来有望の人物なり」(二〇五ページ)と記してあるが、高橋忠平の名前が、二木のような大親分と早くも同列に挙がっているのは注目に値する。

女郎屋相手の呉服屋としては、当時、越後屋以外に、小山芳松(和歌山県出身)の小山商店、小山新之助(大阪府出身)の新小山商店、石井亥之助(出身地不詳)の丸十呉服店、城野昌三(福岡県出身)の日本商会などがあった。越後屋は、手堅い商法と生家が代々呉服屋であったという有利な条件から、しだいに抜きん出た存在となる。やがて非公式ながら高利貸などもやるようになり、越後屋の基礎は、第一次大戦の好況を経て、大正六、七年頃にはしっかりと固まるのである。

越後屋も含めて、このような女郎屋相手の呉服屋が恐慌をきたしたのは、大正九年に廃娼が断行されたことであった。このとき、越後屋は白人向けの営業に切り換えることにすばやく決めている。皮肉なことに廃娼が行なわれた翌年の大正十年に、越後屋は売り上げ高の新記録をマークしている。しかし、これは白人向けの取引きがにわかに活況を呈したからというよりは、むしろ「女郎さんたちが故郷に帰るときに、たいへん高価なおしゃれ着を着て帰ろうとしたので、にわかに需要が増えたからであった」(福田庫八氏談話)という。

白人相手の呉服販売がほんとうの意味で軌道に乗り出したのは昭和二年以降であったという。この年の正月、シンガポールで歌劇「蝶々夫人」の上演があったのが機運となり、越後屋にたいする白人の関心はにわかに高まったという(高橋士郎氏談話)。その前に、大正十二年九月の関東大震災のとき、日本本土が繊維製品不足で困った状態に目をつけ、シンガポールからたくさんの繊維製品を日本に送り込んでそうとうな収益をあげている。

越後屋は大正三年からジョホール州でゴム園経営を始め、昭和十二年まで続けている。大正七年、高橋忠平は柏崎に豪邸を建て、そこを本拠とし、一年に三カ月しかシンガポールに帰らなくなる。しかし、そのことによって、仕入れ面が強化され、かえっていい結果を生んでいる。昭和十二年五月には、やはりミッドル路に三階建の豪華な店舗を新築し、日本人商店としては群を抜いた威容を誇ることになる。

越後屋の経営が成功した秘訣は、まず、外地という不安定な環境での保全を考え、「かし売り」を絶対認めなかったこと、むしろ逆に一種の預金業務を行ない、顧客の預金額の範囲内で自由に買わせるというシステムをとったこと、白人相手の生地売りという冒険に成功したこと、などであるわけだが、その成功を基底から支えたのは、従業員は、仕立師にいたるまで、すべて柏崎から募る、という徹底した方針を貫いたことである。それも、英語力が必要とあって、中学校卒、商業学校卒という高い水準にしぼってとっている。唯一の例外が、尋常小学校卒の福田庫八であったという。地元出身の大成功者、という威信がもっとも効果を発揮する範囲の中から人材補充《リクルート》を行なうのは、賢明なやり方であったといえよう。

高橋忠平は、昭和八年六月七日、肝臓ガンのため柏崎で死んでいる。享年六十四であった。発病したのは同年春先、現地滞在中のことであったが、日本で死にたいといって客船の一等船室を二室借り切り、さらに神戸からは客車をまる一輛借り切って柏崎まで寝て帰っている。帰ったあと、湯をつかいたいときは湯船を酒で満たし、それで風呂がわりにしたという。

その死を知った西村竹四郎は、高橋忠平についてこうコメントしている。「氏は在南邦人中、物質的には唯一の成功者であつた。二十余年前香港から行商に来て、此の地に店を開き、時代もよく経営法もよく、隆々たる繁栄を来たし今日の大を成した。氏は非常に保守的な一面に進歩的な反面をも有した事は、邦人相手から洋人顧客に転換を試みた一例にも窺はれる。……一時は邦人間に、越後屋の金の廻らぬ所は無いと謂はれた位、金融が行き亘つた。しかし金利の徴収は厳格を極めた」(『在南三十五年』六〇八ページ)

❖堤林数衛の「南洋商会」

堤林数衛は、明治六年十二月二十六日、山形県新庄に五人姉妹にはさまるただ一人の男の子として生まれた。父は新庄藩の槍術師範であり、職禄百五十石の士族であったが、明治維新後はお定まりの没落士族の道を辿っている。堤林が生まれた当時は一家は貧窮のどん底にあった。

堤林は、明治二十一年、家計の都合で小学校上等科を中途退学しなくてはならなかった。そして、明治二十三年、新庄から十二キロ離れた清水村の代用教員になり月給二円を受け、そのうち一円を母に送り、一円で生活した。代用教員を二年勤めたあと、明治二十五年、山形監獄の押丁《おうてい》(看守らを補佐する役職:編注)になり、月給四円となったが、半額を母へ仕送りすることは変わらなかった。翌年、試験を受けて看守となり、月給は六円となるが、この頃から金銭にたいする執着が強まったという。

明治二十八年、二十三歳になった堤林は看守をやめ、新たな職を求めて北海道に渡るが、徒手空拳ではどうしようもなく空しく帰郷している。北海道での堤林のことはほとんどわからない。

明治二十八年、日清戦争の勝利で日本の新領土となった台湾の総督府が看守を募集した。堤林は、北海道での旗揚げに失敗したあと、中国大陸に渡ることを志していたので、直ちにこれに応募して採用になっている。堤林数衛自身は、この台湾行きを人生の画期点として重視している。後年、堤林は次のように書いている。「私が南洋と関係を持つ事になりました由来は、日清戦争の動機より支那に渡つて志を立てたいと云ふことを思ひまして、遂に明治二九年一月其の便宜上先づ台湾に渡りましたのが端緒であります」(『南洋商会建設十年ノ苦心談』の直筆原稿)

台北に渡った堤林は、監獄課長の好意で普通の巡査看守の仕事をせず、福建語の学習に専心することができた。堤林は語学を磨く目的から多くの現地の人びとと交際をしたが、たまたま郭春秧という貿易商と親しくなった。郭春秧は、郭河東公司という商館を経営し、台湾だけでなく、厦門《アモイ》、香港、シンガポール、ジャワの各地に支店をもつ豪商であった。郭について、堤林はこう書いている。「彼地にては稀なる人格を有し傑出せる人物であると云ふことを親しく知るに至り、自分は兼て支那に渡りたいと云ふ始めからの希望ですから特に此人と交際を深くし時に志望も明し互に相許し親しき仲となり……」

郭春秧は、時節柄日本人の登用を必要と考えていたわけで、語学に堪能な堤林を自分の商館に採ることを計画していた。そして、明治三十年、堤林を依願免官に踏み切らせている。郭春秧と堤林とのお互いの打算と利害が合致した結果であった。

堤林は、郭の法律顧問兼郭河東公司の書記長として勤務することになり、明治三十一年に始まる南支と南洋との間を往復する生活が続くのである。そして、明治三十五年、郭春秧の了解と後援を得てなかば独立し、台北市内に呉服屋と質屋を開店している。また、台湾総督府が資源開発のために新鉱区発見者には無料で下付する制度をひいたのを知り、奥地探険を重ね、三角湧というところに炭鉱脈の発見に成功している。郭春秧との関係を保ちながらの台湾生活は、こうしてすこぶる順調に十年間続けられるのである。

堤林数衛の人生でもっとも不思議な時期が明治四十年から四十二年にかけて訪れる。この二年間を堤林は日本で過ごしている。そして、具体的なきっかけははっきりしないが、この二年の間に、堤林は別人のように内省的になり、読書にふけり、主として宗教についての知識を得ようと努めている。断食をしたり、水垢離《みずごり》をとったり、煩悶に煩悶を重ねる日が続いている。

明治四十一年、新庄から上京して東京生活をはじめた堤林は、九段富士見教会の牧師植村正久の感化を受けて、キリスト教に入信する。

堤林の自筆の手記をみてみよう。

「私は明治四十一年の暮から正月にかけて自分の残る半生を如何に過さんと云ふ問題を決定せむ為め伊豆半島から大島にかけて伝道的行脚をなし或は教友を訪ひ、暮正月の賑を五月蝿く避けて静かに考へたのであります。さうして、伊豆大島の三原山に雪を踏んでマッソン宣教師と登山し、噴火口の傍に坐して独り長き祈禱を致し、黙想して居る中に自分は偶然一の暗示を与へられたのであります」

この「一の暗示」とは、ひとはそれぞれ天職天命《コーリング》を帯びて生まれているのであり、台湾生活で貿易についての知識経験を培ったのもけっして偶然ではなく、無用ではなかった、これまでの知識才能の蓄積を生かして人のため、世のために尽くすのが真の使命だ、ということであったという。この抽象的な暗示から、堤林はまたたく間に具体的な実践的課題を引き出している。「その頃米国では日本移民排斥問題が盛んであつて、我が青年の海外発展者の行き場に困つて居たので、此処に従来の智識を活用して此の救済に尽くし、他面に正しく営利して日本の伝道に便じ、自分にも国家にも精神的に満足なる事業を建て様と、それが又神に対する謝恩にもなることと心を極め、勇んで東京に帰つたのであります」。この時、堤林は三十七歳であった。

堤林は直ちに植村牧師を訪れて、南洋で活躍する青年の養成に尽くしたいという決意を披瀝し、そして協力する青年の募集を頼んでいる。植村正久は各教会に依頼して信徒のうちから希望者を募ったところ、二百数十名の応募があり、その中から堤林が最終的に十五名を選び出している。

明治四十二年二月、堤林数衛は、十五名の青年とともに、商売のコツを覚えさせ、同時に個人の性格をつかむために、東海道を行商しながら西下する長い実験旅行を行なっている。そして、同年四月、一行は横浜からジャワ島のスマランに向けて出発する。道中、船が門司、上海、香港、シンガポールなどに碇泊するごとに、時間の許す限り行商を行なっている。

五月十三日にスマラン着、翌十四日から早くも雑貨屋の営業と行商が始まった。堤林自身陣頭に立って青年たちを鍛え抜いている。スマランには一軒の粗末な家を借り、これを本拠として、「南洋商会」と名付けた。そのあばら家の二階にむしろを敷いて寝床とし、家具といえば素焼の釜と茶碗と箸だけというありさまであった。食事は米のめしと漬物だけ、しかも一日一回はおかゆがルールであった。この家にかれらは二年間住んだ。

堤林が明治四十三年正月からつけ始め、昭和十三年まで続けた日記が現存している。おそらく行商の合い間に、旅先で、あるいは暗いランプの下でつけたのであろうが、そのわりには手慣れた流麗な字で綴られ、そして日々の記録は意外に長文である。第一冊目からの数冊は「時々の正記」という表題がついている。この頃の日記をみると、堤林数衛が初期の段階でどのような精神状態に身を置いていたかがよくわかる。

第一に、当時、堤林を支えたのは神にたいする深い信仰であった。堤林の日々の思いも、形面上的な世界にさまよいがちであったらしく、日記の文章は極端に思弁的であり、具体性を欠いている。神にたいする呼びかけ、話しかけというスタイルの文章が多いだけでなく、観念的な文章が長々と続く日が多い。

第二に、かれはたいへん厳しく生活を律していたようで、異様なまでのリゴリズムが日記の各所にあらわれている。「此夜三人の売春婦が室内に入り来る　余厳然たる体度《ママ》　彼等意外と見へてきまり悪しく用もなき売物《ママ》して帰りたるぞ笑止なり　此宿付の売春婦ある　昨夜も今夜も平気で孤眠……神、キリスト、妻来りて楽む何たる幸ぞや　信仰の感謝が此処にある」（明治四十三年二月十六日付）。物欲も徹底して排し、四年間も衣服の新調をせず、靴は裏に釘を打って長持ちするようにしたという。酒、たばこもやらなかった。

第三に、かれ自身のそのような性向からして、同行した青年たちにたいする規律の加え方も厳しいものであった。明治四十三年二月三日の日記には、南洋商会の服務規律の覚え書のようなものが書かれてある。

一、午前六時迄起床　七時迄礼拝食事私用一切を済す事
一、午前七時開店午後九時閉店正午一時半休息私の時間と定む
一、行商者は労働多きため午前八時半始業午後六時に終業
一、業務中は階級を重んじ会令を遵守する事
一、業務以外に於て協同的にして上下なく真の兄弟たる誠情を表わす事
一、教会教友家族友人の通信を勉むる事
一、毎月数回談話会を開き商会に対する意見を陳ぶる事
一、可成集会を開き精神の修養に信仰の向上を期する事
一、如何なる理由あるも此地に退会を許さざる事　必ず一度東京委員に帰す事（以下略）

堤林数衛の理想主義的な組織づくりは、あまりの峻烈さのために青年たちの反発を買い、一部の者は離反していった。また在留邦人の妨害や青年たちの堕落もあって、一時はトラブルが続いたが、南洋商会の活動自体は着実に軌道に乗り、大正元年にはジャワの各地に九カ所の支店を設けるところまで発展する。

堤林らが扱った商品は陶磁器、薬品、菓子、綿布などであったが、いちばんよく売れたのは山形産の薄荷玉（現地語では「ピープルメン」）であったという。これは、もういまの日本では見かけなくなったが、口紅を一まわり大きくした形の、メンソール入りの塗布薬であった。頭痛の時おでこに塗るのが主な使い方であった。山形産だから、南洋商会の独占特許みたいな感じであったという。陶磁器は、日本陶器のものを森村商会（明治九年創設）を通じて取り寄せた。

堤林は、ただ漫然と行商をやったのではなく、彼独自の「事業の進行順序」の哲学があったようである。先程引用した彼の自叙伝のような『苦心談』の中に、それがはっきりと書かれてある。

「第一、身を以て立つ行商時代

第二、身と金力を併用する小売時代
第三、智識金力を活用する輸出入貿易
第四、事業の根底を強固にする諸機関の自営と土地栽培事業
第五、事業の理想郷」

これに従って南洋商会の発展の跡を辿ると、支店が九カ所に増えた大正元年頃を第二期、すなわち小売時代へ移行した時期、とみてよさそうである。大正五年、東京に仕入部を創設し、翌六年その仕入部を合資会社南洋商会として独立させているが、この頃から第三期すなわち輸出入貿易時代になっている。

南洋商会の全盛期は大正七、八年頃に訪れている。大正七年、農園三千ヘクタールを買収、そして南洋商会を株式組織に改め、創設以来の店員をすべて株主にするとともに、大正九年になると、東京の合資会社南洋商会と合併し、資本金百五十万円の南洋商会へと飛躍を遂げている。この年、現地の支店ないし販売所の数は三十八になり、ジャワでは「トコ南洋」はトコ・ジュパンの代表のようにいわれるまでになっていた。そして、規那園三万ヘクタールを入手、また日中合弁の華南銀行や南洋倉庫も創立している。

大正十一年頃から世界的不況のため事業経営が困難となり始める。大正十年七月の「第弐期決算報告書」の大正九年後半期営業報告には、「本邦製品ノ南洋ニ於ケル黄金時代ハ早ク既ニ去リ漸次欧州産業ノ回復スルト共ニ一面共輸出奨励策ト為替関係等ノタメ逐日良質低廉ナル欧品ノ輸入ヲ増加シ従テ邦品ニ対スル今後ノ形勢誠ニ憂慮ニ堪ヘザルモノアリ」(三ページ)とある。そして、とうとう昭和三年、南洋商会は解散に追い込まれる。ただ本店、支店、卸部および販売所は各支店長もしくは販売所主任に譲り渡して、それぞれ独立させるという形の処置がとられ、社員の生活は保証された。そのとき、三十余りの新しい商店が独立誕生している。

堤林数衛は、昭和十三年一月二十三日、小笠原島で病死している。病気は咽喉ガン、享年六十六で

あった。晩年は禅にこり、曹洞宗大本山鶴見総持寺をよく訪れ、戒名もこの寺からもらっている。

❖高橋と堤林の共通点と相違点

高橋忠平と堤林数衛の経歴をみてみたが、この二人はほぼ完全に同時代人である。生年も三年ほど違うだけだし、南洋に定着した時期にいたっては一年も違わないのである。そして、二人とも昭和の時代まで繁栄を保ち続け、日本人の南方関与の歴史に大きな足跡を残している。

むろん、この両者のあいだには相違点が存在する。高橋忠平が勘当を喰うほどの遊び人的人生に始まり、女郎屋相手の商売で基礎固めをなすなど、どちらかというと人間世界の裏の部分との接触をかなりの期間保ったのにたいして、堤林数衛は徹頭徹尾ピューリタン的な厳格主義を貫いている。高橋が、日本人相手の商売を大正十年まで続けたのにたいして、堤林ははじめから異邦人相手の行商を旨とした。高橋は臨機応変のプラグマティストであったのにたいして、堤林はかっちりした規則主義者、法則主義者であった。越後屋がいまなおシンガポールで健在であるのにたいして、南洋商会が昭和三年には解散せざるを得なかったという違いは、このプラグマティズムの有無ということが大きく関係していたのかも知れない。しかし、逆に、堤林のほうがいささか企業家的資質には富んでいたようで、銀行や倉庫の経営に加担するなどある程度の水準の企業家活動を行なっている。

二人のあいだのもう一つの違いは、高橋忠平はほとんど何も書き残さず、終始金もうけ一筋の純粋な商人に徹したのにたいし、堤林数衛は、自分の心中に湧き起こる確信みたいなものを絶えず書きとめる習慣であった。つまり、堤林はたんなる金もうけ以上の、人生の使命みたいなものを知的に気にし続けていた。

このようないくつかの相違点を見ておくことは、それなりに意味があるだろう。ただ、どちらが南方関与のパターンとしてより典型的であったかどうかを議論することは、それほど意味のあることではない。つまり、二人が南洋に定着した明治の末は、日本人の南方関与のパターンが多様化する時期にあたったのであって、高橋忠平と堤林数衛とが違った性格のまま同時代人であったとしても少しも不自然ではないのである。

それよりも、この二人には、奇妙な共通点があったことを見ておくほうがだいじであるように思う。それは、一言でいうと、故郷との情緒的な結びつきということである。高橋は、仕入れ先と店員の補充先を柏崎に限り続けたが、堤林もかなりの度合そうであった。堤林は、出身地の山形県新庄に帰るたびに新庄中学校で講演をしては有為の若者をジャワに連れて行っていた。また、山形産の薄荷玉を終始目玉商品としてだいじにし続けたほか、山形名物のさくらんぼの罐詰、山笠、そして台所用の木工製品なども南洋商会を通じてジャワで売り続けたという(大場条太郎氏談話)。いずれにせよ、従業員の構成から資金調達先、仕入れ先に至るまで、ほとんど出身地ないし親族依存の枠を出ないという一つの顕著な特徴を、この二人は奇しくも共有しているのである。

それだけではない。「里帰り」心理とでもいうべきか、ある程度成功を収めると、郷里にたいする異常なほどの寄付献金が始まる。その点でも二人はひじょうに似通っている。越後屋は、昭和十二年に十七万の巨費を投じて柏崎公会堂を建設して柏崎町に寄付している。そして、出身地に大邸宅を構えた点でも共通である。堤林は台湾出稼ぎで大をなしたあと、明治四十年、人力車二台に土産物を満載して新庄に帰り、町に広大な邸宅を購入している。高橋は、大正七年に、メガロマニアと疑われても仕方がないほどの豪壮な邸宅を新築している。浅間山から運ばせた浅間石の費用だけでも当時の値段で三十万円は費やしたという(高橋士郎氏談話)。そして、郷土出身の外交官の芳澤謙吉にたのんで、この豪邸を「喬柏園」と名付けてもらっている。そして「里帰り」心理の極限は、郷里で死を迎えたがる気持となってあらわれている。堤林は小笠原で死んだけれども、伊豆の大島や小笠原島は、かつて伊豆の大島で「一の暗示」をさとった彼にとって、終生心の故郷であったようである。とにかく、二人とも南洋では死んでいない。

この二人の世代は、日本人が初期の頃の吹矢や玉ころがしの域を脱し、言葉は悪いが「正業」に従事し始める世代に該当した。「正業」化の条件となったものは、かれらを胸のうちから支えた精神的なにものかであったようである。堤林が遺した『販売所百言』(大正十四年)は、百項目にわたって、南洋で働く商売人たるものの心得がわかりやすく書いてある。ここにも反映している、日本人特有の経済倫理みたいなものが南洋に持ち出されたとき、日本人の経済活動は新しい質のものに転化するのであった。高橋忠平が店員に強いた数々の事柄、たとえば高度の語学力、店内の清潔整頓、服装のけじめ、顧客にたいするいんぎんな態度、厳しい時間割、金銭の扱い方の厳格さ、非情なまでの利子取り立ての命令などは、日本の一流の呉服屋で守られているのと同一内容の職業倫理をそのまま持ち出したものにほかならなかった。

こういう世代は、規律をもち、現地によく融け込み、そして自信あるすぐれた日本人を育てる上で大きな貢献をしたといえよう。そして、そういう日本人が送り込まれたことによって、大正期初頭以降、日本人、そして日本経済は、南洋に深い根をはり始めるのである。それはそれなりに評価すべきことであった。

産業開発

❖商業資本からの脱皮へ

高橋忠平と堤林数衛のことはこれまでとしよう。

ただ、ここまで日本人の経済進出について話を進めてきて、ちょっと気になることがある。つまり、現地社会の経済構造の中への日本人の喰い込み方がどの程度であったのか、ということである。もし日本人が商業資本として大きく飛躍するためには、日本人同士の「共棲」関係依存を脱却し、欧米資本相手の厳しい競争に臨まねばならなかったはずである。

いま私の手許に、日本売薬（シンガポール、開店明治四十年）が、昭和八年にシンガポールで刊行した取扱い薬品のカタログがある。すべてマレー語で書かれてあるが、全一三二ページのこのカタログを読み通してみて気付くことは、最初から最後まで家庭常備薬だということである。「清心丹」「カオール」「仁丹」「宝丹錠」などに始まり、「アイフ」「ヱビオス」「ワカモト」を経て、「毒掃丸」「全治水」、そして「スモカ」「ライオン」などの歯磨きがあり、最後は「花王シャンプー」で終っている。

この当時に日本売薬の現地支店に勤務していた人の話によると、「高級医薬品はイギリス、スイス、ドイツなどが完全に押えていて、日本のは武田、塩野義、田辺などの大手のものでさえ、中国人、白人、インド人の医者にはまったく相手にされなかった。英国人の医院を手当り次第に調べてサンプルを届けても、使ってくれたためしがなかった」（世川惣次氏談話）という。そういう状況では、「間げきを縫う精神」と「村から村へと足で勝負する」ことだけが生き残る条件になってくるのであり、貧しいマレー人向けの安価な家庭常備薬が主な扱い品にならざるを得なかった。しかし、それでは収益が上がらないので、医療薬品、医療機器、歯科材料などというのは表向きで、飲料水のびんの王冠、びんを洗う苛性ソーダ、ラテックスの凝固剤、びんのラベル、煙草用のインディア紙、ビスケットの包装紙など、まさに扱えるものはなにからなにまで受注することになったという。

この日本売薬の業務内容は、当時の日本人の経済活動の水準とそれがぶち当たっていた巨大な壁とを物語っていて、たいそう興味深い。そして、これはたんに日本売薬だけでなく、日本系進出企業が多少とも経験していたことなのである。

ところで、このような商業活動と並んで、ある段階から産業開発ともいうべき局面が開けてくる。その典型的なケースが、明治三十年代の末に始まる、フィリピンのダバオでのマニラ麻の栽培とマレー半島のゴム園開拓であった。これについて簡単に見ておこう。

❖マニラ麻事業

まず、マニラ麻である。戦前、フィリピンの在留邦人の七割以上はつねにミンダナオ島のダバオ周辺に集まっていた。それというのも、ダバオ近辺のマニラ麻園がフィリピンにいる日本人の中心的な働きの場であったからである。

そもそも、そのダバオをマニラ麻産業のメッカにしたのは日本人であった。そして、その中でも、太田恭三郎という人物は決定的な役割を果した。太田恭三郎は、明治九年二月二十六日に兵庫県朝来郡に生まれたが、十歳のときに大阪の前川家に養子に行き、中学から東京一橋高商に入学するまで前川姓を名乗っている。しかし、二十二歳のとき養子縁組を解消され、一橋を中途退学している。明治三十三年、木曜島に赴き真珠貝採取に従事するが、期待はずれに終り、同年、こんどは改めてフィリピンのマニラに行っている。

マニラでは、日本雑貨の店「太田商店」を開き、ベンゲット工事の出入り商人になり、味噌、醤油などまで扱った。明治三十七年、ベンゲットの道路工事がほぼ終りかけた頃、工事が終って失業する日本人の移民百八十人を、労働力不足に悩んでいたダバオのマニラ麻農場に送り込んだ。翌三十八年一月にさらに百人を送り込んだあと、同年七月には、今度は自ら引率して七十名の移民をダバオに連れて行っている。そして、マニラの店は閉じて、ダバオに日用雑貨と食料を扱う「太田商店」を開いた。明治三十九年、現地人所有の麻園を購入、翌四十年、現地法違反にならぬよう改めて二十四年間の租借をなし、太田興業株式会社を設立した。そして、湿地開拓などで栽培面積を拡げ、経営の基盤をしだいに安定させていった。

太田が、乏しい資本で、かなりの規模のマニラ麻栽培に成功した秘訣は、自営者耕作法という経営方式を考案したことであった。これは、会社所有の土地を、太田自身はまったく耕作せず、土地経営を全面的に引き受けてもいいとする日本人に提供し、そのかわり会社が麻を引き取り、その売上金の一割（最初は五分、のちに一割五分に上がる）を地代として会社に納めると、残りの収益はぜんぶ本人の所得になるという方式である。こういう方式で働く主体を、太田は「自営者」と呼んだ。他人の農場で農業労働者として働き賃金所得を得るよりも、自営者方式で働くほうがはるかに働き甲斐があるため、多くの日本人が、太田興業のもとで、自営者として土地の開拓に従事した。太田の考案になるこの方式は、以後、ダバオのマニラ麻農場の一般的システムとして普及することになる。太田は、その後も一連の別会社を設立してそれぞれ規定面積の租借を重ね、およそ一万六千ヘクタールの麻園を経営するまでになる。太田興業の繁栄は、そのままダバオ全体の繁栄につながり、民家がわずか二十四、五軒しかなかった寒村が、みるみるうちに大都会に変貌していくことにもなった。太田は、大正六年十月三十一日、京都大学病院で病死している。享年わずか四十二であった。

太田興業と並んでダバオのマニラ麻産業をもりたてた会社に、古川拓殖（大正三年創立）があった。太田興業と古川拓殖との二社だけで、最盛期にはダバオ産のマニラ麻の約六割を生産していた。昭和十六年、フィリピンの在留邦人は総数約二万七千人、そしてその内の約二万人がダバオに集中していた。

❖ゴム園開拓

次にマレー半島のゴムである。

大正六年にシンガポールで出版された『馬来に於ける邦人活動の現況』という貴重な本がある。この本の巻末には、ちょうど相撲の番付のような番付表が三枚ついている。それはマレー半島にゴム園をもっている日本人を、租借面積、植付面積、採液高のそれぞれについて順番をつけた表である。三枚の番付表のどれをみても、東の正横綱には三五公司が位置している。そして、西の横綱および東西の大関、関脇の位置からこれを追うのが南洋公司、藤田組、南亜公司、古川護謨園、三井合名会社などとなっている。

三五公司がマレー半島でのゴム事業に進出したのは明治三十九年十月のことであった。三五公司は三菱の資本により明治三十五年に厦門に設立された商会である。社長の愛久澤直哉は愛媛の生まれで、明治二十七年帝国大学法科を卒業、日本郵船に勤めたあと三菱系企業に転じ、台湾総督府の嘱託をしていた男である。この三五公司がジョホールにゴム園を購入する以前にも、マレー在住の日本人が個人資本でゴム園を経営することは始まっていた(明治三十五年に笠田直吉と中川菊三が始めたのが最初といわれるが詳細はわからない)。しかし、明治三十九年における三五公司の進出は、日本本土の財閥系資本がゴムの投機に資本を投じはじめた最初のできごとであった。いましがた番付表の上位に並んだものとしてあげたいくつかの企業は、すべて財閥系資本と直結した、それだけにゴムの開発に大資本を投ずることのできる強力な存在であった(具体的にいうと、古河護謨園は古河財閥三代目古河虎之助の個人所有、南亜公司は森村市左衛門の出資、南洋公司は大倉財閥、藤田組はいうまでもなく藤田平太郎、など)。

いうまでもなく、このような大資本と並んで現地邦人の零細な資本によるゴム園所有もブーム的に進行し、大正六年段階では邦人のゴム園所有者は百七十名義になっている。インド人高利貸《チエティア》などから高利の金を借りて投機を行なったため、ゴム不況に遭って財産を失った日本人も少なくなかった。価格の激しい揺れ動きの中で零細な所有者はだんだんを淘汰されて行き、かなりの規模の資本だけが残る傾向がみられた。それにしても、ゴムの投機的魅力が、日本の国民に南洋にたいする関心をそそる一つの契機として働いたことはいうまでもないことである。とくに大正初期の「南進」ブームは、ひとえにこのゴムのブームと関連して発生したものであった。

ただ、しかし、マレーのゴム産業全体で日本の占める比重はつねにきわめて小さかった。大正六年段階の植付面積でみると、マレー全体で九十六万エーカーのうち、邦人名義のゴム園はわずか五万一千エーカーでしかなかった。昭和十六年になっても、邦人保有の比率は三・四パーセントでしかなかったのである。

ところで、日本人の経済進出の流れの中でひときわ異彩を放っているのは、石原産業の歴史である。これをどうしても最後に見ておかないわけにはいかない。

産業資本の進出

❖石原産業の歴史

石原産業のそもそもの母体は、大正九年九月に設立された合資会社南洋鉱業公司（資本金十万円）である。設立者は、いうまでもなく石原廣一郎《ひろいちろう》である。

石原は、明治二十三年一月二十六日、京都吉祥院の篤農家の長男として生まれた。京都農林学校を卒業後、しばらくは家業の農業に従事した後、京都府庁の農業技手を勤めながら立命館大学の夜間部を終えている。その後、自分の境遇に飽きたらなくなり、大正五年二月、英領マレーのジョホール州にゴム園開拓に赴く。廣一郎の弟新三郎は明治四十四年から三五公司の現場監督を勤め、ゴムの将来性を強く確信したあげく、大正四年、ジョホール州にゴム園を購入していた。もう一人の弟の儀三郎も加えて兄弟三人で原始林の開拓とゴムの植付けを終え、樹の成長を待っている間に、州政府が計画中の水道工事を引き請けたが、これに失敗、大正六年、せっかくのゴム園をぜんぶ手放してしまう。

直ちにシンガポールに「石原洋行」の看板をかかげて貿易商を始め、自転車部品やガス器具などの日本製品を輸入したりしたが、大正八年の一月頃には完全に破産に瀕し、金策のために帰国している。ここらあたりまでの石原は、うらぶれた、ありふれた在留邦人の一人でしかなかった。

ところが、このようなドン底にまで追い込まれた状態で、石原は大正八年八月、ジョホール州パトメダンで鉄鉱脈を発見する。すぐさま鉱石見本をもって帰国し、同年十二月、紹介状もなしに八幡製鉄所を訪れ当時の長官白仁武に会い、現地調査のために技師を派遣してもらうことに成功している。調査官の報告がつくとすぐ、白仁長官はこの無名の青年を相手に、大正十年五万トン、十一年十万トン、十二年以降十万トン以上、という長期納入計画を締結する。八幡製鉄所側のこの大胆な態度決定のうらには、当時アメリカが二千五百万トン、ドイツでさえ一千万トンの鉄鉱石年間使用量を誇っていたのにたいし、日本はわずか七十万トン余りで、しかもその供給先の主要な部分を、政治的に不安定な中国の鉱山に頼っていた、という事情があった。

石原の当初の開発資金は台湾銀行が提供、鉱山所在地のジョホール州政府が財政難で苦しんでいたという好運にも恵まれ、大正九年、南洋鉱業公司(大阪に本社を置く)の設立を見るのである。同時に同年十一月、シンガポールに石原産業公司を創立し、これが生産する鉄鉱石の輸送と販売を南洋鉱業公司が担当し手数料をとる、というシステムにした。そして、その後、着実に業績をあげ、数年経つか経たぬかのうちに、日本にとってなくてはならない鉄鉱石供給源にまで成長するのである。次ページの表1は、大正九年から昭和の初めにかけての日本向け鉄鉱石供給先の変遷を示すものである。

❖石原産業の個性的性格

石原廣一郎は、「企業家精神」に富んだ実業家であった。鉱山の鉄鉱を、はしけでシンガポールまで運んで本船に積み替える、という手間をはぶくため、鉱山近くの一寒村に鉱石積取船がはいれるような開港場を設けている。このことによって、輸送コストをトン当り一円五十銭さげることに成功、これで八幡製鉄にとっては実に一割以上の原料安になった。また、まもなく、輸送コストをもっと下げ、もっ

表1 日本向け鉄鉱石供給先の変遷

（単位：トン）

摘要／年次	石原産業（南洋）	中国	朝鮮	その他	計
大正 9 年	19,971	364,000	235,000	149,000	767,971
10	138,660	408,000	176,000	72,000	794,660
11	199,617	537,000	95,000	36,000	867,617
12	238,328	591,000	95,000	15,000	939,328
13	273,267	672,000	99,000	12,000	1,056,267
14	305,224	645,000	116,000	5,000	1,071,224
昭和 元 年	357,923	274,000	137,000	35,000	803,923
2	581,265	387,000	206,000	34,000	1,208,265
3	872,103	612,000	187,000	45,000	1,716,103
4	966,818	628,000	212,000	34,000	1,840,818
計	3,953,176	5,118,000	1,558,000	437,000	11,066,176

出所） 石原廣一郎『創業三十五年を回顧して』15ページより

と安定させるためには、鉱石輸送専門の船腹を自分で持たねばいけないと考え、大正十三年、政府から低利資金の借り受けに成功し、二隻の船を購入している。そのとき、別会社として石原合資会社を大連市に設立し、その二隻の船籍はここに置くことにした。昭和四年八月、商号を石原産業海運合資会社（資本金百五十万円）と改称、翌五年には南洋倉庫の経営権を握り、六年には日本とジャワの間に定期航路を開設している。

その後の石原産業の発展のプロセスを見ておこう。まず昭和九年三月、同族会社から株式会社へ組織変更し、資本金を二百四十万円に増資し、十二年六月にはマニラ石原産業株式会社を設立、フィリピンで鉱山開発に着手している。太平洋戦争勃発後、日本の南方占領とともに、昭和十七年五月以降、軍の指令により、南方各地三十数鉱山で鉄・ボーキサイト・錫・マンガン等の開発に従事することになる。昭和十八年六月、海運業を日本海運株式会社に譲渡し、社名を石原産業株式会社に改称する。

石原産業のこのような発展過程は、日本人の南洋進出のほかのパターンとはまるっきり違った特徴をみせている。それは、一にも二にも、石原廣一郎が偶然にも鉄鉱石の発掘に成功した、という事実によるものである。戦前、マレーの鉄鉱業の開発はまったく日本の資本によって行なわれ、原鉱はすべて日本に仕向けられるという経過を辿った。たんに石原産業だけでなく、大正六年には日本鉱業が、昭和十年代には飯塚鉄鉱や南洋鉄鉱も採掘に成功している。とにかく、鉄鉱という国運と結びついた資源を扱うことになったことから、石原廣一郎とその一族は、ふつうの南洋日本人とはまったく違った世界に身を置き続けることになった。

かつて石原廣一郎のそばで働いた同僚の証言によると、「石原さんには、日本のため、国家のためにやっているという意識が強かった」(杉山周三氏談話)という。その気風は全社員に浸透していたようで、日本人らしさを失わない、というのが暗黙の社是であった。たとえば、「マレー女とは関係を持っても一緒にはなるな。考え方がマレー化し、性欲第一主義になってしまう」という考え方が石原哲学の一端にはあり、ひいては現地の在留邦人一般との関係も疎遠になりがちであったという。

石原は、かりにシンガポールに居留したとしても、もはや現地の日本人社会の一員ではなかった。いわばどこにいようと「国家」的存在であった。石原は、たえず八幡製鉄、台湾銀行、大蔵省、軍部などがつくりなす国策決定の基幹グループと接触を保ち続けたのである。

石原は、昭和六年、満州事変が勃発した頃から異様な憂国の情にかられはじめ、大川周明らと接触をもち、明倫会の組織にも加担する。二・二六事件が発生すると、反乱幇助罪、つまり決起資金を提供したというかどで逮捕されている。幸い無罪にはなったものの、このように、日本の政治史を左右するほどの核心部分まで近づきえた人間は、南洋と関わった日本人の中には石原以外にはいなかった。

終戦とともに戦犯(A級)の指定を受け、公職追放の憂き目にあう。巣鴨プリズンでは、一時、岸信介とも同室している。昭和二十三年十二月二十四日、岸信介、葛生能久、笹川良一、児玉誉士夫、青木一男、寺島健らと、不起訴のまま釈放される。その後は、主として除草剤、化学肥料そして酸化チタンなどの製造で社運をのばし、昭和四十五年四月十六日、享年八十で死去している。石原廣一郎の一生は、

表2 邦人投資の地域別産業別内訳

（1937年／単位：千円）

地域	鉱業	林業	水産業	商工業	栽培業	合計
マライ	67,429	6,390	3,083	21,544	48,517	146,963
北ボルネオ	—	1,833	2,500	567	10,697	15,597
サラワク	—	—	—		3,745	3,745
蘭印	10,000	7,131	3,542	69,246	81,420	171,339
フィリピン	2,737	12,859 合弁 7,740	3,422	20,845	32,793	72,656 合弁 7,740
仏印	2,875	—	—	1,444	—	4,319
シャム	1,792	—	—	1,550	1,442	4,784
その他	4,533	3,000	5,380	886	3,163	16,962
計	89,866	31,213 合弁 7,740	17,927	116,082	181,777	436,865 合弁 7,740

たんなる「南方関与」というよりは、むしろ「南進」というにふさわしいような、ダイナミックな一生であった。

❖日本人の経済活動の国際的水準

これまで、吹矢、玉ころがしに始まり石原産業の鉄鉱資源開発に至るプロセスを一通り辿ってみたわけである。かなり多彩な経済活動がなされたことがわかった。しかし、このような日本人の経済進出は大局的にみた場合、たとえば、世界各国の進出度を比べた場合、あるいはまた日本経済の全体にとって、いったいどのような比重を占めるものであったのだろうか。

日本人の現地での資本蓄積という観点から全体を整理してみると、行商や小売業による商業資本の蓄積と、ゴム園経営などの場合のような産業資本の蓄積との二つの局面にわけて考えてみることができる。日本人の商業資本活動には、現地民の経済活動、消費活動の水準の低さもあり、また華僑や印僑のように高利貸的活動がほとんど見られなかったこともあって、利潤率、ひいては資本蓄積の度合はひじょうに低かったとみなくてはならない。産業資本の投下のほうは、ゴム、椰子、マニラ麻など投機性をもった栽培企業と、それに次いで鉄鉱、マンガン、ボーキサイトなど欧米諸国が採算上

表3 世界各国の対南方圏投資

（1937年／単位：100万円）

地域	投資額	同上百分率
オランダ	5,695.0	47.3 %
イギリス	1,105.0	9.2
中国	935.0	7.8
日本	204.0	1.7
ベルギー	170.0	1.4
フランス	3,061.5	25.4
アメリカ	727.5	6.1
その他	136.0	1.1
計	12,034.0	100.0

出所） 大蔵省管理局編『日本人の海外活動に関する歴史的調査』、昭和22年、通巻第30冊南方編第1分冊 135ページ、172〜3ページより

あえて着手していなかった資源の開発、あるいは林業や漁業など欧米諸国がまったく無関心な資源の開発に向けられた（表2参照）。しかし、このような産業資本投下は、もっぱら日本本土を本拠として行なわれるため、利潤が本国に還流するか、あるいは拡大再生産のため再投資されるかのどちらかであって、南方の現地に資本が固定される率はそう高くはなかったと考えられる。そして、同じアジアでも中国本土にたいする経済的関心と比べた場合、南方圏ははるかに低い比重で考えられがちであった。つまり、日本は中国においては「帝国主義的」であった。

それにしても、表3を見ていただきたい。ここには驚くべき数字が出ている。この表は世界各国が昭和十二年の段階で南方圏にどれだけ投資していたかを比較したものである。日本は、なんと全体の二パーセントにもみたないのである。日本の明治・大正・昭和にわたる多彩な南方関与が、経済的にはどれほど実質を伴わないものであったかがよくわかる。だから、「此の意味において必ずしもその経済的進出は帝国主義的ではなかったといいうる」（『日本人の海外活動に関する歴史的調査』第三十冊、一三六ページ）という判断もあながち間違いではないのである。

しかし、まさにそうであったからこそ、もし欧州の植民地支配がかりに除去されたとした場合、日本が享受できそうな経済権益はとてつもなく巨大に、また無限に見えたのであった。そこに一つの大きな誘惑と、そしてまた危なっかしい飛躍への誘因があったといえはしまいか。

Ⅳ　在留邦人の生態

南洋と関わった日本人

❖意外な人びと

人生のある時期なん年かを南方の邦人社会で過ごした日本人として、意外な人が浮かび上がってくる。たとえば作家の有吉佐和子は子供時代をバタビアで過ごしているし、歌手の三浦環などがシンガポールで生活した経験をもっているのは意外な感じである。また、菅原通濟の自伝的な作品には、明治末年に「南洋王」を夢見て日本を離れ、マレー半島のゴム園で数年苦闘した話が描かれてある。

短期に訪れたり滞在したりして、南洋について記録を残している人に至っては数え切れないほどである。新村出、寺田寅彦、三木清、牧野英一、大宅壮一など本来の作家ではない人たちの作品も楽しいが、島村抱月、永井荷風、徳富蘆花、尾崎一雄、石坂洋次郎、阿部知二、金子光晴、小田嶽夫、安藤盛など、作家たちの旅行記は読みごたえがある。しかし、なかでも高見順の「海外紀行」(『高見順全集』第十九巻)、石川達三の『赤虫島日誌』（昭和十八年）、森三千代の『新嘉坡の宿』（昭和十七年）、作家ではないが朝倉文夫の『航南瑣話』（昭和十八年）などは、日本人と南洋との関わりを学ぶ上で必読の「古典」としてあげていいように思う。そして『図南録』（大正六年）を書き遺して死んだ長田《おさだ》秋濤《しゅうとう》などになると、もう作家の域を越えて、まぎれもない「南進論」者であった。

しかし、このような人びとは、けっして南洋の邦人社会に骨を埋めるようなドロップ・アウトではなく、南洋とほんのたまゆらな関わりを持つだけの著名人であった。かれらの本拠は、しょせん、かれらの作品と親しむ読者が住んでいる日本本土であった。その意味で、南洋の在留邦人社会を形成していた「無告の民」とかれらとの間には大きな距離があったといえよう。

いうまでもなく、日本社会の悪い癖として、南方と関係をもつ人間は三流であり、四流であるという通念があった。だから、国民的な著名人が、南洋に住む「無告の民」の中から生まれることはありえなかった。だが、南洋と深い関わりを持った日本人の中には、日本本土の正統的な土壌で活躍していたら、一級の著名人になったかも知れないと思わせる人物がいたことも事実なのである。ただ、こういうエリートになりうる素地を備えていたものは、いたとしてもごく少数であった。そして、かれらはおしなべて個性が強く、反面でどことなく人間的な弱さがあったから、本土社会からはは み出るのが運命であったのかも知れない。とにかく、南方と関わった日本人の中には、「無告の民」のカテゴリーに入れるにはもったいない、さりとて一流会社のサラリーマン社員でもない、特別な人種がいたことは事実である。いくつかの例をみてみよう。

ジャワに行った日本人の中で堤林数衛と並び称せられる巨大な存在に、小川利八郎（千葉県出身）がいた。小川は日本の売薬を蘭領東印度の隅々まで浸透させたたいへんな成功者であり、大正初めの南洋ブームの時には『実業之日本』が立志伝中の人としてスター的扱いをした人である。しかし、彼の経歴は一風変わっている。小川はそもそもは画家を志しており、明治美術学校に学び、明治三十二年五月、行先パリの旅券をもって絵画研究のためのフランス留学に出発している。途中シンガポールで下船したところ、当時コレラが流行しており、死者の肖像画を頼む華僑が多く、欧州留学の学資稼ぎをかねて希望に応じて描いているうちに三年経ってしまう。その間に肖像画家としての定評が現地で固まり、明治三十五年にはオランダ人の世話でジャワに渡り、スマランに本拠を置き、華僑やオランダ人の肖像画を描いているうちに、現地での日本商品が粗悪不良で悪評さくさくであることを怒り、とうとう明治三十八年、蓄えていたフランス留学用の学資の全額を投じて売薬行商に転身するのである。

フィリピンのダバオのマニラ麻業界で、先駆者の太田恭三郎の対抗者として大をなした古川義三(滋賀県出身)は、五高から東京帝大農科大学に進み、大正二年に二十八名中四番で卒業するほどの秀才であったが、卒業と同時にダバオ拓殖に取り組んでいる。叩き上げの太田恭三郎などとは折り合いが悪かったり、自信を強く反映させた自伝的作品(『ダバオ開拓記』)を著わしたりしたところなど、終生エリート的な姿勢で南方開拓に従事した事実が如実に読みとれる。

西嶋重忠(群馬県出身)は、昭和五年一高文乙に入学後、社会科学研究会をつくって「過激」思想文献の読書会を行ない、治安維持法違反で逮捕されたりする。在学二年で一高を追放されたあと地下活動に入り、昭和八年逮捕され、昭和十年、懲役二年執行猶予五年の判決を受けている。そのあと、日本を半永久的に遠く離れる方法を探したあげく、昭和十三年、ジャワの千代田百貨店(岡野繁蔵社長)に就職している。ジャワに向かう船の上では西郷鋼作の『石原莞爾』を読んだという。西嶋は、その後、インドネシアの民族独立運動とも関係を持ち、独立宣言起草にも関与し、オランダ軍から指名手配を受けている。

西嶋のように、インドネシアの独立運動に関係した日本人ということになると、日本陸軍の「歩兵操典」を手に、インドネシアの独立戦争でゲリラ隊を指導した吉住留五郎(山形県出身)、そして、熊本県生まれのれっきとした日本人でありながらインドネシアに帰化し、対オランダ独立戦争で戦死した市来龍夫らを忘れることはできない。しかし、かれらはどちらかというと「無告の民」のほうに入るべき人物であったようである。

あと二人だけ、南方と深く関わった特別な日本人を登場させておこう。すなわち、井上雅二と大谷光瑞である。

井上雅二(京都府出身)は、荒尾精の影響を十代にして受け、アジア主義者となり、早稲田大学在学中は稲垣満次郎、大石正巳、福島安正らの影響を受け、平山周、宮崎滔天らとも交わっている。近衛篤麿を会長とする東亜同文会が結成されると、その本部幹事に選ばれ、やがて上海支部の幹事として渡支、典型的な行動派アジア主義者としてアジア各地を旅行している。明治三十八年から四年半は、韓国の財政改革、宮中改革の責任者として日韓併合まで活躍する。

井上は、そのあと南洋に着目し、「興亜と南方経綸の重要性を痛感して、これを実行に移すことゝなつた」(自伝『興亜五十年の阪を攀ぢて』一〇八ページ)のは明治四十三年であった。かれは、明治四十五年に『セシル・ローズの私生涯』という訳書を実業之日本社から出しており、当時自分を日本のセシル・ローズに擬していたようである。「南洋の百姓になります」が口癖であったという。日本を出るに際して、伊勢神宮に参拝して、「今微臣等挺身其ノ地ニ赴キ、心ヲ励マシ身ヲ砕キ、神国自享ノ宏謨ヲ翼賛セントスルニ当リ、恭シク神前ニ跪キ、赤誠ヲ披瀝シ奉ル……」と神の前で誓いをたてている。

明治四十四年秋に「南亜公司」を設立し、ジョホール州のゴム園開拓に乗り出し、その後少なくとも十二年間は南洋開拓の第一線に立ち続け、スマトラ、北ボルネオ、ミンダナオの開拓にも力を注いでいる。そして、大正四年には「南洋協会」の創設に力を貸している。太平洋戦争中は、農本主義的な傾斜も加え、「南方の土たれ」というスローガンで日本の南方進出を支え続けている。いずれにせよ、井上雅二は、中国、朝鮮を本来の舞台とするアジア主義者が南洋と関わったユニークなケースであった。荒尾精についてのすぐれた伝記など、かれには三十冊ほどの著作があり、全集も編まれたことがある。

ところで大谷光瑞である。西本願寺の固苦しい伝統と格式の中で生まれ育った彼は、その反動として、豪放で行動主義的な性格の持ち主として成人した。大谷光瑞と南方との接触は、大正四年初頭の南アジア旅行のときに始まる。そして、大正六年にはスラバヤに蘭領印度農林工業株式会社というのを設け、大正七年にはセレベスのメナド近くの高原にあるノーガン珈琲園を買収、大正九年にはジャワ東部に農園を入手している。

それまでの仕事はあまりうまく行かなかったようで、大正十一年にはプレアンガン州に香料植物を栽培する農園を新たに拓いている。そして、その香料園を、「大谷光瑞農園」と名付けて終生いつくしんだ。それは高台にあったので、避暑のための別荘「環翠山荘」をそこに建築、大正十三年にこれが完成したあとは、昭和九年まで毎年七、八、九月の三ヵ月をここで過ごす習慣になった。昭和五年にガルート近郊の蘭人経営のホテルを買収し、これを「大観荘」と名付けてもう一つの別荘にした。

ジャワ在留邦人が「準在留者」とみなすほど、光瑞はジャワでの生活と開拓事業を愛好した。『大谷光瑞全集』全十三巻の中の諸作品にはこの二つの山荘で執筆されたものが少なくない。大谷には、その全集以外に全十巻の『大谷光瑞興亜計画』(昭和十四、五年)があり、そのほかにも、一冊本で『蘭領東印度地誌』(昭和十五年)がある。かれのアジアに関する作品は、大部分が産業立地のための環境論であって、あたかも地理学の教科書のようである。

以上、幾人かの日本人を挙げてみたが、かれらは歴史に名を留めることができたという意味で、幸せな、いわば例外的な人種であった。第一、かれらは、おおむね自伝めいた回顧録ないしは周囲の者が書いた伝記がある。南洋で活躍した日本人で、そのような「ぜいたく」に恵まれた人は稀有の例であった。

❖「グダン族」と「下町族」

ここで、話を別の方向に持っていくことにしよう。まず次の文章を読んでいただきたい。戦前、「新嘉坡日報」という新聞社の記者をしていた木村二郎という人がいる。この人が作成した『シンガポール旧在留民住所録』（昭和四十四年十二月発行）のあとがきの中に、次のような一節がある。

「この住所録にグダン族が余り入っていないのは、二年、三年で代って行く人達を無際限に入れていては味わいが薄れやしないかと云った様な気持もあって、積極的に働きかけることを怠っていたからです」

　この木村二郎の文章はたいへん意味深長である。シンガポールに住んだ日本人が、「二年、三年で代って行く人達」とそうでない人たちとに分かれ、しかも木村の個人的な判断では、その「二、三年組」は正統的な在留邦人ではなかったから、住所録には入れないほうがいいのである。私には、木村二郎の気持が悲しいほどよくわかる。

「グダン族」というのは、シンガポールの心臓部ともいうべきバッテリー路、ラフルズ広場などの一帯を「グダン」と俗称したことから来た言葉である。「グダン」は「ゴー・ダウン」がなまったもので、その地域が、昔、倉庫地帯《ゴー・ダウン》であったことからきている。グダンには三井物産、台湾銀行、横浜正金銀行、日本郵船などの支店が集中しており、それらに勤めるエリート的日本人が、戦前には「グダン族」と呼ばれたのである。

「グダン族」に対する言葉は「下町族」であった。いや、「下町族」が、シンガポールに骨を埋めるつもりの自分たちとは違った人種を、複雑な思いを込めて「グダン族」と呼んだのである。たんにシンガポールだけではなく、バタビアの日本人社会には「会社側」と「下町側」という区別があったし、香港には「上町」と「下町」という区別があった。とにかく、この区別は、木村二郎の住所録の哲学に示されているように、昼と夜とを分けるほどの違いを意味したのである。つまり、「下町族」は南洋に永住覚悟で住みついたろくに学歴もない無告の民の集団であったが、「グダン族」は一流会社の社員であり、かれらはせいぜい三年もいると日本に帰っていってしまうのである。「気心が知れ折角お馴染となるともう転任だ。役人と会社の人と親交を結ぶと、別れが辛い。寧ろ始めから浅く交はるに如かずである」（西村竹四郎『在南三十五年』五三九ページ）。これは淋しい言葉ではないか。

南洋各地の日本人社会は、はじめは先住者優先、すなわち早くから住みついているものが発言権をもつ、という暗黙の了解があったが、時代が経つにつれて「グダン族」優位の傾向が定着する。タイの三谷足平医師、シンガポールの中野光三医師、バタビアの商店主玉木長市などは「下町族」の中心人物として、初期の日本人社会を牛耳り、それだけに「グダン族」の進出定着の過程では大いに縁の下の力持ちをつとめながら、ある段階から「グダン族」の風下に立たされるようになるのである。

「グダン族」は、かれら自体がエリートとして権威性をもっていたが、日本の総領事や領事と密接不可分に結びつく存在であったことからも、特別な「族」性を帯びることになった。総領事や領事は、「下町族」にとっては口をきく機会さえない、いわば雲の上の存在であった。ただ、シンガポールなどをみても、常に有能な外交官が派遣されてくるとは限らなかった。塩見平之助の『南洋発展』（明治四十五年）という本には「新嘉坡領事」という一節があり、無能な領事が手ひどく叩かれている。「最も可憐の失敗領事を伝へらるべきは、在住六ヶ月間、居留民を騒擾せしむる外、何事をも為さざりし近藤愿吉氏なるべし。其小心にして善意の人たるに相違なきも、官僚主義てふ乳汁にて育てられたる臭味の紛々として四辺に当り散らさるゝあり」（二〇七ページ）。それにしても、領事がこのように在留邦人から露骨に嫌われるのは珍しいケースであったといえよう。なにせ、かれらは、現地の日本人社会では、地僻なれば吏尊ばる、というべきか、日本の公権力を一身に代表するいわば絶対の存在であったはずなのだから。

日本人社会の諸様相

なにはともあれ、このような「グダン族」と「下町族」との分離は、在留邦人社会の中に、時間の経過とともに、ある種の階級社会が形成されていった事実を物語っている。日本の庶民の哀しい特徴は、階級社会の中に身を置きながらも、あくまでも善意の心情で、快くエリートの存在を容認するところにみられる。南洋の場合、ことのほかそうであったようである。南洋の「下町族」は、「グダン族」と争うことは避け、むしろ仲間同士で喧嘩をしがちであった。

ここで、在留邦人社会のもうひとつの問題性に話を進めることにしよう。それは、南洋に出た日本人はコスモポリタンになったのか、それともかえって日本人的な特性を強めていったのか、ということである。

❖日本人らしさ

結論を先にいうと、かれらは、おしなべて純粋の日本人であった。日本人らしく生きようとしたし、日本的なものの純化に努めた。日本本土に帰っても幸せになる可能性のない少数の人間をのぞいては、だれしも、日本に帰ることを夢見たのである。その意味で、日本人からは、「南洋日本人」ともいうべきカテゴリーの、土着性の強い邦人が形成されることは難しかった。

日本人らしく生きる、ということには両面があったようである。一方では、外地にあって日本人らしく恥ずかしくない体面を保つという「恥」文化特有の局面と、他方では、生活様式をなるべく「日本化」し、本国にいるのとなるべく変わらないようにしようとする日常的生活感情の局面との両方であった。ただ、この二つの局面はときには矛盾しあったようである。

行商をした日本人の服装を当時の写真でみると（堤林数衛の行商時代の写真などが残っている）、たいていカイゼル髭をはやし、ヘルメット帽子をかぶり、洋服は西洋人同様に詰衿の五つボタンをかけている。こんな恰好で歩きまわったら、さぞかし暑かっただろうと思う。しかし、日本人としての体面をおもんぱかり、「土民」とは違うという意識を強く打ち出す結果、そういう服装になったのである。屋内の生活様式も、西洋式にする在留邦人が多かった。この傾向は、「日本の属領ともいうべき、朝鮮、台湾、満州在留者とは趣きを異にしていた」（石居太楼）のである。

ただ、私の見るところ、そういう傾向は初期の「下町族」についてはいえただろうけれども、ときたま日本からやってくる「本土族」エリートはそうではなかった。かれらは、南洋を「場末」と考えがちであったから、「場末」らしく、ステテコやふんどし姿で公衆の面前に出ても平気であった。「下町族」は、けっして「場末」意識をもたなかった。しかし、エリートであれ、「下町族」であれ、共通してもっていたのは、自分たちは華僑や「土民」とは違う「一等国民」だという意識であった。

他方、日本人には日本人としての悲しい一面があった。つまり、生活様式のなかにどうしても「西欧化」も「現地化」もできない局面が残るのである。たとえば、産婆……。シンガポールに日本人産婆が初めて開業したのは明治三十九年十二月のことであった。出産、すなわち生命の誕生というもっとも普遍的な局面で、その技術と方法が普遍化しないのは奇妙な話である。

❖日本人会

産婆のことはともかく、在留邦人社会は、日本人の数が増えれば増えるほど「日本化」していくのだった。在留邦人数がある水準に達すると、「日本人会」が組織される。シンガポール日本人会は、大正四年九月に創設されている。初代理事二十二名の顔触れをみると、「グダン族」が五、六名含まれており、日本人会が創設される一つの条件が、エリート的日本人の居住がある程度始まることであるということがはっきりしている。この当時、シンガポールの在留邦人の数は約千五百名に達していた。

ジャワのバタビア日本人会の創設は大正二年、フィリピンのダバオでは、一、二回の失敗した試みのあと、大正七年に日本人会ができている。

日本人会以外にも、たいてい在留邦人の親睦を図るための日本人クラブや青年会が組織され、在留邦人だけの運動会やスポーツ競技を主催したり、講演会を企画したりするのがふつうであった。極端な場合には、県人会まで組織されている。

スポーツでは、野球のほか、テニス、バドミントンがいちばん愛好されたが、「日本化」が進むにつれ、武道大会、角力《すもう》大会なども開かれている。ただ、スポーツといえば、「グダン族」と「下町族」とでは好みが峻然とわかれ、その面でも対立しがちであったという。シンガポールの三井物産支店に勤務した森川晴光の証言によると、「駐在員として赴任するに際し、私としては大いに野球をやるつもりで、昔式の大トランクに一杯の野球道具を持っていった。当時同地は所謂下町側と会社側の仲が悪く、いろいろな面で対立していた。スポーツも色分けができていて会社側がゴルフとテニス、下町は野球と判然分れていて、どうしても野球に入れて貰えなかった。遂に私も断念してゴルフをはじめ、テニスをやらざるを得なかった」(「南洋での野球」『ジャガタラ閑話』二二四ページ)という。したがって、「邦人の集る処直に野球が始まる。実に炎天の下、協同機敏のスポーツ運動の華かな勇ましい姿、異郷では涙の出る程有難い」(木村鋭市『爪哇みやげ』一三四ページ)というのは、下町側の記録なのであろう。

「日本化」が進行すると、在留邦人のたしなむ趣味も変わり始め、たとえば南方の各地で俳句が流行した。吟社がつくられ、句会が開かれるだけでなく、俳誌まで発行されている(たとえば、ジャワの『ジャカトラ』、シンガポールの『ナナス』など)。ついでながら、季題は、日本の四季のものと南洋独自のものとが併せて用いられたという。

雑誌といえば、日本語の新聞や雑誌の発行は各地でみられた。シンガポールでは、明治の末から大正初めにかけてガリ版刷りの「パック」「南洋自由評林」「星坡サンデー」「星嘉坡日報」「南洋新報」「南洋週報」などがつぎつぎに出て消えていったあと、大正三年に「南洋日々新聞」がやはり謄写版刷りで誕生し、その後、活版印刷に変わり、代表的邦字紙として成長した。新嘉坡の週刊誌『南洋及日本人』(大正五年八月発刊)もひじょうに親しまれた雑誌であった。蘭印では、大正九年十月に「爪哇日報」が創刊されている。

❖宗教団体

このような「日本化」の趨勢の中で、ひじょうにだいじな布石として意味をもったのは、日本人墓地とそれに伴う仏教寺院の開設、そしてもう一つ、日本人小学校の創設ではなかったか。

シンガポールの日本人共同墓地が開設されたのは、明治二十五年六月のことであった(福田庫八氏資料)。当時の在留邦人界の親分的存在であった二木多賀次郎、渋谷銀次、中川菊三の三人が発起人になり、囚人墓地に埋められていた邦人二十七人の白骨を掘り出して改葬し、無縁塚を建てたのが始まりである。明治四十四年、この墓地の中に曹洞宗派の「西有寺」ができ、その住職が代々この墓地の運営にあたることになった。その後、シンガポールには、いくつかの宗派の寺が創設され、そのうち真宗の本願寺(大正四年)、日蓮宗の妙法寺(大正六年)などが代表的なものである。在留邦人の数がいちばん多かったダバオの場合、曹洞宗の南禅寺(大正七年)、東本願寺系の本願寺(大正十四年)、西本願寺(昭和十一年)など五つの寺が創設されている。

天理教の場合、大正六年頃からマレー半島での布教が始まっている。しかし、興味深いことに、最初は在留邦人相手の布教ではなく、イスラムを信仰するマレー人を対象に布教が行なわれている。当時の布教師の現地での判断が次のように記録に残されている。

「マレー人は殆ど回教を信じてゐるとされてゐるけれども、それはさう口にする程堅いものではないやうに思はれた。成程一日何回かの祈祷は欠かさずにしてゐるし、その他の日常生活にも回教の教義が取り入れてあるやうではあるが、それはもはや彼等の生活習慣となつてゐるだけであるらしく思はれた。宗教的な昂奮、奇蹟による感激などは到底見出すことも出来ず、この点天理教のお救けを持つてゆけば、彼等が如何に驚き且つ喜ぶであらうかと楽しみでならなかつた」（橋本武『南方開教史話』一七ページ）

しかし、いうまでもなく、このような判断は現実的であるとはいえず、マレー人への布教は失敗に終る。やがて在留邦人相手の布教に変わり、大正十一年十二月に、シンガポール教会が設立される。その後、バタビア、ダバオ、マニラなどにも天理教会の進出をみている。

❖日本人小学校

次に日本人小学校である。シンガポールが大正元年十一月、ダバオが大正十三年四月、ジャワのスラバヤが大正十四年四月、バタビアが昭和三年七月……と主として大正時代に南洋の各地に日本人小学校が開校している。

在留邦人の「日本化」という観点からみると、たとえばバタビア小学校の場合、その典型的な校風をみせたようである。ここでは、海外生活に向いた教育という考慮抜きに、純然たる「臣民教育」が行なわれた。朝授業が始まる前に一分間の黙祷を行ない、そのあと明治天皇御製の「澄みわたる……」の斉唱、学校では日本と同じランドセルと通学帽を身につけさせる。校歌もできた（花岡泰隆「バタビア日本人小学校に学びて」『ジャガタラ閑話』所載）。

椰子生う国に育くまるる
大和撫子雄しく伸びよ
いざいざわれらは

いざいざもろとも
日の本の礎とならむ
日の本のよき子とならむ

しかし、このような日本人小学校にたくさんの問題がつきまとうのは、いまも昔も同じであるようである。

一つの問題は、生徒たちの「日本化」を狙った小学校の教師たちにとって、南方育ちの児童が資質の面で不完全に見えてしかたがなかったという事実である。

「此処の子供たちを教へて驚くことは、いかに彼らに感激性がなく、弾力性がなく、また負けじ魂がないかといふことです。内地の子供たちと比べると、頭脳はいい方ではありません」（シンガポール日本人小学校校長鈴木了三の昭和十一年頃の談話）

また、生活環境が違うところで、国定教科書を用い、日本的な教材を用いることにはかなりの無理があったようである。

「例へばですね、一太郎の母親が、数里の山道を遠しとせずして、わざわざ出征を見送りに出てきた教材にしても、そんな道程なら自分たちでも歩ける、此処からジョホール迄ではないか（ジョホール迄は坦々たるアスファルトの道路である）といふ風に考へて、ちつとも興奮しないのです」

そのほか、教材、標本の不足、高等教育機会の問題、教員の質の問題、そのほか先生の言葉のなまりの問題（スラバヤ小学校は、一時男性の教師はみな鹿児島出身、女性の教師はみな熊本出身という時代があったという）に至るまで、問題は尽きなかった。しかし、いずれにせよ、南洋の日本人小学校は、ほとんど例外なしに、内地の学校教育の全面的模倣という方針を貫いたため、南洋現地での社会活動に向いた日本人の育成にはあまり貢献できなかったのである。成績優秀で、家庭的に恵まれた児童は、中学校から内地に移り、高等教育を日本国内で受けて、ほとんど南洋には帰って来なかった。
このようにして、各地の在留邦人は、時代が経つにつれて、「日本化」の傾向をますます強めていった。その「日本化」の傾向に、いわば決定的な画龍点睛を打つのが、昭和期の日本におしなべてみられた天皇制イデオロギーの制度化、具体的にいうと、神社神道が権威を帯びる傾向の持ち込みであった。

照南神社の機能

❖千々和重彦という人

ここで、南方の日本人社会の精神的な支柱として、神社が果した機能を考えてみなくてはならない。戦前の日本人の日常生活あるいは一生涯にとって、神社の存在は不可欠のものであった。南方に暮したある日本人がこう書いているのは切実である。

「子供が生れたが神社がないのでという声がぽつぽつ起る。国家の行事があるが御宮を中心に之が行なわれないので痛切に感じて来、又郷里の御祭りを偲んで来る。……日本人は母胎にあるころから種々の御祭りを挙げ、全て御祭りに終るのである。……将来第一線に於て新日本の村造りに志すものは神祭りの素地を弁まえ『先ず神事』を心掛くべきである」(筆者不詳『ガルミスカン川を遡りて』)

だから、いつしか南方には神社ができた。しかし、最初は、ほとんどすべてが、居住地内に勝手に神棚をまつる、いわゆる邸内神社であった。しかし、一つの地域にたくさんの邸内神社ができると、中心的な存在としてのある程度の社格をもった大神宮が必要になってくる。

たとえば、シンガポールには昭和の初め頃からは「大神宮」と称せられるものがあったが、その発端ははっきりしない。しかし、これがマレー半島のゴム園などに設けられていた邸内神社を統合する機能を果したとしても不思議ではなかった。いずれにせよ、シンガポールの大神宮の歴史を調べてみると、海外に神社神道の拠点が設置されることに、さまざまな興味深い問題がまつわることがはっきりする。

西村竹四郎の『在南三十五年』の昭和九年の記録をみると、「十一月二日。大神宮の永田神官久しく癌に苦しんでゐたが死亡した。大神宮は五哩の元太平ゴム園内に奉祀してあるが、本懐を遂げずに死んだのは名残り惜しいことであらう」とある。この永田神官はシンガポールの初代の神官であったが、神主としての正規のトレーニングを受けたことはなく、どうやらキリスト教会と関わった期間のほうが長かった人物のようである。永田神官は、死の直前につてを通じて日本から後継者を求めたが、たまたま福岡で適当なポストに恵まれずに欝々としていた正規の神官を「養子」にとることができた。

その後任者の名前は千々和重彦といった。この無名の日本人がその後、日本の「南進」のために果した重要な役割には注目してみなくてはならない。この人に限らず、「南進」の円滑さを決めたり、その性格を決めたりしたのは、たいてい無名の精力的な日本人であった。

千々和重彦は、明治四十年に福岡県の中間に生まれた。生家は代々が神主を勤める由緒ある家柄であったが、重彦は長子ではなかったため、神主の道を志しながらも家を継ぐことができず、各地の神社を下級の神官として転々とまわっていた。その間、神道と日本国民との関係については、ある種の深い確信を培っていったようである。

この人は、南方に行く前にも、いくつかエピソードを残している。たとえば、宗像神社に勤めていた当時、隠岐の島のそばを通る日本の船舶が島の上に神社があるのを無視して航海するのに腹を立てて、「なんとか頭を下げさせてみせる」と思い立った。関係する船会社に通達して、船の通過する時間と船名をあらかじめ通知するようにしむけ、その時間に航海の安全を祈禱し、船のほうも神社に向かってお祈りする習慣を定着させたのである。この人には、若いうちから政治的手腕とそれなりの強引さが備わっていたようである。

千々和重彦が南方行きを決意したのは、シンガポール大神宮の神主になれるという得難い話だったからである。養子の話は当人の知らぬところで進行したようで、勝手に改籍されたりしたため、後年、訴訟を起こして、原状回復している。ただ、現地の世話人から、籍は変えなくてもいいから、せめて「永田」姓だけは名乗ってくれといわれ、シンガポール滞在中は、ずっと「永田重彦」で通している。

昭和九年の十二月、千々和がシンガポールに着任したとき、まず第一に感じたことは、大神宮の神社としての不完全さであったという。彼は、大神宮の一切を内地のしくみと同一にすることを決意し、行動に移すのである。そして、彼の行動はすこぶる積極的であったので、シンガポールの日本人社会はみるみる「日本化」していった。

まず、二代目の永田神官、つまり千々和がみせた最初のすばらしい着想は、正月に三宝に載せた一かさねのもちを抽選で日本人に配ったり、かわらけの三段重ねを参拝者の全員に無料配布したりして、在留邦人を大神宮にひきつけたことである。彼が神主になって以来、五月の節句には、鯉のぼりが大神宮に飾られるようになった。そして、それまで売られていなかった伊勢神宮の「大麻《たいま》」つまりお札の数々の頒布が始まった。

❖「日本化」の努力

千々和の苦労は大変なものだったようである。まず、「氏子会」あるいは「奉賛会」という言葉づかいから定着させねばならなかった。しかし、どうにか奉賛会や氏子会を組織することに成功した。そのためには、かれは完全な神官の装いでマレー半島中の邸内神社をまわって、おはらいをして歩いた。そして、当時、在留邦人の家には神棚のない家が多かったのに目をつけ、屋内の一個所に大麻をたいた上で、一年以内に神棚を作らせるようにしむけて歩いている。いうことをきかない日本人には「あんたは日本人じゃないのか。日本人らしくせないかん！」という台詞をあからさまに投げかけ、大麻を強いている。

このような千々和の活動を外交的観点から気にしたのは、日本の総領事館であった。外務当局は、在留邦人の信教の自由という観点からよりは、むしろ英領植民地で神道がはびこり、英国を刺激する可能性を気にして、千々和と日本の総領事との間では悶着が絶えなかった。とくに千々和が怒ったのは、総領事館が在留邦人のために席を設けるとき、千々和をふつうの宗教家とみなして、日蓮宗や曹洞宗などの僧侶と同席を強いたことである。神社神道の別格性を信ずる千々和は、そういう際には同席を拒否しただけでなく、「本国の伊勢神宮に一件を通じ、事の当否の判断を仰ぐ」というおどし文句で総領事に頭を下げさせようとした。総領事館側は、「伊勢神宮」という切り札には弱かったようで、ある時には総領事館からワイシャツを持って詫びを入れに来たりしたという。

千々和の執拗な努力はしだいに実って、在留邦人の大部分が結婚のときには大神宮で神前結婚をするようになり、生まれた子供の七五三の祝いなども型通りに行なうようになった。当時の在留邦人の結婚式の写真がいまでもたくさん残っているが、驚くほど純粋に日本式の様式であって、千々和の「日本化」の努力がどれほど完全主義的なものであったかを偲ぶことができる。大神宮は小高い丘の上にあったが、人びとは大神宮に行くことを「山に行く」というようになっていた。

昭和十五年、千々和は「シンガポール大神宮」というそれまでの名称を「照南神社」と改称した。しかし、これは、別段、大神宮が伊勢神宮から社格を与えられたからというわけではなく、千々和の独断によるものであった。つまり、千々和としては、日本人社会の「日本化」に一応成功したことで、一つのけじめをつける儀式が欲しかったのであろう。あるいは、同年、パラオ島コロールに、官幣大社「南洋神社」という社格をもった神社があらわれたことが刺激になったのかも知れない。いずれにせよ、神社への改称と同時に、日本人クラブで「お降りして」記念大祭を催している。

いうまでもなく、日本総領事館は、太平洋戦争の気運が高まるなかで、千々和が英国の感情を平気でさかなでする行為を重ねるということで、神社への改称のとき厳しい注文をつけている。しかし、千々和はそれを完全に無視している。

❖「昭南島」命名の背景

照南神社に改称したとき、千々和は「照南神社」という額を自分で彫って拝殿の前に掲げた。日本軍がシンガポールの占領に成功したのは昭和十七年の二月中旬であったが、占領の二日目に新司令部の副官が参拝に訪れ、その「照南神社」という額を目に留めている。シンガポールが「昭南島」と日本軍によって名付けられた背景には、このなにげないエピソードがかなり大きな意味を持ったようである。

シンガポール攻略作戦に従軍した朝日新聞の酒井寅吉の従軍記をまとめた『マレー戦記』(昭和十七年)には、次のような貴重な証言がある。「我々は七十余日マレー戦線を追撃しつつあるとき目ざすあの島の命名について頭を絞つてゐた。曰く『大星港』曰く『昭和島』……等々、長い従軍期間中およそ二千に近い名前があげられた。しかしこの二千に近い候補の中には『昭南』といふのはなかつた。それが陥落僅か二日目、命名は誰の考案によるものか電撃的に行はれた。それが偶然にも『昭南神社』の名に符合してゐたのである」(二五三〜四ページ)。ただ酒井は字を書きまちがえている。千々和のつけた名前は「照南」であって「昭南」ではなかった。しかし、いずれにせよ、「しょうなん」という表現の創始者が千々和であることは疑いもない事実なのである。

千々和は、たんにシンガポールの神社の神主として英領マレーだけを縄張りとしていたのではなく、彼の判断では、インド、ビルマ、シャム、ジャワ、スマトラ、ボルネオ、フィリピンの全域を自分の受け持ち区域と考えていた。しかし、彼はマレー以外は訪れていない。ただ、各地に向けて、「大麻」を頒布することには専念した。各地の日本の領事館を動かして、在留邦人名簿を作成させ、伊勢神宮の「大麻」を頒布することには専念した。各地の日本の領事館を動かして、在留邦人名簿を作成させ、伊勢神宮の「日本精神のつながりをつける」という大義名分のもとに、「大麻」の郵送販売を続けたのであった。

「照南神社」はやがて「昭南神社」にかわり、昭和十七年八月には新築移転が行なわれ、別に忠霊塔も建てられる。

千々和重彦については語ることが多いがこれまでとしよう。ただ最後に、シンガポールの在留邦人一般が「照南神社」をどう位置づけていたかを物語る資料として、シンガポール日本人クラブが現地で出した、『赤道を行く』という、シンガポールを紹介した書物の一節を引用しておこう。

「掛巻くも畏き、

伊勢の皇太神宮遙拝所として、照南神社といふのが奉斎せられてゐて国民精神の陶冶、祖宗尊崇の大義を訓へ、神乍《なが》らの大道この南溟三千里の外にまで炳として昭らかなことは特にわれ等の感激して息まぬところである」(一一一ページ)

千々和重彦というただ一人の日本人が、時代の流れを巧みに生かすことによって、とうとう事態をここまで至らしめたのである。シンガポールは外国であったにもかかわらず……。

南洋日本人の「国民」性

❖いじらしい心情

南洋在住の日本人は、いわば底抜けの善人であったようである。日露戦争のときには、財布の底をはたいて献金し、バルチック艦隊の通過を待ち受けて、国のために情報蒐集に従事したり、また日本から練習艦がやってくると精一杯もてなしたり、とにかく、かれらはいじらしいほど純情に「祖国」のことを思い続けた。

あるからゆきさんの言葉を引用してみよう。

「日の丸は偉い人が外交につかう旗ぐらいに思いよったら大きなまちがいばい。わたしは五円玉いっちょにぎりしめて、きもの一枚持たんまま上海に逃げたとき、つくづく思ったね。外人の家に走り込んで、日本人です働かして下さい、といったとき身にしみたね。外人はわたしを日の丸だとみたよ」（森崎和江「あるからゆきさんの生涯」『ドキュメント日本人5　棄民』一五ページ）

海外に出る日本人は、たいてい国益がなんであるかに目覚め、自分の内部から愛国心を掘り起こして、国家の行なうことの積極的な支持者になるのがふつうだが、南洋の日本人もその例に漏れなかった。そのことによって、南洋の日本人は、早熟な「国民」になりがちであったし、その反面で市民社会特有の諸価値に目覚めるのはおそく、だから「日本化」の趨勢に素直に順応していったのである。

しかし、「日本化」を進めたことによって、南洋の在留日本人は、一面では、現地社会の中で孤立性を強めていくことになり、もう一面では、内地あるいは本土との一次的絆を断ち切ることができず、いつまでたっても、本土にたいして従属的心理を持ち続けることにもなった。このような従属的心理を棄てきれなかったために、「グダン族」を敬遠しながらも、かれらの権威を暗黙のうちに認めてしまうことにもなり、けっきょく、「下町族」は、日本国内の階級社会の下層部に連結された存在になってしまったのである。

だから、南方の現地の日本人社会からは、「反戦」のエネルギーなどは絶対に出てこなかったのである。

V 「大東亜共栄圏」の虚妄性

「南方関与」から「南進」へ

❖南方関与の時代区分

これまで、明治初頭に始まる日本人の南方関与の歴史のあとを辿ってきた。その歴史はけっして平坦に流れてきたのではなく、時折、ある種の転換点を迎えて、流れの方向が変わったように思う。

日本人の南方関与の歴史に、強いて時代区分をつけてみると、まず明治初頭の「娘子軍《じょうしぐん》」の進出と、それに寄生するごくプリミティブな経済様式、そして日本からのアプローチの悪さなどを特徴とした時期、を一つに区切って、第一期と捉えていいだろう。

ところが、そのあと、明治三十年代の末、あるいは四十年頃からといってもいいが、経済的にはゴムやマニラ麻部門への進出がはじまり、「トコ・ジュパン」という商業資本の形成をみる時期が来る。この頃には、民間航路で日本と南洋各地とは結びつけられ、外務省の在外公館の開設も一通り終るのである。在留邦人社会では、「娘子軍」が主流の地位から追われ、「グダン族」優位の時代になっている。こういう時期が第二期である。第二期のピークが大正の初頭に訪れていることは改めていうまでもないだろう。大正期「南進論」は、このような南方関与の基盤の変化に対応して噴出した、いたって実際的＝功利的なイデオロギーであった。

問題はその次に来る第三期である。第三期は、南方関与がいわば日本の国策となった時期と考えることができる。だから、言葉を変えると、庶民の自然流出的な南方関与にかわって、国策としての「南進」政策が表に出てくる時期である。いうまでもなく、「大東亜共栄圏」構想がそうであって、時期的には昭和十五、六年頃に始まったといえる。しかし、厳密にいうと、南方進出が国策になるのは、昭和十一年夏のことであった。

昭和十一年八月四日の五相会議で決められた「国策ノ基準」は、南方問題が日本の国策構想の中に取り上げられた最初のケースである。そこには、こう書いてある。

「南方海洋殊ニ外南洋方面ニ対シ我民族的経済的発展ヲ策シ努メテ他国ニ対スル刺戟ヲ避ケツツ漸進的和平的手段ニヨリ我勢力ノ進出ヲ計リ以テ満州国ノ完成ト相俟ツテ国力ノ充実強化ヲ期ス」(外務省編『日本外交年表並主要文書』下巻、三四四ページ。巻末資料16も参照)

その同じ八月四日に四相会議で打ち出された「帝国外交方針」の中にも、「南洋」が、「世界通商上ノ要衝ニ当ルト共ニ帝国ノ産業及国防上必要欠クヘカラサル地域」という位置づけを受けて登場している。この「外交方針」の中では、フィリピン、蘭印、シャムなどが具体的に取上げられ、それぞれの国にたいする日本の外交的対応のあり方が吟味されている(三四七ページ)。

この昭和十一年から昭和十六年の「大東亜戦争」開戦までにはさまざまな紆余曲折があったが、その間に新しい様相の「南進」ムードがしだいに盛り上がって行ったことは、いまさらいうまでもないことである。その紆余曲折の中で意味をもち、そして「大東亜戦争」の準備につながった要因として、次の五つのことを見ておく必要があるように思う。

❖五つの伏線

第一は、日本の南方進出にたいして台湾が果した機能である。徳富蘇峰が、明治二十七年に起草した「台湾占領の意見書」の中で、「我邦の前途は北に守りて南に攻るの方針を取らざる可らざるは、識者の夙に看破する所にして、台湾は恰もその第一著《ちゃく》の足溜りとも可申、此れよりして海峡諸半島及び南洋群島に及ぶは、当然の勢ひと存候」と書いているように、台湾領有が日本の南方進出にとってもった意味はひじょうに大きかった。第二代総督の桂太郎が明治二十九年七月に伊藤博文首相に送った提言の中に、台湾領有の意義は、南支南洋対策を行なうことにあるという趣旨の一節があり(鶴見祐輔『後藤新平』第二巻第一章参照)、これ以後、台湾の存在意義がその線で理解されるようになった。

具体的にいうと、まず台湾総督府の一つの役割が、南支および南洋にたいするわが国の勢力扶殖をたすけることであったという事実がある。とくに、台湾総督府官房調査課、官房外事課およびその後身である台湾総督府外事部の果した調査機能(これには台湾総督府殖産局の各課も含めて考えていいだろう)はそうとうなものであった。大正時代から昭和十年代にかけて出ている一連の調査報告書は、当時の日本が公的に利用することのできた、南洋についてのほとんど唯一の情報源であったといっても言いすぎではない(台湾総督府が発行した南方関係出版物のリストは、台湾南方協会の後身「南方資料館」が出した『南方資料館報』第一号七〜四〇ページに得られる)。

そのほか、台湾総督府は、大正元年以来、南洋貿易拡張費(のちに南方施設費と改称)という特別予算を計上しており、はじめは南洋における事業の助成のための支出にあてられたが、やがて文化事業のためにも支出されるようになった。台湾総督府以外にも、台湾銀行や華南銀行が南洋で果した役割は大さい。いずれにせよ、台湾の存在抜きにしては、日本の「南進」政策は考えられなかったといってもいいだろう。

第二に、海軍の「南進」思想ということを考えてみなくてはならない。「南進論」がどちらかというと「海」の思想として出てきたことはすでに指摘した通りである。日本の海軍は、佐藤鉄太郎らがスポークスマンとしていた明治末以来、ある意味ではずっと通して「南進論」と親しんできていた。海軍の生み出した「南進論」者には、たとえば柳田国男の弟の松岡静雄などがあった。

しかし、それが海軍の中心的な政策構想として位置づけられるのは、昭和八年九月二十五日決定の「海軍の対支時局処理方針」で南支政策が焦眉の課題として浮かび上がったときのことであった。しかし、もう一つの契機があった。それはアメリカの海軍拡充が日本にとっての脅威になり始めたことであって、海軍は、それにたいして対米軍備拡充を正当化する理論を必要として、政府にたいする積極的な働きかけを始めた。それがちょうど昭和十年頃であって、先程引用した「国策ノ基準」と「帝国外交方針」が決定された背景には、このような海軍の強い働きかけがあった。その後、内南洋基地の拡張強化(昭和十一年以降)、海南島占領(昭和十四年二月)、新南群島領有宣言(同年三月)などを経て、海軍の「南進」構想は熟していくのである。

第三の問題は、明治の末から大正期の前半にかけて花咲いた民間の「南進論」が、昭和に入ってどのような形で再生を見せたのかということである。昭和十年頃までは、藤山雷太の『南洋叢談』(昭和二年)、徳川義親の『じゃがたら紀行』(昭和六年)などの出版を見ているが、大正時代の爆発的なブームのことを思うと、うそのような沈滞ぶりであった。徳川義親はまえがきに、「南洋へ、といふことはよく聞きます。併し皮肉にも、現在の南洋に在る邦人は日一日と減少して、この儘でいつたならば、我邦はやがて南洋方面に折角扶植した勢力を失つてしまふのではないかと窃かに憂へてゐます」と書いている。

そのような沈滞が続いてきたあと、昭和十一年夏、室伏高信の『南進論』が出版された。時節柄、たいそう注目を集めた出版であった。

この本の第一章「なぜこの書を書くか」に、室伏はこう書いている。

「こゝに南進論といふ。これが日本の国際政策を意味してゐることはもちろんである。これは日本の国際的方向についての論策である。けれども私にとつてはこれが同時に日本の国内問題でもあり、そして今日の日本にとつてはわれわれの日本が当面する全面的な問題である。凡ての問題がこのうちに含まれてゐるといふのが私の考である」(八ページ)

室伏が自分自身で「私は明瞭な旗幟を樹てた」といっているように、「南進論」というテーゼが、あたかも日本のすべてであるかのように、強く表面に打ち出されている。室伏は、欧州文明の衰退と混乱を強調し、「西欧の覇権は没落した」と断言し、これら先の世界で覇権を争う国々としては「一方にロシアがあり、他方にアメリカがあり、そして東方に拠つて日本」がある、と予言している(三一ページ)。

室伏の時代認識は、自由主義の時代は終り、国民的対立、ブロック対立、大陸と大陸との対立の時代が来た、という内容のものであった。このような時代に、日本が向かうべき方向ははっきりしているという(二四五〜六五ページ)。

「南へ、南へ。

の言葉をくりかへさう。この言葉が日本の全人口によつて高唱される日の来たるまで」

このように、室伏によって「日本民族の使命」として、そして「歴史的約束」として、「南進」は決定論的な取扱いを受けるのである。

文体の平易さと修辞の巧みさとのために、この『南進論』は、すこぶる煽情的な効果を発揮した。そして、それは、南進ブームの復活を見る昭和十年代の幕開けを飾るにふさわしい内容をもっていた。

第四の問題に移ることにしよう。

小磯国昭という人がいた。小磯は、堤林数衛の故郷でもある山形県新庄の藩士の家系に生まれ、そこで育ったために、ふつう山形県人として扱われている(実は、明治十三年三月二十二日宇都宮生まれ)。山形からは、そのほかにも石原莞爾や大川周明など、昭和期の日本を動かし、しかも日本の海外進出の性格を決める上でなんらかの役割を果した人物が出ている。このことはともかく、この小磯国昭は、昭和の「南進論」の形成にかなり大きな役割を果しているのである。

小磯が、大正六年、参謀本部第五課兵要地誌班長として「帝国国防資源」という論文を書き、対馬海峡にトンネルを通す案など、独想的な問題提起を行なったことは有名な話である（小磯国昭『葛山鴻爪』三三二〜五三ページ）。その小磯が、昭和十五年夏、近衛文麿首相と松岡洋右外相の依頼で蘭印に行く話が出たとき、生来の研究熱心ぶりを発揮して、わずか一週間ほどの間に、三つ、四つの意見書を書き上げている。「帝国の急要施策」「協議意見第一」「同第二」「蘭印対策要綱」が、それである（『現代史資料(10)「日中戦争」(三)、四六六〜八三ページ所載）。このいくつかの意見書は、昭和十五年夏段階での「南進」構想としては、格段に考え抜かれたものであって、「東亜経済圏」という、日、満、支に南方圏を加えた「換言すれば東経九十度以東、日付変更線（概ね東経百八十度）以西を以てその範域と為す」ユニークな地域政策の構想となって煮つまっている。

もっとも、この一連の意見書を携えて、小磯がその年の八月二十日過ぎ、関係閣僚会議に出席したとき、商工相の小林一三から「蘭印には一体どんな資源があるんですか」という「非常に無智、無関心な質問」（小磯自身の表現）が出たぐらいだから、「南進」構想はまだ十五年夏段階では、政府関係者の意識のレベルでは十分に熟していたとはいえないようである。事実、このとき、小磯は、閣僚たちの無関心にがっかりして、蘭印旅行をやめている。

しかしながら、八月末に蘭印特使としてその小林一三がバタビアに行くわけであり、そのとき小林が指名を受けた「対蘭印交渉方針及要求案」（八月二十七日閣議決定）には、小磯の個人的な構想がそのまま活かされたのであって、小磯の役割はすこぶる大きかったといえよう。いずれにせよ、大正以来の「国防資源」の哲学が、このように小磯国昭を媒体として、昭和の十年代の政策に投影したことは注目に値

表4 南方圏在留邦人職業別人口表

（昭和13年10月1日現在）

	マレー	蘭印	仏印	フィリピン	北ボルネオ サラワク	シャム	計
農林業	168	142	7	6,278	21	1	6,807
水産業	1,019	402	—	1,467	277	—	3,165
鉱業	60	6	—	14	—	—	80
工業	245	211	1	1,523	207	12	2,199
商業	1,068	2,190	100	2,650	141	198	6,347
交通業	57	21	—	97	1	1	177
公務自由業	232	180	8	261	25	60	766
家事使用人	163	75	28	145	11	22	444
その他	57	73	2	484	1	—	617
無職（主として家族）	2,839	3,169	88	12,918	620	288	19,862
計	5,908	6,469	234	25,837	1,494	521	40,464

する。

最後に、もう一つだけだいじな問題がある。昭和十三年の段階で、日本人の南方進出は、表4のような状態であった。昭和十年代の「南進論」が、現地にいる在留邦人およびかれらの経済力をどう評価して、どのように政策構想の中に要素化していたかということである。

小磯の場合、在留邦人を「第五部隊」として編成して、日本の南進に役立たせるという考え方をはっきりと打ち出している（「蘭印対策要綱」参照）。しかし、室伏の『南進論』をみると、南洋ははっきり「処女地」として捉えられている。明治以降の蓄積をまったく無視した構想、つまり、現地の在留邦人の存在を計算に入れていない構想として、陸軍の桜井大佐が昭和十五年八月十六日付で執筆した「蘭印（仏印、馬来等）農業自衛移民計画」というのがある。これは中国河南省から十二万人の日本人と中国人とを蘭印その他に移住させ、農業移民とするという奇想天外な構想であった。これは、おそらく、机上の空論とみなされて、だれも問題にしなかったと想像できる。それにしても、昭和の「南進論」が、明治以来の南方関与の蓄積をほとんど考慮に入れない形で発想されたという事実は、もっと注目される必要があるように思う。

「大東亜共栄圏」構想への歴史的経過

❖太平洋戦争への道

このようないくつかの要因を踏まえたところで、日本が太平洋戦争に至るまでのプロセスをごく簡単におさらいしておこう。

日本が決定的に「南進」政策に踏み切ったのは、昭和十五年七月二十二日に第二次近衛内閣が成立した直後のことであった。新内閣成立後に決められた「基本国策要綱」(七月二十六日閣議決定)と「世界情勢の推移に伴う時局処理要綱」(七月二十七日大本営政府連絡会議決定)の二つが、歴史の転換をもたらした画期的な決定であった。

特に「時局処理要綱」のほうはだいじで、「支那事変ノ処理未タ終ラサル場合ニ於テ対南方施策ヲ重点トスル態勢転換ニ関シテハ内外諸般ノ情勢ヲ考慮シテ之ヲ定ム」(前文)、「対南方施策ニ関シテハ情勢ノ変転ヲ利用シ好機ヲ捕捉シ之カ推進ニ努ム」(第一条)、そして、仏印にたいしては「情況ニヨリ武力ヲ行使スルコトアリ」(第二条)と明記されたのは意味深長であった。

昭和十五年七月末に、このように積極的な「南進」政策が打ち出された背景には、従来、「南進論」は、海軍だけのものであったのが、ドイツ軍の欧州でのめざましい勝利に対応して、陸軍の発想までがにわかに北進論から「南進論」に転換されるという事実があった。その「時局処理要綱」の原案が、陸軍省と参謀本部の中堅将校によって作成されたという事実は注目すべきことであった。たんに海軍だけでなく、陸軍までもが積極的な「南進」政策に変わったことによって、日本の国策の正統路線は、この際、完全に「南進」を目ざすものに転換したのである。

そして、このすぐあとに、新しい政策的なスローガンとして、「大東亜共栄圏」という表現が公けに用いられるようになる。「大東亜共栄圏」という言葉が初めて公けにされたのは、昭和十五年八月一日、松岡外相が、外務省担当記者団との記者会見の席上、「日満支をその一環とする大東亜共栄圏」という表現を用いたときのことであった。

政府の言葉づかいの系譜を辿ると、はじめは「東亜新秩序」と、そしてそれには含まれないものとして「南方」ないし「南方亜細亜」とが併用される時期が続いた。昭和十五年の七月には「東亜新秩序」が「大東亜新秩序」と変わり（七月二十六日閣議決定の「基本国策要綱」）、そして八月一日の松岡談話のあと、「大東亜」というレトリックは南方をも含む概念として定着するのである。八月末の蘭印に関する小磯意見書や小林特使の対蘭印交渉方針案では「東亜共栄圏」という表現が用いられているが、十月二十五日閣議決定の「対蘭印経済発展の為の施策」には、はっきりと「大東亜共栄圏」という表現が使われている。そして、もうそのあとになると、「大東亜共栄圏」で政府全体の用語法が統一されるのである。

こうしてみると、「大東亜共栄圏」という表現が、昭和十五年七月二十二日に第二次近衛内閣が成立したあとに、急速に公式の用語として定着していったことがはっきりと読みとれるのである。

「大東亜共栄圏」の地理的な拡がりがはっきりしたのは、昭和十五年の九月のことであった。九月六日の四相会議で決まった「日独伊枢軸強化に関する件」の秘密規定の中に、「皇国ノ大東亜新秩序建設ノ為ノ生存圏」の定義があって、それをみると「日満支ヲ根幹トシ旧独領委任統治諸島、仏領印度及同太平洋島嶼、泰国、英領馬来、英領ボルネオ、蘭領東印度、ビルマ、濠洲、新西蘭《ニュージーランド》並ニ印度等トス」という範囲になっている。アメリカの意向を気にしてフィリピンが入れられていないが、その欠落も太平洋戦争開戦直前までしか続かない。

「大東亜共栄圏」構想については、いくつかの問題がある。それは、比喩的にいうとまるで風呂敷のような概念であって、日本が「自存自衛」のために行なうことは、ことごとくそのタームで正当化されるようになった。それは細部まで緻密に練り上げられたグランド・デザインであるというよりは、中身もなにもない空虚な概念であって、しかも、いうまでもなく、アジアのほかの国々との対話から生まれた発想ではなかった。

昭和十五年以降の「南進」政策の特徴を、次の言葉は巧みに捉えているように思う。

「大東亜の建設は『万事不レ得レ已して応』じた具体的処置の連続なのである。故にそれは、著しく紆余曲折に富み、いわば無計画的であったといえる。……満州事変以来の大東亜の建設は臨機応変の連続なるが故に、そこには初めから一定の計画というものがなかった」（松下正寿「大東亜建設の基本精神」）

「南進」政策と積極的に取り組んだ陸軍自体、具体的にどう政策を展開すべきかについては迷い続けるのである。問題をリアルに読みきれないことから、かえって大胆で直線的な政策構想になりがちであった。海軍のほうは、ある段階には、「南進」策にたいしてにわかに消極的になったものもいる。また、外務大臣の松岡洋右が、昭和十六年六月末の段階で、はっきりと陸軍の「南進」策に反対したことは有名な話である。松岡が大本営政府連絡会議の席上で吐いた言葉は面白いので引用しておこう。

「我輩は数年先の予言をして適中せぬことはない。南に手をつければ大事になると我輩は予言する。統帥部長はそれがないと保証出来るか。英雄は頭を転向する。我輩は先般南進論を述べたるも今は北方に転向する次第である」（服部卓四郎『大東亜戦争全史』七五ページ）

このようなコンセンサスの欠如にもかかわらず、昭和十五年の秋以後、「南進」政策は着々と進行していくのであった。

九月二十二日　北部仏印進駐
十月二十五日　「対蘭印経済発展の為の施策」閣議決定
十一月十三日　外務省に南洋局設置
十一月三十日　蘭印使節に芳澤謙吉元外相を任命

十二月二十七日　大本営連絡懇談会で「泰及仏印に対して採るべき帝国の措置」決定
昭和十六年
一月二十一日　松岡外相、議会にて蘭印、仏印、タイが「大東亜共栄圏」に含まれる旨演説
一月三十日　大本営政府連絡会議にて「対仏印・泰施策要綱」を決定
四月十七日　大本営陸海軍部「対南方施策要綱」を概定
五月三十日　松岡外相、平和的南進政策にも限度があると声明
六月十一日　日蘭交渉打切り決定
六月二十五日　連絡会議にて「南方施策促進に関する件」を決定
七月二日　御前会議、「情勢の推移に伴う帝国国策要綱」を決定
七月二十八日　日本軍南部仏印に上陸開始
九月六日　御前会議、「帝国国策遂行要領」を決定

このように、まさしく「速足の南進歩調」という表現そのままに、日本は、太平洋戦争に突入していくのである。

この昭和十五、六年の「南進」は、あくまでも「支那事変の処理」の不手際の結果として生じたものであって、その意味では、明治の初めから昭和十年頃にかけての南方関与の前史とは無関係なところに根をもつものであった。昭和十五年夏以降の「南進」政策は、従来の商業主義的＝平和進出的な南方関与の蓄積をほとんど考慮に入れずに発想されたものであった。つまり、それは南方を「借地」して戦争を行ない、資源を収奪するためだけの短絡的な思想であった。

そして、昭和十六年十二月八日、太平洋戦争勃発……。

面白いことに、過去の歴史と新しい歴史とが奇妙な具合に接点をもつこともあるのである。前にも引用した朝日新聞の酒井寅吉の従軍記に、その接点が劇的なかたちで描かれている。

「ラサの町に大休止をしてゐるとき、支那服を着た老婆がおぼつかない日本語で『兵隊さん御苦労さんで御座います』と挨拶に来た。支那人と結婚してゐるこの老婆は想ひ出しては引張り出すやうに日本語をしやべつた。日本を出てから既に四十年、マレー半島の一隅に支那人と結婚して、二十歳になる息子を育てながら生活と闘つて来た愚痴話であつたが、祖国と絶縁して四十年、いまはじめて日本軍の雄々しい姿を見て脈々たる祖国愛が体内に沸ぎり返るのであつた」(『マレー戦記』一七七ページ)

この日本人老婆は、あきらかに元からゆきさんのまたの姿である。貧しいらしく、一羽の鶏を兵隊に手渡して消えていった。南方関与の明治的様相と昭和の「南進」とが、みごとに接点をもった情景である。私は、このような情景がむしょうに好きである。

「大東亜共栄圏」のアイデアは、太平洋戦争の開戦後にしだいに実体を帯びてくるのであった。昭和十七年二月二十一日付での「大東亜建設審議会」の設立、十一月一日付での「大東亜省」の官制化、昭和十八年十一月五、六日の「大東亜会議」の開催……。そして、その間、多くの御用学者が、「大東亜共栄圏」の理論化のために知恵を競いあったのである。しかし、そのすべてが虚妄であったことはいうまでもないことである。

❖日本軍政の意義

ただ一つだけ触れておかねばならないのは、その風呂敷のような「大東亜共栄圏」というタームの中で、南方地域の独自の尊厳を当時の日本人がどれだけ顧慮していたのか、ということである。けっきょく、日本人は、その点でははっきりと二つのグループにわかれたように思う。南方圏の独自の尊厳、というより南方圏そのものをまったく無視して、日、満、支か、それとも日、支、印かだけを考え続けたグループ(その代表は大川周明であった)、そして、南方圏をただたんに資源の所在地と捉えて、そこの歴史も文化も民族も無視したグループ……。この二つであった。

ところで、戦時中、日本軍政のもとで、南方の各地でなにが行なわれたかについては、すぐれた研究もいくつかあることでもあるし（早稲田大学大隈記念社会科学研究所編『インドネシアにおける日本軍政の研究』、太田常蔵『ビルマにおける日本軍政史の研究』など）、ここでは深入りしないでおこう。

ただ、日本が三年あまり軍事支配を行なったことが、現地の国々の歴史にとって、どういう触媒機能として働いたか、を簡単に見ておかねばならない。日本の進駐がまったくなにもろくなことはしなかったという見方は正しくない。インドネシアの軍政の場合を例にとって、越野菊雄は、日本が「すくなくとも三つのことをし、三つのものを残している、と言下に答えたいと思う。三つとは教育、企業訓練、そして防衛力である」（『独立と革命——若きインドネシア——』三七ページ）と書いている。これは正しいと思う。経済的にも、日本が新しく実験的に持ち込んだものは少なくなかった。たとえば、セメント製造、棉花栽培、機械紡績、製紙、畜産加工、罐詰工業、造船技術などは、戦時中に新たに日本が導入した新しい技術であった。

日本の軍政が働いた歴史的機能については、こう整理して考えておくといいだろう。つまり、歴史の転回の契機としては、第一に、植民地権力の支配の正統性をぶちこわしたこと、第二に、民族主義者がはじめて軍事力を与えられたこと、第三には、たとえばビルマが昭和十九年八月に主権独立を遂げたように、国民的欲求水準を完全な主権独立ということまで高めたこと、第四には、日本軍政のもとで、民族主義者たちが統治経験を積んだこと……。

しかし、戦時中の日本軍政の結果、日本のイメージがいい形で現地に定着したという見方は正しくない。たしかに、太平洋戦争のときに南方と関わった日本人は、娘子軍に始まるそれまでの在留邦人とはまったく別種の日本人であった。それは、いうまでもなく、マスとしての、編成された存在としての軍人であった。かれらは、組織能力と規律という点では新鮮な面をもっていた。それと同時に日本軍が拡散した「近代性」のイメージ、つまり「文明の先端を行く日本」というイメージは強烈であった。たとえば、日本軍の宣撫班は、それまでジャワ風の影絵芝居としか親しまなかったマレー半島の住民に、生まれて初めて「活動写真」をみる機会を与えている。南タイでは、いまでも、映画のことを「日本の影絵《ナン・ジープン》」と呼んでいる(『南タイ方言辞典』五二七ページ)。

このように、戦時中の新しいイメージは、明治以来の日本人イメージにまつわった猥雑な一面を一掃するのには役立ったかも知れない。だから、一時は、「日本」イメージはたしかに異常なほどよかった。しかし、それは、しょせん一過性のイメージでしかなかった。

シンガポールで発生した華僑の大量殺戮事件(「大検問」事件)にみられるように、日本は傲慢不遜な支配者として現地に臨みすぎた。コーネル大学のアンダーソン教授は、日本の「南進」の特徴を、「緊急事態的特質《エマージェンシー・クオリティー》」と「人種差別的性格《レイシスト・ネイチャー》」でとらえ、そして、日本軍政が「『バカヤロー』よばわりの様式」という一貫した特徴をもっていたことを強調している(Anderson, Benedict R.O, G. (1966) Japan: The Light of Asia, in Josef Silverstein ed. Southeast Asia in *World War II: Four Essays*, New Haven: Southeast Asia Studies, Yale University, 13-50.)。けっきょく、第二次大戦によって、日本の国家的イメージはまったく下落してしまう結果になった。辛うじて日本を救っていた「近代性」のイメージも、戦後の華麗なアメリカニズムの前には、あっさり色あせて、過去の事柄として忘れ去られてしまうのである。

疑似知性主義の氾濫

❖詩精神の死滅

それにしても、昭和十六年から二十年にかけての四年足らずの期間は奇妙な時代であった。あれほど脱亜入欧に徹しきってきたはずの日本が、「帝国ノ外交ハ大東亜圏ニ関スルモノ九割其ノ他ハ一割」(東条英機の昭和十七年十月の発言）という具合にまで、南方にかかりきりになったのである。どう考えても奇妙な時代であった。皮肉ないい方をすれば、日本人の全体が不慣れなことに専念して、テンヤワンヤした時代であった。

だから、その間、いろいろと不自然なことが発生した。精神史的に回顧してみると、たくさんの病理的な現象が生じている。たとえば、国内の知性がブーム的に動員され、猫も杓子も南方問題に関係したという事実である。「大東亜共栄圏」政策の奇妙な特徴は、そういう知性の動員の結果として生じた、ある種の浅薄な知性主義的性格であった。

とにかく、たくさんの知識人が「南進」の時流のために貢献を強いられた。詩人たちは、詩を書くことで貢献した。しかし、日本の詩人が、戦時中にどれだけ詩心を喪い、空虚な詩を書き続けたことか、「詩精神の死滅」（鶴岡善久『太平洋戦争下の詩と思想』参照）は悲劇的な形で進行したのだった。一、二、例をあげよう。

大東亜共栄圏の
青空は僕らの空
日の丸のひるがへる空
日の丸を翼にそめた
荒鷲のとびかふ大空
何人の汚すもゆるさず
大東亜共栄圏の
青空は僕らの空　（三好達治）

何なれや心おごれる老大の耄碌国を撃ちてしやまむ　（斎藤茂吉）

精神的に堕落したのは詩人だけでなく、文学者の大半もそうであった。

❖「南方屋」の出現

戦時中の新聞を読み返してみると、有名な作家がいろいろな文章を寄せている。たとえば林房雄が昭和十八年八月十六日の「毎日新聞」に寄せた文章は、のちの百年戦争論の発想そのままである。「百年前の志士の夢は百年後の今日においてまさに実現の第一歩を踏み出した。日本の神々はやがて南の島々に降臨し給ふであらう。日本の神々よ、独立比島のためにわが祈りを聞きとどけ給へ」

また、多くの社会科学者たちが、当然のこととして、専門外の事柄についてまで、異様な知的貢献を強いられた。戦時中の学界の業績をみてみると、意外なひとの意外な作品にぶつかって驚くことが多い。たとえば、関嘉彦はタイや蘭印経済の専門家として活躍しているし、田中直吉がビルマ政治史のことを書いている。平野義太郎が南洋華僑論を書いたり、坂本徳松が南方文化工作のあり方を論じたりしている。なにせ、三木清までがマニラに行かされた時代なのだから、こういうことがあっても不思議ではなかったといえよう。

昭和十三年四月に公布された「国民総動員法」によって、たくさんの作家、評論家、画家が、自分たちの意思と無関係に戦地に徴用された。たとえば井伏鱒二、海音寺潮五郎、寺崎浩、神保光太郎などがマレーに派遣されている。かれらは程度の低い少尉か中尉クラスの軍人の下に配置されたが、軍人のほうでは、知識人の扱い方をほとんど知らなかったので、摩擦が絶えなかったという。

このように、昭和の「南進」は、多くの知識人の動員によって、知性主義的なスマートな様相を見せた。そういう国策的知性主義の副産物は、わけのわからない「南方屋」ともいうべき疑似知識人が数多く噴出したことであった。一例をあげると、自称「南進論」者の西村真次という民俗学上がりの男がいた。かれは戦争中にいい加減な作品を書きまくっている。『南方民族誌』『日本海外発展史』『日本民族理想』『大東亜共栄圏』などたくさんの出版物があるが、どれ一つとして学問的に通用する仕事はない。この西村真次のようなアジテーターは、そのほかにも横行した。そして、世間は、かれらのインチキ性をさほど疑わなかったのである。

これと同時に、南方に永年暮してきた在留邦人の中から、国策的につかわれる人もあらわれた。南方の在留邦人は、たいそう無邪気に、一生懸命、国策に協力する姿勢を保った。岡野繁蔵が昭和十八年に出した『南方周紀』という本がある。これは、かれが陸軍の嘱託として南方を「視察」したときの旅行記であるが、岡野はそもそもジャワで叩き上げた無告の民ではなかったのか。岡野には、もう一冊『南洋の生活記録』という質朴なすぐれた本があるが、この二冊の本の性格には、雲泥の違いがあるように思う。けっきょく、太平洋戦争が始まったことによって、南方の各地の在留邦人社会は、完全に内地と連続し、いやむしろ「内地化」したのであった。

そのほか、戦時中には、南洋関係の団体が雨後のたけのこのように噴出した（南洋経済研究所編『東亜調査並研究団体概要』、「南方発展学校養成所案内」『蘭印読本』付録など参照）。そして、南方関係の出版も異常なブームを迎えるのだった。なかでも、明治の「南進論」の代表的な文献がかなり再刊された事実（竹越與三郎『南国記』が昭和十七年、岩本千綱『暹羅老檛安南三国探検実記』が昭和十八年など。菅沼貞風の未発表原稿『新日本の図南の夢』が昭和十五年に刊行されている）、そして「南進論」者たちの伝記が氾濫した事実は、その出版ブームの中でも特に注目すべき現象であった。

❖歴史の歪曲

話がここまで来たところで、最後にみておかねばならないのは、太平洋戦争がおかした不都合の一つに、日本の南方関与の歴史が歪曲されたという事実があるということである。

戦争中に国民の南方への関心をかきたてるために、上から人為的に操作された「南進」ブームが起こったが、そのことによって、たとえば、明治時代の南方関与については、あたかも菅沼貞風や岩本千綱などの冒険主義的＝ロマン的な「南進論」者の活動だけが明治を代表するかのような考え方が定着してしまった。これは、時代の要請に応じて仕組まれた一種の奸計であり、それによって、私流に表現すれば、歴史の昭和史的歪曲が生じたのだった。

昭和十六年十月二十五日、南洋団体連合会の主催で東京の築地本願寺で「南洋発展先覚者慰霊祭」が営まれたことがある。そのとき、「明治以後南洋発展功労者」として選ばれたリストをみると、榎本武揚、菅沼貞風、田口卯吉、坂本志魯雄、岩本千綱、宮崎滔天、志賀重昂、依岡省三らのいわゆる「南進論」者のほか、外交官の谷田部梅吉、山崎平吉、斎藤幹、そして経済面で活躍した日本人として堤林数衛、笠田直吉、太田恭三郎、中川菊三、小川利八郎、高月一郎、石原哲之助、兼松房次郎などが並んでいる。そして、最後に「尚ほ多数あるも省略す」と書いてある。これらの名前から、昭和十六年段階の日本人がもっていた「南進」の理想像が浮かび上がってくる。からゆきさんたちやその他の無名の先駆者は、無名であるだけに、こういうお祭り騒ぎのときには無用の存在なのであった。

南方関与をロマン化したり、美化したりすると、南方関与の歴史的真実はほとんど語ることができないという皮肉なことになる。南方関与の現実は、歴史も書けないほど曖昧模糊とした、しかも恥部に満ちたものなのである。戦時中、気の利いた日本人は、過去の歴史の美化＝ロマン化の必要に迫られたあげく、幾人かの「南進」日本人を発掘して、スターとして祭り上げることによって目的を果そうとしたのだった。

なかでも、「山田長政」はスター中のスターであった。「山田長政」は、シャム政策との関係で作為的に偶像化された人物である。これは、少なくともタイ人にとっては、昔もいまもなんらかの意味のある人物ではないし、事実、タイ人はこの名前をほとんど知ってはいない。少なくとも、私にとって、「山田長政」という人物は、世間に伝えられている多くの伝説を調べる限りでは、それほど魅力的な人間ではない。外国に出て行き、外国の傭兵となり、軍功をたて、権力闘争に捲き込まれて非業の死を遂げるという人生は、それほど感動的ではない。そのような冒険的な生き方が人びとを魅了した時代があったということすら不思議でならない。

私の見るところ、「山田長政」についていちばん正確な記述は、大島圭介の『暹羅紀行』(明治八年)の中の次の文章である。

「慶長、元和の頃山田長政暹羅に入り、高位に登りし説あるが故、我曹其事蹟を探らむ為め之を其国人に問へども曽て知るものなく、又之を其歴史に就て索むれど亦其確証を得ること能はず」(一一九ページ)

歴史の歪曲といえば、あと一つ、だいじなことがある。すなわち、日本人の南方関与の担い手の大部分が沖縄県人によって占められたという事実、この事実をほとんどの人が知らないのではないか。たとえば、ダバオのマニラ麻開発に従事した日本人の七割は沖縄県出身者であったし、南洋群島全体の在留邦人では、その比率は六割に達していた。シンガポールでは、常時千人以上、つまり在留邦人の半数近くが沖縄県人であった。広島文理大に学んだ安《あ》里《さと》延《のぶ》が、昭和十六年に『沖縄海洋発展史』というすぐれた大著を編んだとき、その普及版の公刊に際しては、『日本南方発展史』と改題されて市販されている。時流の圧力ではあっただろうが、このエピソードには、昭和期特有の歴史の歪曲がかげっているように思う。

いずれにしても、「大東亜戦争」は不幸なできごとであった。それによって、日本の南方関与の過去の蓄積も、すっかり無に帰してしまった。それよりも、日本人が中途半端に南方と関わり、この地域についていい加減な「親近感」をもってしまったことのほうが、のちのちのことを考えると、もっと深刻な戦争の遺産ではなかったろうか。

VI　戦後日本の東南アジア進出

外交関係の復活

❖賠償の問題

「まえがき」にも書いたように、私は「満州」からの引揚げ者である。「引揚げ」というのは、どう考えても不思議な現象である。戦争に敗けたとき、国民が一人残らずぞろぞろと本国に戻ったのはあまり例がないのではないのか。この事実には、実は深刻な意味が秘められているように思う。

「朝鮮植民者」を描いたあるすぐれた伝記から、一つの文章を引用させていただこう。

「朝鮮においては、日本人で乞食はいなかった。馬車を引く人も荷担人もなかった。この当然で奇妙な現象こそ、やがて後に敗戦を境に引揚げを迎えるにあたって、日本人の総引揚げという奇妙な現象に重なり、符合してくるのである。……なんの抵抗もなく、朝鮮、『満州』など植民地から引揚げたのは、世界でただ一国、日本の植民地だけではなかったか。われわれの中で、植民主義者はいた。植民者もいた。しかし『植民地人』だけは生むことができなかった。だからこそ、いっせいに植民地を捨てることができたともいえる」（村松武司『朝鮮植民者——ある明治人の生涯』一〇四ページ）

この文章が私は好きである。なぜなら、ほんとうにだいじなことがそこで語られているからである。南方は日本の植民地ではなかったけれども、そこに進出した日本人は、「南洋日本人」ともいうべき土着化し、現地の社会体系の中に組み込まれた日本人にはなりきれなかった。だから、敗戦と同時に、南方にいた日本人は、特殊な事情のある人は除いて、ぜんぶ「引揚げ」ることになったのである。

太平洋戦争が終ったあと、日本の南方関与はまた一から始められることになった。そして、その戦後の歴史が、近代日本の南方関与史の第四期にあたるのである。歴史はまだ流れている最中であって、この時期については、ほんとうのところ、あまり書きたくはない。しかし、やはり、少しだけでもなにか書いておかねばならない。なにせ、たくさんの問題がもうすでに出てきているのだから。

戦後日本の東南アジアとの関わりは、いうまでもなく賠償を支払うことから始まっている。昭和二十六年にサンフランシスコで署名された対日平和条約の第十四条によって、日本は、日本軍が占領し、損害を与えた国にたいして賠償を支払わなくてはならないことが義務づけられた。

この条約に基づいて、日本にたいして賠償を要求し、交渉を行なったのは、フィリピンとベトナムの二国であった。ビルマはサンフランシスコ会議に参加せず、インドネシアはサンフランシスコ条約に署名はしたが批准はしなかった。しかし、この二国は個別的に賠償要求を行ない、外交交渉を行なったのである。カンボジアとラオスは、賠償請求権を放棄した。

けっきょく、日本は、ビルマ、フィリピン、インドネシアそしてベトナムの四カ国にたいして賠償を支払うことになり、長期に及ぶ外交交渉が行なわれた。この賠償交渉が、国交樹立のための手続きを兼ねたことはいうまでもない。

その結果、まずビルマとの交渉がまとまり、昭和二十九年十一月五日、日本とビルマの間で日緬平和条約ならびに賠償および経済協力に関する協定が調印された（昭和三十年四月十六日発効）。ビルマにたいしては、賠償が二億ドル、経済協力が五千万ドル、いずれも日本人の役務と日本の生産物で十年間のあいだに支払うことになった（ただ他の国とのつりあいをとるために、昭和三十八年に新たに「日緬経済技術協力協定」が結ばれ、一億四千万ドルの無償援助が追加されている）。

フィリピンとの賠償協定は、昭和三十一年五月九日に調印された（同年七月二十三日発効）が、賠償は五億五千万ドル、そして民間商業借款として二億五千万ドルが決められた。フィリピンの場合も、日本人役務と日本の生産物での支払いは同じだが、支払期間は二十年であった。

インドネシアの場合は、昭和三十三年一月二十日に「日本国とインドネシア共和国の賠償協定」が「日イ平和条約」といっしょに調印され（同年四月十五日発効）、賠償二億二千三百八万ドル（支払期間十二年）、経済開発借款四億ドル（支払期間二十年）が日本人役務と日本の生産物によって支払われることが約束された。

そのほか、ベトナムの場合は、サイゴン政権がベトナムの正統政府であるという前提で、賠償三千九百万ドル（支払期間五年間）、借款のべ千六百六十万ドルが決められた（昭和三十四年五月十三日調印、翌三十五年一月十二日発効）。賠償権を放棄したラオスとカンボジアにたいしても、昭和三十四年にそれぞれ十億円、十五億円の経済技術協力が与えられることが決まった。

このような一連の賠償は、ことごとく日本人役務と日本の生産物、主として資本財で、長期にわたって支払われることになったことから、それによって日本経済はいろいろな意味で潤うことになった。まず支払い内容が資本財中心主義になったことによって、自動車工業や電気機械工業などの産業育成が促進され、また国内滞貨、たとえば陶磁器、人絹、魚罐詰、亜鉛鉄板など滞貨しがちであった品物を賠償としてはかすこともでき、不況産業経済の効果も伴われた。

それよりも、賠償支払いが、多くの商社や企業にとって、東南アジアに進出する呼び水となった効果のほうが大きかった。なかでも、戦前にはほとんど海外に出なかった建設業が、役務賠償を通じて初めて海外に出るようになったことは注目に値しよう。建設業のことはともかく、バス、トラック、自転車、ミシン、家庭用電気器具、ポンプなどは、賠償として提供されたことによって、それが日本の販路をつくることになり、賠償が終ったあとも、日本の有力な商品として定着したのであった。

日本からの賠償は、受取り国のほうでは、資本形成にひじょうに大きな比重を占めたのである。たとえばビルマでは、資本支出総額の二十パーセント前後から最高三十四パーセントを占め、ビルマが受ける外国からの援助の中では三十パーセント前後から最高七十五パーセントの比率を占めた。けっきょく、賠償支払いを通じて、日本はいつしか東南アジアの各国と切っても切れない関係を結ぶことになった。

このようにして、戦後、すなわち第四期の南方関与は、賠償交渉という政府間交渉として始まったところに、これまでのどの時期とも違ったユニークな特徴がある。賠償を含むいろいろな条件が、日本人進出を容易にする環境をつくっていった。つまり、無告の民が営々と働き蜂のように地盤を固めていった時代とは、すべての条件が違っているのである。

その進出の条件の違いということとの関連で、もう一つだけだいじな事柄がある。

戦後の日本の東南アジア進出をめぐって、私たちはある一つの不思議に思いを寄せなければならない。それは、南方圏を舞台に太平洋戦争をたたかい、そして敗北した日本が、戦後なぜ直ちに東南アジアに進出する「行動の自由」をもつことができたのか、という不思議である。つまり、戦後の日本が東南アジアで与えられた「行動の自由」の条件は、日本が主体的に開拓して得たものではなく、いわば歴史的偶然によって一つの好運としてもたらされ、それに便乗して得たものに過ぎないのである。

たとえば、アジアに「冷戦」が展開し、そこにアメリカが過剰介入《オーバー・コミットメント》したことは、日本にとって、太平洋戦争にもかかわらず、ある許しと自由とが与えられた決定的な条件になった。アメリカのアジアへの過剰介入は、国家能力をまだ十分には備えない敗戦国日本が、この地域での「行動の自由」を獲得できる与件となったわけである。それは、一つの願ってもない好運であった。しかし、同時にそこには他力本願におぼれる怠惰の発端があった。日米安保を比較的安価な代償としながら、日本は冷戦の受益者として東南アジアに進出したのである。

この点との関連でいえば、ミシガン大学のR・ケイガンが「本来ならば中国に得られたはずの市場を日本に与えるために、アメリカは、極東と東南アジアのすべての国々に、日本に門戸を開く政策を採ることを強いた」(*The Far Eastern Economic Review*, Jan. 1, 1972, p. 15)と書いているのは意味深長である。つまり、ほんとうならば、中国本土市場が日本の舞台になるはずだったけれども、「冷戦」状況でアメリカの敵国になったため、その代替市場として、東南アジアに経済進出を行なったという趣旨である。案外そうであったのかも知れない。その証拠には、吉田茂首相が、昭和二十八年六月の国会でなした発言の中に、次のような言葉がある。

「中国貿易に多くを期待し得ない今日、東南アジア関係の重要なるはあらためて中し述ぶるまでもありません。政府は東南アジア諸国の繁栄のためには、資本、技術、役務のあらゆる協力を惜しまず、今後一層互恵共栄の関係を深めたいとの所存であります」

ところで、もう一つの歴史的好運を見落としてはならない。

それは、戦後の国際的風潮として、「南北問題」という、先進国と後進国とを無条件に結びつける理論的=制度的な枠組みが用意され、その枠組みのなかで日本がある種の「行動の自由」を与えられたということである。大来佐武郎が昭和三十年に書いた、次の簡潔な文章は、戦後十年足らずして、ある視角を設定する限り、敗戦国日本が正当な経済進出の自由を与えられていたことを物語っている。

「日本はアジア地域内の一国として他の低開発諸国と地理的にも近接し、貿易の上においても相補う関係をもっている。日本が東南アジア諸国で生産される食糧その他の農産物や、原料品の大口購入者であることは、これら諸国の生産物に対して重要な市場を提供するものであり、他面に於て、日本の工業がこれらの諸国の必要とする資本財の生産を行ない得ることは、相互に相補う経済交流の拡大を可能ならしめる」(『アジア経済の発展』九一ページ)

いずれにせよ、「南北問題」あるいは「近代化」理論は、戦後の日本の経済進出に合法性と正当性を与えたありがたい免罪理論であったといえる。日本は、昭和二十九年十月にコロンボ・プランに加盟し、また同じ年の四月には、国連のアジア極東経済委員会(ECAFE)にも加盟が認められ、アジアでただ一つの先進工業国として、活躍の場を拡げて行ったのである。しかし、これも考えようによっては、一つの歴史的な好運であったといえよう。

このような大局的な「鳥瞰図」から、ここで話を少しだけ「虫瞰図」的なレベルに下げてみよう。

❖日本復帰のプロセス

私の手許にある数少ない新聞の切抜きを手掛りに、日本人の東南アジア復帰の過程をとぎれとぎれに再現してみると……。

昭和二十八年十二月十五日付の「毎日新聞」に、「戦後日本人の居住を絶対許さなかったシンガポールに、このほど百名を超す沈船解体作業員の居住が許されることになった」という三段抜きの記事がある。その「百名を超す」作業員がシンガポールに行ったのは翌年早々のことであった。

昭和二十九年になると、ちらほら、日本人復帰に関係する記事が増えはじめる。六月二十九日付の「朝日新聞」には、戦後マレーで最初の日英合弁の鉄鉱山開発会社が許可されたという記事が出ている。しかし、同年七月八日付の「朝日新聞」には、フィリピン政府が日本人の短期入国者に厳しい制限を加える規定を設け、短期訪問者は千五百ドルの保証金をつむこと、滞在期間は六十日間に制限することを決めた、という記事もあらわれる。

七月二十七日付の「ストレート・タイムズ」紙に、こんどは五人の日本人技師が鉄鉱山調査のために八月から三カ月間マレーを訪れる、という記事が大きく出ている。そして、同じ『ストレート・タイムズ』の八月二十五日付には、二人の技師がすでに出発した、という記事がみられる。

昭和三十年は、日本の東南アジア進出に希望が見え出した年であった。「ストレート・タイムズ」の一月十七日付には、「まもなく日本との交易制限解除」という見出しで、四月一日以降、日本からの雑貨およびセメントの輸入が許可されるようになるという記事が出ている。そして、この年には、日本商社の代理店がシンガポールに設けられるのである。

しかし、昭和三十年の最大のニュースは、戦後初めての日本人商店が、シンガポールに戦前同様の形で再開されたことであった。それは、昭和三十年十一月のことであった。本書の六四ページで高橋忠平の店として紹介した「越後屋」が、高橋忠平の下で永年番頭役を勤めた福田庫八を新支配人として、十一月九日に、日本の繊維商品を扱う店として再開したのである。

福田が戦後久し振りでシンガポールを訪れたのは昭和二十九年十一月末のことであった。そのとき、在留邦人の数は「わずか七人」(福田庫八氏談話)でしかなかったという。翌三十年五月に越後屋再開の申請を現地当局に提出し、九月二十七日付で許可がおりている。「越後屋」の再開は、この段階では、一つの奇蹟であるといわれたものである。この「奇蹟」を現実のものにしたのは、一にも二にも、福田が現地で永年にわたって培っていた信用であった。なにせ、福田は、大正五年から終戦までシンガポールに住みついていたのだから。

昭和三十一年七月十一日付の「ストレート・タイムズ」には、"Japs may be back again"という見出しで、シンガポールおよびマレー連邦政府が原則として日本人ビジネスマンの現地営業を許可することを内定した、という記事が出る。そして、十月二十六日には、「日本人はわれわれを訪問できるようになった」という大きな見出しで、シンガポールおよびマレーが日本人の入国制限を緩和した、という趣旨の記事があらわれる。

このシンガポールに日本人会が正式に復活したのは、昭和三十二年三月十四日のことであった。復活準備のための発起人会が開かれたのは三十一年十二月であった。東京銀行の支店長が戦後最初の会長に選ばれている。

戦後における東南アジアへの日本人復帰の過程にははっきりした特徴がある。「越後屋」などは稀有の例外として、まず復活したのが大企業の支店網であったということである。これは、現地政府が、国の経済政策との関係から、選択的に業種を定めたことと、賠償との関係で日本側から選ばれたのがそういう大手企業であったということに基づいている。そのため、昭和三十一年後半の段階の東南アジアをみると、在留邦人の構成に戦前にはみられなかった奇妙なかたよりが生じているのである。

フィリピンでは、在外公館の職員とその家族、新聞記者のほか、三十足らずの大、中の商社、機械、木材、海運、鉱業などの関係の企業の駐在員が在留邦人のすべてであった。インドネシアをみると、総領事館、領事館(スラバヤ)関係者のほか、およそ三十人の商社駐在員が二、三カ月の短期ビザで滞在しているだけで、それ以外にごく少数の日本人が、現地メーカーから直接招かれて技術指導に従事していた。タイの場合、昭和三十一年六月現在で、在留邦人は百八十六世帯三百八十人という統計があり、日本人の復帰の早さが印象的である。日本人会の再開は昭和二十八年四月、会員数は約百三十名であった。そして翌二十九年九月には五十二社が会員となって、日本人商工会議所まで設立されている。アメリカの「冷戦」政策にしたがって、タイが親日政策を採ったことのあらわれであろう。

いずれにしても、各地とも、戦前流の言葉づかいでいえば、「下町族」抜きの、まったく「グダン族」だけの在留邦人社会に変わってしまっているのである。この事実は、戦後日本の東南アジアとの関わりの質を決定的に定めた事柄として注目しなくてはならない。つまり、戦前と違って、日本と東南アジアとの関係は、外交関係と大企業間の商取引きという国策的関係だけになってしまった。そして、在留邦人のほとんど全部が、現地に二、三年住めば日本に帰って行く「グダン族」になってしまったのである。

戦前、現地の庶民に親しまれた「トコ・ジュパン」にかわって、近寄りがたいまでに壮麗な大企業の支店が町に並び始めた。そして、現地の人びとにまじって苦闘した堤林数衛、小川利八郎、岡野繁蔵などのような腰の低い商人はいなくなり、ましてからゆきさんのような日本の社会階層の低い部分を代表するような日本人は一人もいなくなってしまった。

戦後において、日本の政府が対東南アジア外交を国策として打ち出したのは昭和二十七年後半であった(渡辺昭夫「対外意識における『戦前』と『戦後』」佐藤誠三郎編『近代日本の対外態度』二四五ページ参照)。たとえば、昭和二十七年十一月、第十五国会で、吉田首相が、日本の「経済外交」という新しいタームとの関連で、「東南アジア諸国との経済提携」といういい方をしたのなどは、比較的最初の例であろう。むろん、民間では、それ以前から東南アジア論は盛んになりつつあった。そして、昭和二十八年秋に、岡崎勝男外相がフィリピン、インドネシア、ビルマ、ベトナムの四カ国を歴訪したのが戦後日本の対東南アジア政策の具体的な第一歩であった。

しかし、なによりも肝心なことは、戦後、東南アジア政策は国策として位置づけられたということである。これは、日本外交の三原則(昭和三十二年に表明)の一つが、「アジアの一員としての立場の堅持」ということである以上、あるいは当然のことであるかも知れない。

しかし、南方関与の歴史を回顧してみていえることは、南方関与が国策化すると、どことなく万事具合悪くなってしまうということである。比喩的にいうと、それは「南進」になってしまうのである。「南進」を要素分析してみると、日本の利己的な国益追求が行なわれること、したがって現地のほうの利益が二義的な扱いしか受けなくなってしまうこと、そして無知な本土人、権威主義的で計算高いエリートがのさばり始めること、日本の庶民と現地の庶民との人間的な心の通いは踏みにじられること、などの傾向が浮かび上がってくる。

「南進」とふつうの南方関与が違う最大のメルクマールは、ある種の組織論の有無である。つまり、戦時中にも生じたことだが、現地の事情を無視する、無知で独断的な東京在住の上位命令者が、情け容赦もなく現地にいる下級の専門家に命令を下す、だから現地にいる人間はたえず悲憤慷慨している、という現象、これはある種の組織論的現象である。この現象が生じているときは、それはもはや「南進」という病理現象が生じている証拠なのである。その意味では、戦後日本の南方関与には、「南進」のにおいがぷんぷんするといったら言いすぎであろうか。

この組織論のことはともかく、戦後日本の東南アジア進出は、昭和十五年以前の南方関与との連続性はあまりなく、むしろ第三期の南方関与、つまり昭和十五、六年以降の「南進」との質的連続性のほうが大きいように思う。そもそも、「東南アジア」という表現自体が、政治的、経済的な、いわばひとごとのようなにおいを感じさせはしないか。私は、この言葉より、「南洋」という言葉のほうがずっと好きである。

こう考えてみると、在留邦人の数がある水準を越え、そして日本の経済進出がある深さに達したとき、反日の気運が東南アジアの各地で生じたのは当然のことであったともいえよう。

❖反日論の背景

東南アジアの反日論については、もう多くのことが議論されてきている(たとえば、日本文化フォーラム編『反日感情の構造』自由社刊などは参考になるだろう)ので、ここでは深く掘り下げないでおく。

ただ、東南アジアの反日感情は、いまに始まることではなく、終戦直後からくすぶり続けてきているのである。戦後の東南アジアに噴出した反日感情は、少なくとも四種類の範疇に類別できるように思う。

①歴史的な記憶、すなわち太平洋戦争中に日本軍が行なった残虐行為の記憶に根ざすもの

②欧米で教育を受けて欧米流に洗練された現地のエリートが、日本人の「粗野さ」や「洗練のなさ」を裁く文化論的な傾向のもの

③経済論的な日本批判、つまり日本の経済進出が現地国の経済発展と国民の福祉を阻害するという趣旨の批判

④日本の経済進出が、現地の政治体系の中で望ましくない政治機能を働くという政治論的な批判

反日論の傾向は、第一の種類のものから第四の種類のものへと、しだいに移り変わっていて、しかもあとのものになるにつれて社会科学的な洞察に伴われ、社会悪や歴史悪へのきびしい感受性を備えたものになっている。その意味で、最近の反日論は、非合理なナショナリズムの変種であるにとどまらないで、もっと知的な特性をもつものに変わってきているのである。

私が、過去二、三年のあいだに東南アジアの現地で観察した限りでは、反日論の風潮はけっして皮相なものではなかった。言論の自由の大枠がある限り、日本は冷たくつき離され、ときには厳しくののしられていた。最近の日本批判は、政府の比較的だいじな地位にいる高官まで含めて、社会の各層で行なわれていること、現地の文化体系に照らして日本の「反世界」性を際立たせる方向に向かっていること、そして国境を越えて飛び火し合っていることという、いくつかのはっきりした特徴をもっている。

反日論のことを考える場合、私たちは、いろいろなことに思いを馳せなくてはならない。戦後日本が享受した歴史的好運のこと、戦前の南方関与と戦後「南進」との違いのこと、戦後の東南アジアの国々が置かれている客観的状況のこと、そして日本人総体の知的な怠慢のこと……。要するに、戦後の日本人は、海外進出に性急なあまり、どういう進出のしかたが正しいのか、また日本人の海外進出にどういう癖があるのか、日本の「進出」が現地の社会でどういう機能を働くのかなど、だいじなことをほとんど考えなかったのである。

エピローグ

日本人の東南アジアへの進出

❖石射猪太郎の体験

そろそろ、私の話をしめくくることにしよう。

これまで、歴史の時間的な流れに沿って、いわば時系列的に話を進めてきたが、この最後の章では、アプローチを変えて、そのような過去の歴史から、私たちはどのような教訓を汲み、どのような反省にいたらなくてはならないのかを考えてみたいと思う。

まず、このような明治以降今日にかけての長い「南方関与」の過程で、日本人は東南アジアをどのように見続けてきたのだろうか。日本人にとって、「南洋」「南方」あるいは「東南アジア」とは何であったか、といいかえてもいい。

石射猪太郎の『外交官の一生』という本がある。昭和十一年から一年足らず、シャム駐在公使を勤めたときの面白い回顧が載っている。その中から、だいじな話を二つだけ引いておこう。その一つは、シャムが当時の外務省でどれだけいやがられた赴任地であったかを示す文章である。

「誰がいい始めたか、三シャを避けるという言伝えが外務省にあった。ギリシャ、ペルシャ、シャムへの公使は御免蒙り度いという意味なのだ。非衛生地であり、官歴の袋小路だからであった。シャムはわが多年の友好国だが、日本の外交大道からすれば横丁であり、公使のポストとしてはうば捨山であった」(二四四ページ)

もう一つは、当時の日本人がシャムをどう見ていたかを示すエピソードである。石射の在任中に、比較的有名な雑誌『東洋』(昭和十二年二月号、六〜三〇ページ)に、ある座談会が掲載されたが、座談会の出席者がシャムをくそ味噌にこきおろしたのである。

シャムは「国としての存在価値はないですね」(尾崎敬義の言葉)

シャム人は「動物から人間の身体に変つたといふ状態」(安川雄之助の言葉)

この座談会を読んで、石射はすごく怒っている。いうまでもなく、これは明治、大正のできごとではなく、昭和十二年の話である。

『外交官の一生』のこのなにげない数ページの記述の中に、日本人の東南アジア認識のすべてが描き出されているといってもいい。昇進出世の袋小路、動物が人間に形を変えただけのシャム人……。近代の日本人は、南洋の世界をどうしてこうも疎遠に、また傲慢に扱ったのだろうか。

近代の日本人はアジアをまったく見ようとしなかったと考えていいのかも知れない。明治の初めの『米欧回覧実記』(久米邦武編著)という、明治初期における正統的日本人の世界認識のすべてを物語る記録の中に、アジアのことがまったくなにも出てこない事実がすべてを象徴しているともいえよう。しかし、実は、近代の日本人は、アジアを見なかったのでなく、アジアをたいそうユニークな見方で見続けたと考えたほうが正しいように思う。

❖「理」の原理

こう捉えてみるといいだろう。近代の日本人の外交環境の認識には顕著な癖があった。つまり、ことにアジアに関する限り、たぶん朱子学の影響なのであろう、日本人にとって、外交とは、自国と他国との国力や国益を厳密に比較計算することではなくて、むしろ、日本以外の世界に「理《ことわり》」の所在するところを探し求める知的判断にほかならなかった。江戸時代の末頃まで、日本人は中国に「理」を見たから、したがって中国にたいしては兄事する謙虚な姿勢を保つことができた。このような政治文化は、明治維新の後になっても、日本人すべての体質に鍋の底のすすのようにこびりついていて抜け切れなかった。

このような意味で、近代日本の外交は、本質的に観念論外交ではなかったか。「理」の原理をもつ限り、相手の国の「理」の有無を考えることが外交のだいじな課題になるから、好き嫌いというか、評価の軽重が国によってはっきりとわかれてしまう。言葉をかえると、近代日本は、ことアジアにたいしては、「中性国家」(カール・シュミット)であるよりは、むしろ神聖国家として機能したのではなかったろうか。

「理」の原理によると、「理」があるべきところに「理」がないと判断した場合、たとえば明治期の朝鮮半島や阿片戦争後の中国大陸などがそうだが、日本は逆に自国のほうにこそ「理」があるという思い込みをして、国権論に転じて威丈高に内政干渉を行ない、はては主権まで奪おうとするに至る。「理」がないとみた場合には、外交行動や環境認識には放縦な独断がかげりはじめ、歯止めがなくなってしまう。

ところが、この場合、南方地域は、そもそもアプリオリに「理」の論理と無縁の地域として指定されるのである。「理」の観念になじんだ日本人にとって、東南アジアは別世界なのである。高見順は、はじめてジャワに行ったとき、現地で次のように書いている。

「内地の蘭印紹介の本が、私の読んだ範囲では妙に土民の奇習ばかりを書き立てて居たことを思ひ出した。奇習が存在する以上、書くことは一向に差支へないが、奇習ばかり紹介することによつて、その奇習から土民といふものを判断させることは、さてどんなものであらうか」(「蘭印の印象」昭和十六年五月)

要するに、日本人にとって、「理」のない世界は文明果つる猟奇の世界、奇習の世界であって、まともな人間の定住すべき場所ではなかった。このような意味で、私は、多くの人びとが通例のアジア主義や「日本とアジア」というふうな発想の枠内で東南アジアと日本との関わりを論じようとするのには賛成できない。東南アジア、いや南洋は、日本人にとって特別な地域であり、いわばまともなアジア認識からこぼれおちた、落ちこぼれ地域なのである(拙著『日本の「南進」と東南アジア』一二〜七ページ参照)。

とにかく、こういう「理」がないと判断した状況への外交的対応は、日本の「理」を相手方に感知させ、伝授する型の外交になる。それはまったく無邪気に、天真爛漫に行なわれるのであって、いわば「日本化」政策を異民族に押しつけても、日本人はそもそも罪悪感を覚えないところに特徴がある。

石川達三の体験談をここで引用しよう。

石川が戦争中にカナカ島を訪れたとき、現住民の小学校を視察させられる。唱歌の時間に行きあわせたが、カナカ族の娘たちのコーラスを聴いてこう書いている。

「立派な日本語であつたことに、私は裏切られたやうな気持がした。少女たちは愛国行進曲をうたひ、軍神広瀬中佐をうたひ、児島高徳の歌をうたつた。日本の伝統を感じ得ないこのカナカ島の娘たちにとつて、八紘一宇の精神や一死報国の観念が理解される筈はないのだ。美しい鸚鵡の合唱であつた」(『赤虫島日誌』七〇ページ)

この石川の記録は昭和十八年の日本人としては異常なほど覚めている。その覚めた石川がショックを受けたのは、その小学校の校歌を聴いたときであった。

みいつかしこきすめらぎの
深き恵みの露うけて
椰子の葉そよぐこの丘に
そそりて立てるまなびやは
日毎に集う我等が庭ぞ
ああ嬉しやな楽しやな

とにかく、平均的日本人にとって、南洋は密林に猛獣や野鳥どもが横行し、黒い首狩り人種が住む野蛮地域（こういう見方を私は「冒険ダン吉」シンドロームと呼ぶ）であり、それでいて、たくさんの貴重な資源が開発されないまま眠っていて、日本の開発技術との結合を待っている地域（北に人あり、南に物ありという「北人南物論」シンドローム）であった。そして、文明、文化のない南洋は基本的には場末だと観念された。場末である以上は、洗練されたマナーや古来の儒教的なエトスで対応する必要はさらさらなく、むしろむきだしの原始人格でつきあえばいいという通念がでてくるのである。こういう先入観が基盤となって、石射猪太郎が描いたようなとんでもない社会通念が日本に定着するようになり、それが昭和の今日になっても少しも消え去らないまま残っているのである。

要するに、近代の日本人は、南洋を見はしたけれども、まともに見はしなかったのである。そして、認識の大前提がこのようにいい加減であったために、たくさんの不都合を経験することにもなった。

なによりもまず、日本人一般の南洋観には、一つの楽天的な思い込みがまとわりつきがちであった。すなわち、南洋に関する限り、日本人は百パーセントの自由をもつという幻想的な思い込みである。南洋が異質文化圏であり、それよりもまず「外国」である以上は、日本人が百パーセント自由でありうるはずはなかった。しかし、そういう不自由のことはあまり気にはされなかったようである。

ただ、現地に定着していた在留邦人は、日本人の「自由」の問題の深刻さを、いやというほど自分たちの体験を通じて学んでいた。かれらは、ありとあらゆる不自由の中で暮してきたのである。内地の日本人の認識と理解のなさ、日本との連絡の不便、外務当局の頼りなさ、金融機関の不備などは、まだ耐えられる性質のものであった。しかし、外国に身を置き、現地法に従って生きなければならないことのわずらわしさ、たとえば入国制限令や関税法の壁などは深刻であった。まだ日本人会がなかった頃のシンガポールで日本人の相互扶助の会ができたとき、シンガポール政庁はそれを不法結社とみなしてつぶしてしまった。フィリピンでマニラ麻の開発に従事した日本人が苦しんだ土地法の壁、仏印のとった厳しい輸入制限策……。

❖華僑の存在

しかし、在留邦人がいちばん苦しんだのは、日本の中国政策が南洋に排日運動としていちいちはねかえってくることであった。目立った事件だけあげると、まず大正八年の山東問題に伴う排日運動は、同年六月中旬には南方各地に飛び火している。六月二十日、華僑の反日運動が発生し、翌二十一日には戒厳令が布かれている。大正十二年には、中国の旅順、大連接収問題で排日運動が再燃し、同年五月上旬、南洋に波及している。しかし、このときの被害は僅少にすんでいる。

ところが、その次の排日運動は深刻な事態を招いた。昭和六年九月の満州事変のときのことである。この世界的な不況の上に日貨ボイコットが重なり、在留邦人の生活水準がドン底まで落ちた年である。このときの華僑の排日運動はすさまじく、登校途上の日本人児童への投石暴行、日本人と交際する華僑にたいするみせしめの制裁、日本人商店に近づく顧客へのいやがらせ、汚物やコールタールの投げ込みなどが続いた。翌昭和七年一月には上海事変が発生、在留邦人の現地での孤立化は行くところまで行ってしまう。そして昭和八年秋まで、日本人の隠忍自重は続くのであった。その後も、いわば慢性的に排日ムードは続き、日本人の活動は、「窄き門から閉ざされた門へ」と不自由化の一途を辿ったのである。

ここには、一つだいじな教訓がある。つまり、日本は中国との関係をけっして不安定化させてはいけないということである。いま述べたような歴史の教訓に照らしていえば、日本が中国との関係で過誤を犯した場合には、それはすぐさま東南アジアでの不自由な事態につながっていくということがわかる。中国と東南アジアは、日本の外交対象としてはそれぞれ別個のものではあっても、日本のアジア外交の文脈ではひじょうに密接な連動性をもっている。その意味からも、日中関係の安定は、東南アジアの現地で日本人が自由な状態で活動できる基本条件なのである。

樽井藤吉が『大東合邦論』で、日中があい提携して南方開発に従事しなくてはならないと説いて以来、南洋における日中平和共存の考え方は日本人の通念としては主流であった。そして、事実、歴史のある段階では、両者の関係は円満だった(井上雅二は、大正二年の段階で、「華僑の親日的態度」ということを書いている。『南方開拓を語る』二三九〜二四一ページ)。しかし、日本人は、南洋華僑が、いざとなったら中国本土のナショナリズムの反射板として機能するということを軽く考えていたようである。

現地と関わった日本人は例外なしに華僑の強大な経済力に驚嘆している。

「到る処、支那人の巨商大厦を連ね、中には数千万の富を擁するものあり、偉なるかなの嘆禁じ難し、これに反し邦人の勢力は言ふに足らず」(井上雅二)

「南洋は支那人の国たるなり。日本人の商業を営まんとする者は、支那人を顧問となさざるを得ず。農業林業に従事せんとする者は、支那人労働者を雇傭せざるを得ず。又工業漁業を興さんとする者は、支那人の為す能はざる所に乗ずるを要す。兎に角、南洋の事業は、支那人と相離るべきものに非ず。然るに南洋に於ける日支間の関係は、風馬牛なり」(中井錦城)

このように、華僑にたいする高い評価を続けたことから、日本人はいまだに東南アジアの社会で華僑がもっとも正統的な存在だと思い込みがちである。そういう思い込みから、いま、いろいろな問題が生じていることはいうまでもないことである。日中関係の安定ということを、東南アジアの現地でそれにかなった形で表現することは意外に難しいことなのである。

自由の条件

❖南方調査論の伝統

少し脱線したので、話の本筋に戻ることにしよう。私が、いましがた問題にしていたのは、東南アジアで、商売のためであれ、なんであれ、日本人が自由に活動できる条件はいったい何であるのか、ということであった。東南アジアがそこにある限り、日本は自由自在にはいり込める、という考え方は正しいとはいえない。

これまでの日本人は、とかくそういう安易な思い込みに安住しがちであった。そういう日本人は、明治の初めからいまにかけて、日本の外交圏としての南方がどれほど不自由な地域であったかという、いわば歴史的過去を学んでいないのである。戦争前には、南方は欧米の帝国主義諸勢力が厳然と支配力を及ぼす地域であったし、戦後は戦後で、新しい主権国家で満たされ、それぞれ若々しいナショナリズムを燃焼させているのである。日本人は、このような状態を客観的に見てとることが下手なようである。

私が一部の「南進論」者をあまり好きになれない理由は、異質文化圏のことを論じながら、そこでの「行動の自由」についていたって楽天的だからである。少し難しく分析してみると、たとえば宮崎滔天や岩本千綱などには、「私」対「私」という個人的関係でできることと、「文化」対「文化」、「国家」対「国家」という文化的・外交的関係でのこととの混同があった。そういう意味で、かれらは、アプリオリに自己陶酔的であり、そして賢明ではなかった。

戦争中の日本人は、当時なりに、この「行動の自由」の条件を真剣に考えた。そして、当時のいろいろな文献を分析してみると、だいたい三つのことをちゃんとやると、日本人は南方社会で大過なくやっていけると判断したようである。

第一は、当時の言葉を用いると、「南方調査」ということである。戦時中に出た『南洋研究方法』（小西千比古《たてひこ》）というパンフレットがある。この中には面白い所がたくさんある。

「南洋に就ては之迄極く少数の者を除くの外、一般には智識が甚だ不充分で、皇軍進撃に伴ふて報道せらるる地名も、殆んど全部が初耳で、従つてそれぞれの各地方がどのやうな処か知らなかつたのに、進撃と共に大建設の重任を負ふたのであるから、現地に渡つて仕事をする人も、内地に残る人もまた如何なる任務にある人も南洋事情については一様に心得ておく必要がある」

南洋研究の方法として、まず読書を勧めながら、しかし本は少なく、出ている本は玉石混淆でだめだと書いているし、聴講を勧めながら、南洋通はきわめて少ないのでいい講義はないといい、研究指導者が不十分だと嘆いている。そこで、このパンフレットの結論は、「今更言ふても仕方がないので、これから官民協力、熱誠有力な研究機関を発達せしめて中心とするより外はない」というところに落ち着いている。

とにかく、南方でなにかうまく行かないことがあれば、それは現地の調査が不十分だからだと考える発想がここには典型的な形であらわれている。

❖「工作」の思想

第二は、「工作」ということであった。いま流にいえば文化交流、あるいは対外広報といわれる面、つまり「文化的工作」という局面もあっただろうけれども、戦時中の「工作」はもっと多面的であったようである。ある種の策略、陰謀のたぐいから、日本文化の押しつけにいたるまで、戦時中に現地で行なわれた「工作」はひじょうに多彩であった。そのような小手先細工みたいなことをやるだけで、現地民の心をつかむことができると考えたのだとしたら、見方が少し甘かったようである。

戦時中に、坂本徳松がこう書いている。

「民度が低いために、文化工作は単純明確なものとなるのではなく、民度が低いためにそれは却つて複雑微妙なものとなるのである。身近な例でいへばわれわれが知識階級者を相手とするのでなく、一般勤労者を相手として話すときの困難と自らへの反響を想起すればいいであらう」(「南方文化工作の問題」)

日本人が現地で「工作」を重ねるとき、こういう「民度」論を考慮に入れていて、しかも、現地の人びとは「民度」が低いと想定されていたことがこれでわかる。

❖「拓殖能力」論

第三に、戦時中には、日本人の「拓殖能力」論という面白い議論が流行した。つまり、暑い熱帯地方で働くのに、日本人は向いているのかいないのか、ということであった。この種の議論は多彩なひだをもつ。たとえば戦前に評判になったE・ハンチントンの気候帯と文明との関係についての議論の亜流、つまり、熱帯では人間の資質の低下が生じ、高度の文明活動に不向きだという議論もはやったし、そして、熱帯にはひどい病気が多いという前提で、熱帯医学がにわかに脚光を浴びもしたのである。

「拓殖するのは日本人である。日本人の熱帯に於ける健康を考へ、其能率を向上せしむるに努めずして、どうして開拓ができようぞ」(清野謙次「日本の南進と日本人の拓殖能力」)

こういう議論を通じて、日本に「熱帯科学研究所」でもつくると、日本人の南方での活動はもっとやり易くなる、という考え方が一般化したのだった。

現地をちゃんと調査し、そして現地人向けの「工作」活動を完璧にし、そして熱帯環境にうまく適応できるような熱帯医学をマスターすれば、それで南方での活動は自由自在という考え方、これは問題の本質には少しも迫っていない、たいそう皮相な「自由」観だったといえはしまいか。外国での「自由」ということには、そういう技術論を超えた、もっと深い次元での問題がまつわっているはずである。しかし、当時の日本人は、そういうことは思いもしなかったようである。

そして、いまなお、日本人は、東南アジアでの「行動の自由」を、まったく同じ具合に考え続けてきている。日本人が東南アジアの国々から快く迎え入れられ、なんら支障なくいろいろな活動に専念できるための条件づくり、これがまだぜんぜんなっていないのである。地域研究を通じて東南アジアを学び、文化交流という「工作」を積み重ね、そして熱帯医学の常識を身につけておけば、それでいいといえるのか。

私はそうは思わない。

❖歴史の教訓

東南アジアは、社会学的には日本とはひどく違った社会的特性をもっている。どの観点から検討してみても、日本社会に類似した特性をほとんど備えていないのが東南アジア社会の特徴である。だから、日本がこれまで東南アジアで果した文明史的役割は、異質文明の導入という、いわばよそ者的役割でしかなかったのである。私たちは、東南アジア社会の中に、「日本」という異質なインプットが入った場合の化学反応のことをもう少し考えてみる必要がありはしないか。

私たちは東南アジアとの対話の容易さよりは、そのむつかしさに備えておく必要があるだろう。異質文化圏との対話には、いくつかのユニークな法則が働く。対話が深まれば深まるほど相互の違いが際立ってき、それ相応に違和感も深まるということ、だからお互いのコミュニケーションの深まりが、お互いを認め合い、許し合う条件にはならないということ、などである。

これから先も日本と東南アジアとは永遠の関係を保つわけだが、日本の南方関与の前途は、けっして楽観できるとは思えない。

けっきょく、過去百年に及ぶ南方関与の長い歴史的体験から、私たちはなにを学ばなくてはならないのだろうか。教訓は山ほどあるだろう。しかし、私としては、さしあたって、日本人の安易な思い込みをぶちこわすだけにとどめておきたい。つまり、次の二つ、三つの命題を問題提起するだけで、あとのこまかい教訓論はここでは差し控えたいと思う。
①東洋や西洋と対等に並ぶ地域概念として、「南洋」という概念は、日本ではまだ対等の尊厳を与えられてはいない。
②日本の南方関与の歴史は、ほとんどたいした積極財産を残してくれてはいない。つまり底の浅い関わりしかしてこなかったということ。だから、日本と東南アジアとが自然に親密な関係をもてるはずだといえる根拠はまったくない。
③日本人は、東南アジア、あるいは日本と東南アジアとの過去の関わりについての知識を、国民的常識としてはほとんど共有していない。また東南アジアを知るということがどういうことを意味するかさえ、わかっていないのではないか。
けっきょく、百年余りの南方関与のあとで、私たちは、いままた、まったく新しい出発点に立たされているわけである。考えてみれば、たいへんむだな百年であったようである。

参考文献

◈一　年鑑、図書目録、外交関係資料

次の三冊の年鑑はそれぞれ編集方針も違うが、三つともそろえておく必要がある。
台湾総督府外事部編『南洋年鑑』南方資料館、昭和十七年
南洋団体連合会編『大南洋年鑑』南洋団体連合会、昭和十七年
南方年鑑刊行会編『南方年鑑』東邦社、昭和十八年
図書目録としては、次のものが不可欠である。
日本拓殖協会編『南方文献目録』日本拓殖協会、昭和十七年
そのほか、外務省関係の資料としては、『日本外交文書』はいうまでもないとして、次の二つは南方関係についても役に立つ。
外務省編『日本外交年表並主要文書一八四〇―一九四五』(上・下巻)原書房、昭和四十一年
外務省百年史編纂委員会編『外務省の百年』(上・下巻)原書房、昭和四十四年

◈二　雑誌

南方関与の研究資料として、各種の雑誌はいうまでもなくたいへん有益である。『実業之日本』のことについては本文中に詳説したが、そのほか、南洋に関する論文掲載の頻度の高いのは次の三つの専門雑誌である。『地理教育』(のちに『地理学研究』と改題)、『南洋水産』(南洋水産協会)、『綿輸月報』(日本綿布輸出組合)。しかし、この三つを除いて、一般の雑誌で南洋関係評論の多いものを順番にあげると、まずべ

スト・ファイブは次の通りである。
1『南洋』南洋協会
2『新亜細亜』満鉄経済調査会
3『ダイヤモンド』ダイヤモンド社
4『海を越えて』日本拓殖協会
5『太平洋』太平洋協会

この五つに準じて、『東洋』(東洋協会)、『エコノミスト』(大阪毎日、東京日日)、『海聯会報』(海外移住組合聯合会)、『台湾時報』(台湾総督府)、『南方』(南支調査会)、『拓殖評論』(拓殖評論社)などがだいじである。その他、大正期の『太陽』、昭和期の『新青年』はそれぞれ「南進論」との関係で研究に値する。いずれにしても、これらの雑誌に掲載された南洋関係の記事をたんねんにひろう作業が必要であるように思う。

◈三　雑資料

雑資料としては、各種の南方関係の研究団体が出したパンフレットが山ほどある。比較的役に立つのは、南洋経済研究所の「南洋資料」で、私の手元にあるものだけで二百冊以上もある。このなかには、いくつかの貴重な一次資料が含まれている。

◈四　単行本及び論文

南方関係の出版物は無数にあるので、全部をここで並べることはできない。ここでは、本書の各章別に、比較的入手・閲覧し易いごく基本的な文献だけをリスト・アップしておこう。

I＝

南洋及日本人社編『南洋の五十年』南洋及日本人社、昭和十三年

西村竹四郎『在南三十五年』安久社、昭和十一年
藤田敏郎『海外在勤四半世紀の回顧』同人発行、昭和六年
台湾総督府熱帯産業調査会編『明治初年に於ける香港日本人』芳文閣、昭和四十二年
佐野實『南洋諸島巡行記』鍋島能寛発行、大正二年
江川薫『南洋を目的に』南北社、大正二年
坪谷善四郎『最近の南国』博文館、大正五年
山田毅一『南洋行脚誌』弘道館、明治四十三年
塩見平之助『南洋発展』同人発行、明治四十五年
井上雅二『南洋』冨山房、大正四年
図南商会『暹羅王国』経済雑誌社、明治三十年
泰国日本人会編『創立五十周年会報記念号』泰国日本人会、昭和三十八年
西野順治郎『日・タイ四百年史』時事通信社、昭和四十七年
中村孝志「日・タイ交渉史話——明治時代」同編『タイ事情』天理教東南アジア研究室、昭和五十年
武田重三郎編『ジャガタラ閑話——蘭印時代邦人の足跡——』(非売品)、昭和五十三年(第二版)
古川義三『ダバオ開拓記』古川拓殖株式会社、昭和三十一年
羽生操『椰子・光・珊瑚礁』桑文社、昭和十七年
杉野宗太郎「フキリッピン群島探検実況」『東京地学協会報告』第十七巻第一号　明治二十八年
入江寅次『邦人海外発展史』井田書店、昭和十七年　復刻版(上・下巻)、原書房、昭和五十六年
入江寅次『明治南進史稿』井田書店、昭和十八年
村岡伊平治『村岡伊平治自伝』南方社、昭和三十五年(一九八七年、講談社文庫に収録：編注)
山崎朋子『サンダカン八番娼館——底辺女性史序章——』筑摩書房、昭和四十七年
山崎朋子『サンダカンの墓』文藝春秋、昭和四十九年
森克己『人身売買——海外出稼ぎ女——』至文堂、昭和三十四年
谷川健一他編『棄民』(ドキュメント日本人5)学芸書林、昭和四十四年

Ⅱ＝

志賀富士男編『志賀重昂全集』(全八巻)志賀重昂全集刊行会、昭和三年
竹越與三郎『南国記』二酉社、明治四十三年　復刻版、日本評論社、昭和十七年(解題は必読)
菅沼貞風『新日本の図南の夢』岩波書店、昭和十七年
岩本千綱『暹羅老檛安南三国探検実記』博文館、明治三十年
杉浦重剛『樊噲夢物語』澤屋、明治十九年
鈴木経勲『南洋探検実記』博文館、明治二十五年　復刻版、平凡社東洋文庫、昭和五十五年
田口卯吉『鼎軒田口卯吉全集』(全八巻)同人社、昭和二〜四年
宮崎滔天『宮崎滔天全集』(全五巻)平凡社、昭和四十六年
大町芳衛／猪狩又蔵『杉浦重剛先生』政教社、大正十三年
岡成志『依岡省三伝』日沙商会、昭和十一年
岡成志『依岡省輔伝』日沙商会、昭和十七年
赤沼三郎『菅沼貞風』博文館、昭和十六年
花園兼定『南進論の先駆者菅沼貞風』日本放送出版協会、昭和十七年
東海散士他『明治政治小説集』筑摩書房『明治文学全集』5〜6、昭和四十二年
本庄栄治郎『先覚者の南方経営』日本放送出版協会、昭和十七年
判沢弘編『アジアへの夢』(明治の群像)三一書房、昭和四十五年
黒田謙一『日本植民思想史』弘文堂書房、昭和十七年
　大正期「南進論」関係の文献は本文中に羅列してあるのでここでは再掲載を控えた。

Ⅲ＝

A　堤林数衛資料
「堤林数衛日記」(明治四十三年一月一日以降、未刊)

『南洋商会建設十年ノ苦心談』（手書き原稿および大正七年に公刊されたもの）
『販売所百言』（大正十四年刊）
「新南洋発展策」（パンフレット状のもの）
「南洋商会決議録」（南洋商会の重要決議を記録したノート）
「南洋商会第弐期決算報告書」（大正十年）
「南洋同人会」（南洋商会関係者が昭和十二年に結成した同人会の趣旨説明書）
『堤林数衛』大政翼賛会山形県支部、昭和十九年
『山形県史』山形県、昭和四十六年

B　その他

南洋及日本人社編纂部編『馬来に於ける邦人活動の現状』南洋及日本人社、大正六年
伊藤友治郎『南洋群嶋写真画帖』南洋調査会、大正三年
南洋新報社編『南洋画報』（第一巻）南洋新報社、明治四十四年
福田天心『南洋画報』（第二巻）南洋新報社、大正二年
新嘉坡商品陳列館編『南洋の産業』南洋協会、大正九年
大蔵省管理局『日本人の海外活動に関する歴史的調査』南方編（全三冊）昭和二十二年
満鉄東亜経済調査局『南洋叢書』（全五巻）昭和十二〜三年
樋口弘『南洋に於ける日本の投資と貿易』味燈書屋、昭和十六年
山田文雄他『南方経済資源総攬』（全十二巻）東亜政経社、昭和十八年
東亜政教社編『南方経済資源総覧』東亜政教社、昭和十八年
井出季和太『南方開発史』皇国青年教育協会、昭和十七年
佐藤武英編『南洋時代――佐藤徳十郎のプロフィル――』福大洋行（非売品）、昭和四十三年
岡野繁蔵『南洋の生活記録』錦城出版社、昭和十七年
田平寛『南方の木材資源』七丈書院、昭和十七年
鈴木舜一『南方労働力の研究』東洋書販、昭和十七年

石原廣一郎『八十年の思い出』石原産業株式会社(非売品)、昭和四十五年
石原廣一郎『創業三十五年を回顧して』石原産業株式会社(非売品)、昭和三十一年
石原産業株式会社社史編纂委員会『三十五周年史落穂集』石原産業株式会社(非売品)、昭和三十七年
日本貿易振興協会日本貿易研究所編『比律賓の資源と貿易』日本貿易振興協会、昭和十七年
大形太郎『南方圏経済論』東都書籍、昭和十八年
日本南方協会編『南方事情』教育研究会、昭和十七年
内藤英雄『マレーの研究』(大東亜共栄圏叢書第五編)愛国新聞社出版部、昭和十七年

Ⅳ

A　昭和時代の南方旅行記

藤山雷太『南洋叢談』日本評論社、昭和二年
渋川環樹『蘭印踏破行――カメラとペン――』有光社、昭和十六年
小倉清太郎『ボルネオ紀行』畝傍書房、昭和十六年
渋沢秀雄『熱帯の旅』岡倉書房、昭和十一年
新村出『南方記』明治書房、昭和十八年
徳川義親『じゃがたら紀行』十字屋書店、昭和十八年
三木末武『南方農業紀行』六芸社、昭和十九年
仲原善徳『比律賓紀行』河出書房、昭和十六年
中屋健弌『フィリッピン』興亜書房、昭和十七年
岡野繁蔵『南方周紀』主婦之友社、昭和十九年
内藤英雄『シンガポール』愛国新聞社出版部、昭和十六年
加藤通文『南の旅』(非売品)、昭和十八年
島崎新太郎『東印度紀行』那珂書店、昭和十七年

B　作家の手記
吉川英治『南方紀行』全国書房、昭和十八年
高見順『高見順全集』(第十九巻紀行・随筆集)勁草書房、昭和四十九年
石川達三『赤虫島日誌』東京八雲書店、昭和十八年
朝倉文夫『航南瑣話』東和出版社、昭和十九年
尾崎一雄『南の旅』大観堂、昭和十七年
志賀直哉他監修『世界紀行文学全集』(第十四巻南アジア編)修道社、昭和三十五年
安藤盛『南洋記』昭森社、昭和十一年

C　南方に渡った日本人の生態(I章に出たものは除く)
井上雅二『新に南洋を巡りて』(非売品)、昭和十二年
井上雅二『南方開拓を語る』畝傍書房、昭和十七年
井上雅二『興亜五十年の阪を攀ぢて』(非売品)、昭和十九年
西嶋重忠『証言インドネシア独立革命――ある日本人革命家の半生――』新人物往来社、昭和五十年
杉森久英『大谷光瑞』中央公論社、昭和五十年
大谷光瑞『大谷光瑞興亜計画』(全十巻)大乗社・有光社、昭和十四年
大谷光瑞『蘭領東印度地誌』有光社、昭和十五年
木村鋭市『爪哇みやげ』日本海時代社、昭和十年
和田民治『蘭印生活二十年』大日本雄弁会講談社、昭和十六年
小林一彦『アジアを駆ける男』国際開発ジャーナル社、昭和四十七年
後藤乾一「日本人のインドネシア観」早稲田大学社会科学研究所『社会科学討究』第二十巻一・三号
昭和五十年

D　戦時中の国別ガイドブック
平塚武／班目文雄『詳解比島事情』非凡閣、昭和十七年

新嘉坡日本人倶楽部『赤道を行く』二里木書店、昭和十七年
タイ室東京事務局編『タイ案内』成武堂、昭和十七年

V

日本国際政治学会編『太平洋戦争への道』(第六巻 南方進出)朝日新聞社、昭和三十八年
松本俊一『南進問題』(日本外交史22)鹿島研究所出版会、昭和四十七年
太田一郎監修『大東亜戦争・戦時外交』(日本外交史24)鹿島研究所出版会、昭和四十六年
服部卓四郎『大東亜戦争全史』原書房、昭和四十年
富士書苑編『秘録大東亜戦史』(全六巻)富士書苑、昭和二十九年
角田順解説『現代史資料(10)日中戦争(一~三)』みすず書房、昭和三十九年
歴史学研究会編『太平洋戦争史4(太平洋戦争I)』青木書店、昭和四十七年
井門寛編『太平洋戦史文献解題』新人物往来社、昭和四十六年
細谷千博他編『日米関係史(2)』東京大学出版会、昭和四十六年
小磯国昭自叙伝刊行会『葛山鴻爪』中央公論事業出版、昭和三十八年
三輪公忠『松岡洋右――その人間と外交――』中央公論社、昭和四十六年
田中末廣編『先覚諸家南方建設論選集』帝国書院、昭和十八年
室伏高信『南進論』日本評論社、昭和十一年
蜷川新『南洋に於ける帝国の権利』清水書店、昭和十二年
国際関係研究会編『米国の太平洋政策』東洋経済新報出版部、昭和十七年
大東亜戦争調査会編『大東亜の建設』毎日新聞社、昭和十九年
企画院研究会編『大東亜建設の基本綱領』同盟通信社、昭和十八年
田中館秀三『南方文化施設の接収』時代社、昭和十九年
山田文雄『南方圏の現実と太平洋』(国防文化撰書)萬里閣、昭和十六年
一原有常『南方圏統治概説』海洋文化社、昭和十七年

南洋協会編『大南洋圏』中央公論社、昭和十六年
南方経済懇談会編『南方建設の基本問題』内外書房、昭和十七年
秋保一郎『東亜植民政策論』大洋社、昭和十七年
『新亜細亜』編輯部『南方亜細亜と民族と社会』（新亜細亜叢書2）大和書店、昭和十七年
南洋協会編『南洋協会講演集』（南洋研究叢書（7））南洋協会、大正十一年
斎藤武治『蘭印読本』誠美書閣、昭和十六年
井岡咀芳『ジャワを中心とした南方の実相』浅川弘文社、昭和十九年
山田毅一『南洋大観』平凡社、昭和九年
井手諦一郎『蘭印・英印・仏印』三省堂、昭和十五年
国防協会編『南洋建設講座』松山房、昭和十八年
大岩誠『南アジア民族政治論』萬里閣、昭和十七年
大阪毎日新聞社編『南方アジヤ』大阪毎日新聞社、明治十七年
朝日新聞社編『南方圏要覧』朝日新聞社、昭和十七年
佐藤弘編『南方共栄圏の全貌』旺文社、昭和十八年
同盟通信社編『図説南方共栄圏』同盟通信社、昭和十九年
酒井寅吉『マレー戦記』朝日新聞社、昭和十七年
平野英一郎編『大南洋展覧会図録』南洋団体連合会、昭和十七年
寺崎浩『戦争の横顔――陸軍報道班員記――』太平出版社、昭和四十九年
鶴岡善久『太平洋戦争下の詩と思想』昭森社、昭和四十六年
中島健蔵『昭和時代』岩波新書、昭和三十二年
小林一三『蘭印を斯く見たり』斗南書院、昭和十六年
芳澤謙吉『外交六十年』自由アジア社、昭和三十三年
大川周明『大東亜秩序建設』第一書房、昭和十八年
三木栄『山田長政』古今書院、昭和十一年
広池俊雄『泰緬鉄道――戦場に残る橋――』読売新聞社、昭和四十六年

『ジャワ年鑑』(昭和十九年度)ジャワ新聞社
安里延『日本南方発展史』三省堂、昭和十六年
西村真次『日本海外発展史』東京堂、昭和十七年
西村真次『南方民族誌』東京堂、昭和十七年
西村真次『大東亜共栄圏』博文館、昭和十七年
坂本徳松『南方文化論』大阪屋號書店、昭和十七年

VI

入江啓四郎監修『東南アジア問題の発端』日本国際問題研究所、昭和四十四年
アジア協会編『東南アジア政治経済総覧(上)』ダイヤモンド社、昭和三十二年
佐藤誠三郎/R・ディングマン編『近代日本の対外態度』東京大学出版会、昭和四十九年
大来佐武郎/原覚天『アジア経済と日本』岩波書店、昭和二十七年
大来佐武郎『アジア経済の発展』至誠堂、昭和三十年
外務省賠償部監修・賠償問題研究会編『日本の賠償』世界ジャーナル社、昭和三十八年
宮元静雄『ジャワ終戦処理記』ジャワ終戦処理記念刊行会、昭和四十八年
矢野兼三『銃口に立つ——戦犯の汚名をきせて南溟に散った人々——』新政会出版部、昭和三十六年
石川欣一『比島投降記』大地書房、昭和二十一年
越野菊雄『独立と革命——若きインドネシア——』インドネシア経済研究所、昭和三十三年
西村熊雄『サンフランシスコ平和条約』(日本外交史27)鹿島研究所出版会、昭和四十六年
萩原徹監修『講和後の外交Ⅱ経済(上)』(日本外交史30)鹿島研究所出版会、昭和四十七年
板垣與一『アジアとの対話』新紀元社、昭和四十三年
蔵原惟人『インドネシア紀行』新日本出版社、昭和三十九年

日本と東南アジアとの関係の問題点を扱った本は最近どんどん出版されている。全部をあげきれないので、とりあえず、次のきわだって優れたものだけに留めておこう(ただし、昭和五十年までのものに限る)。

丸山静雄『東南アジアと日本』アジア経済研究所、昭和四十三年
長洲一二『南進する日本資本主義』毎日新聞社、昭和四十六年
徳岡孝夫『イエロー・ヤンキー』エール出版社、昭和四十五年
鳥羽欽一郎『二つの顔の日本人――東南アジアの中で――』中央公論社、昭和四十八年
飯田経夫『援助する国される国』日経新書、昭和四十九年
市村真一編『東南アジアを考える』創文社、昭和四十九年
宍戸寿雄『東南アジア援助を考える』東洋経済新報社、昭和五十年
大来佐武郎『資源のない国日本と世界』ダイヤモンド社、昭和五十年
永井道雄他『アジア留学生と日本』ＮＨＫブックス、昭和四十九年
落合秀男『スマトラの曠野から――ある農業技術者の発言』ＮＨＫブックス、昭和五十年
日本文化フォーラム編『反日感情の構造』自由社、昭和五十年

エピローグ＝

石射猪太郎『外交官の一生』読売新聞社、昭和二十五年
島田啓三（加藤謙一編）『冒険ダン吉漫画全集』講談社、昭和四十五年
鹿子木員信『すめらあじあ』同文書院、昭和十二年

私の書いたものでは、本書のテーマに関係あるものとしては次のようなものがある。

『日本の南洋史観』中公新書、昭和五十四年（本書第二部に収録）
『東南アジアと日本』（講座東南アジア学第一〇巻）弘文堂、平成三年

なお、京都大学東南アジア研究センター機関誌『東南アジア研究』で過去二度にわたって私の編集で「近代日本の南方関与」の特集が組まれている。十六巻一号（昭和五十三年六月）および十八巻三号（昭和五十五年十二月）の二号である。

第二部　日本の南洋史観

まえがき

この本は、明治のはじめから昭和の太平洋戦争にかけて、日本人が「南洋」、すなわちいまの東南アジアをどう見てきたかについて、実証的な分析を加えた成果である。『日本の南洋史観』という題は、日本人の「南洋」観を媒体として、近代日本の精神史のある一面を掘り起こそうという含みでつけたものである。こういう歴史的省察を心掛けておくことは、東南アジアと関わるわたしたちの常識的なエチケットだろうとおもう。

早いもので、この同じ中公新書で『「南進」の系譜』を出してから、もう四年になる。四年前のその本は、日本人が南洋世界と具体的にどう関わったかという、いわば「南方関与」の実態に焦点をあてて書いたものである。だから、「からゆきさん」など、たくさんの日本人が登場した。

しかし、そのような庶民を主役とする歴史のドラマもさることながら、やはり日本人が東南アジアをどう見がちであるかという認識の枠組みのほうが、はるかに大きな将来的意味をもつという気がしてならない。だから、わたしは、日本人の「南洋」観だけに焦点を合わせて、もう一冊、新しい本を書き下す気になった。ただ、ごく部分的に前の本と重複する箇所ができたが、話の展開上やむをえなかった。

いろいろ資料を調べながら書き進めていって驚いたことは、明治から昭和にかけて、日本人は絶えず「南洋」を意識し、そして、だれかがなにかをつねに語っているということである。「南進論」の蓄積が想像以上のものであることは実証できたとおもう。ただ、その蓄積の過程は、見まごうことなく、日本人の「南洋」観の堕落のプロセスでもあった。そして、戦後のわたしたちが東南アジアについて考えそうなことは、「心と心の触れあい」であれ「太平洋圏構想」であれ、もうほとんど戦前の「南進論」者たちの議論の中に含まれていることもはっきりした。それは、かなりおそろしいことである。

この本を執筆するにあたって、かなり尨大な資料を用いた。できれば参考資料一覧を付けたかったが、ページをとり過ぎるので断念せざるをえなかった。そのかわり、文中になるべく多く引用注をつけ、あわせて「南進論」の代表的なサンプルを巻末に資料として掲げることにした。

この本は、文部省特定研究「東アジアおよび東南アジア地域における文化摩擦の研究」の中の「日本の南方関与と文化摩擦」班での研究成果の一端でもある。同じ班で研究上の苦労を共にした土屋健治、吉川利治、吉川洋子、高橋三郎その他の諸君に感謝の意を表しておきたい。また、中央公論社出版部の正慶孝氏には、あらゆる意味で特別にお礼を申し上げたいとおもう。

昭和五十四年七月十五日

著者

プロローグ

天野敬太郎というひとがいる。このひとは、京都大学や関西大学の図書館につとめ、名司書といわれ、わが国の図書館学、書誌学の水準を高めた人物である。とにかく、奇特でまじめな人物で、たくさんの著書をまとめている。

その天野が昭和十八年にまとめた『大東亜資料総覧』(昭和十九年三月に京都の大雅堂から出版されている)はたいへんな業績である。例言の冒頭をみると、「本書は我が国に於て出版せられた大東亜関係のあらゆる図書及び雑誌を網羅し、之を細密に分類したものである」とある。もっと厳密にいうと、「本書には、昭和十七年一月より同十二月末までに発行せられたものを収録す。但し、図書は便宜上、大東亜戦争勃発即ち昭和十六年十二月八日より同三十一日までに発行のものをも含めて置いた」という中身のものである。

五百ページを越えるこの詳細きわまりない資料総覧は、天野の人柄と能力をしのばせる周到な業績であって、ほとほと感心する。かれは、この作品を完成することをかれなりの「職域奉公」と考えて、精魂こめてまとめあげている。日本人の手になる文献目録としては、空前の精度をもっている。

天野の計算によると、かれが対象としたその期間だけで、「大東亜関係の図書を数ふれば、実に二千に達し、雑誌論文の数に至つては五千を下らないであろう」という。昭和十七年の一年間でこれだけの出版をみたということは、当時の日本があげてどれほど南方問題にのめり込んでいたかということの明白な証拠である。「大東亜戦争」は、昭和十八年も、十九年もたたかわれ、そして二十年八月十五日まで延々と続いた。天野の「職域奉公」がその後どういう成果を生んだのかは、不幸にしてさぐることができない。しかし、昭和十八年から二十年夏にかけて、とてつもない数の、かれのいう「大東亜資料」が日本中で執筆され、刊行されたことは事実である。

ここで、もうひとつの資料を取り出そう。それは、東京の遠藤書店という本屋が、昭和十七年にみずから編集して出した『南方書の研究と解説』という本である。これは「南方書の明治、大正、昭和の三代に亙り概況を伝へること」を目的として編まれたものであるが、天野の作品とほぼおなじ頃にまとめられたものでありながら、「本書編纂の目標が一般人にあつたゝめ」か、精度の点ではかなり落ちる。

それにしても、これまた便利な本である。とくに、明治、大正の二つの時期に、南方に関するどんな本が日本で刊行されたかを知ろうと思ったら、まずこの本に限る。もっとも、だいじな出版物がかなり落ちているから、補いおぎない読まないといけない。

おおよその参考になるこの本にしたがって、明治の全期で南方関係図書がなん冊刊行されたかを数えてみると、意外に少なくわずか三十四冊である。しかも、その中に『伊達政宗欧南遣使』『濠洲探検報告書』『印度五千年史』『印度史』『麻候礼氏、印度奇観』などまでふくまれた上での三十四冊だから、厳密に数えると、もっと少なくなる。ただ、この本の「明治年間刊行の南方文献資料一覧」には、大鳥圭介『暹羅紀行』(明治八年)、曽根俊虎『法越交兵記』(明治十九年)や服部徹『南洋策』(明治二十四年)、非売品として刊行された廣瀬武夫の『航南私記』(明治三十七年)など、わたしの知っている本だけでも十数冊抜けているから、実数としては四十数冊と踏んだら、まあ、見当ちがいではなさそうである。

それにしても、明治の四十四年間でたったの四十数冊しか南洋に関する出版物がなかったという事実は意外ではないだろうか。つまり、「南進論」を人びとが語るとき、いつもそうなのだが、明治時代を「南進論」がもっとも豊かな開花をみせた時代と描く傾きをみせる。人びとは、そう信じて疑わないかのようである。しかし、天野敬太郎が苦心してまとめた『大東亜資料総覧』と比べてみたとき、明治の日本人の南洋にたいする関心は、相対的にあまりにも貧弱であったといえはしないだろうか。

遠藤書店の本の「大正年間刊行の南方文献資料一覧」で、大正時代に刊行された本の総数を調べると、一八一冊になる。このように、出版物の数だけでも四倍ほどの増加がみられる大正時代の南洋に関する議論は、これまた奇妙なことに、人びとによって無視されがちである。しかし、この大正時代の一八一冊にしても、昭和十七年の一年間の刊行物と比べたら、ものの数ではないのである。

わたしがまずいいたいことは、こうである。日本人の南洋にたいする関心の度合を時代時代で測るこれまでの議論、もっと端的にいってしまって、過去の「南進論」についての議論は、ひじょうにバランスを失したものであった、ということである。「南進論」、つまり日本と南洋との結びつきを必然化してみせるイデオロギーは、たしかに明治時代の産物である。しかし、日本人がいまのように南洋、いや、いま流にいうと「東南アジア」に全国民的な関心を寄せるようになったのは、昭和十五、六年以降のことなのである。しかも、その昭和十五、六年以降の議論の中で、明治期と大正期とのそれぞれの「南進論」的論調についても、人為的な歪曲が加えられ、それを素直に真に受けて、わたしたちまでもが、ある種の錯覚におちいってしまったのである。

ただ、わたしは、明治時代の「南進論」がまったく無力でナンセンスな議論だったというのではない。この時代の「南進論」には、あらゆる「南進論」を特徴づける理論的要素が早くもひととおり備わっている。また、わたしは、大正時代こそが「南進論」の黄金時代だ、というつもりでもない。やはり、大正時代はそれなりの限界をもつのである。私がいいたいことは、これまで、過去の「南進論」について、局部肥大も加えず、政策的歪曲も加えず、的確にその実像を描こうとする試みがあまりにも乏しかったのではないか、ということなのである。

誤解のないようにいっておくが、わたしは「南進論」の果たしてきた歴史的役割をつとめて軽視しようとしているのではない。「南進論」は、どの時代にあらわれたものであれ、よかれあしかれそれなりの必然性と存在意義をもっているものなのである。「南進論」は、日本がここにあり、東南アジアがそこにあるかぎり、おそらく永遠に日本人の口から語られ続けることだろう。つまり、「南進論」は、それほどの根深い宿命性でもって日本人の発想の一端につねに巣喰っているといえる。その意味からも、わたしたちは、明治以降の「南進論」が描きあげてきたある種の知的構図をつぶさに見ておく必要がある。しかも、その実像をありのままに……。

I　七人の「南進論」者

❖「出る」原理と「為す」原理

近代日本は、ある角度からみると、二つの特殊な正統性原理をもったように思えてならない。くだいた表現を用いていうと、そのひとつは海外に「出る」原理であり、もうひとつは、海外に出てなにかことを「為す」原理である。この二つとも、明治維新以降の近代日本においては、だれもその当否を疑わない正統的な政治原理として定着した。

その「出る」原理だが、これを「為す」原理とはっきり区別して考えることはできない。明治初期の外交のあとを逐《お》うとき、突如として征韓論が出てくるのにおどろく。それがつぶれたあと、明治七年の大久保利通、大隈重信による「台湾蕃地処分要領」がおそらくいちばん最初の「出る」そして「為す」原理の公式の表明であったともいえる。そして、翌明治八年の江華島事件に際して、黒田清隆が駐日米公使からプレゼントされたペリーの『日本遠征記』を参考書として、強気の示威外交をやった経緯には、早くも、日本の近代外交の特徴、すなわち、やたらと外に出て、なにかをなしたがるという傾向がみてとれるのである。

このような「出る」原理は、産業革命をなしとげ、資本主義をある程度成熟させた国なら、おおむねどの国でも定着させる原理である。後発資本主義国であった日本もその例に洩れなかったといってしまえばそれまでだが、日本のばあい、なぜか、その「出る」原理が民族的パトスをまつわらせた妄執的な原理として定着したことは注目に値するだろう。この「出る」原理は、「為す」原理とならんで、正統的であったために、近代日本人は、その原理に関するかぎり、そもそも不遜であったようである。

近代日本のおもしろい特徴なのだが、その「出る」原理が、ときには特定の方角を強く意識した、いわば方向性をもった原理として語られることがある。ここでいまから議論しようとしている「南進論」は、まさに典型的な、方向性をもった「出る」原理である。もっと厳密にいうと、「南進論」とは、日本の近代外交における、「南」に向かって出る論理を汲み上げ、理論化し、そして正当化してみせる「発言」群のことである。

❖榎本武揚と南洋への関心

そういう「発言」をしたごく初期の人物のひとりに、榎本武揚がいる。明治五年以降、榎本が日本の「出る」原理の定着にどれほど貢献したかは、まだ十分に描き尽くされてはいないようである。榎本の書翰集を調べると、かれが公使としてロシアに駐在していた当時(明治七〜十一年)、留守宅に送ったものの中に、南洋群島のことに触れたのがある(榎本武揚『シベリア日記』南満洲鉄道版、昭和十四年、一一ページ)。なんと明治九年九月そして十一月のことである。二通あるうちの一通は、「愚痴にて方向を失ひたる」士族たちを「南洋群島え移され候様」という内容である。

榎本武揚は、明治十二年三月に「東京地学協会」を設立、くだって明治二十四年、第一次松方内閣が成立すると外務大臣として入閣、これをきっかけに、南方経営問題にたいするそれまでの関心を具体化できる立場にたつ。外務大臣をやめたあと、明治二十六年二月には「殖民協会」を設立、みずから会長に就任している。この当時の榎本を、三宅雪嶺は後年、「彼の榎本子爵は当時外務大臣でありまして、殖民地獲得といふことに非常に力を入れたのであります。殖民地の為めに好いことならば尽さうと云ふ調子でありました」(『依岡省三伝』一八ページ)と回顧している。

榎本のばあい、文久二(一八六二)年にオランダ留学の途上、船がジャワの北東海上で難破して、ボートに乗って四日間も漂流し、現住民に救出された、というめずらしい体験の持ち主である。かれの代表的日記のひとつ『渡蘭日記』は、そのできごとのあと、バタビアを発つところからはじまる。ただ、その日記は無味乾燥な航海日記以外のなにものでもなく、榎本の心の中を去来したものの片影たりとも、そこに求めることはできない。ただ、かれが、近代の日本人としては比較的早い段階で南洋世界と直接の接触をもち、そこである種の感慨をふくらませたことはほぼまちがいないのである。

❖日本外交を貫く「南」に向かう論理

この榎本武揚の例が暗示するように、実は、日本の近代外交のごく発端部にさえも、「南」に向かう論理は潜んでいたのである。そして、めだたないけれども、たえず続く確実な一本の線として、その「南」に向かう論理は、明治の昔からいまにかけて、日本外交を貫いている。そして、その線はしだいに具体的な形をとって、線としての実と太さとを増してきているのである。

明治七年の「征台の役」は、近代日本が外交的に「南」に向かった最初のできごとであった。そして、明治九年の小笠原島領有宣言、明治十二年の琉球処分による沖縄県の設置……。この間、こういうできごとを素材として、いくつかのだいじな文献が書かれている。伊藤久昭『台湾戦争記』(明治七年)、立嘉度訳・本多正辰編『蕃地所属論』(明治七年)、処蕃事務局編『処蕃趣旨書』(官版、明治八年)、遠藤・俊藤共編『琉球処分提綱』(官版、明治十二年)、松井順時編『琉球事件』(明治十三年)……。

このような本は、さほど世間に親しまれたとはいえないし、まだ「南進論」そのものといえるような作品ではないけれども、その中には、のちのちの日本人が「南」と接するときに露わにした精神性の原型が早くも描かれているという意味で、ある程度注目に値する作品である。「嗚呼台蕃凶暴惨虐既ニ如此。古来万国目シテ食人ノ国ト為ス、亦宜ベナリ。是宇寰ノ陥穽、人々得テ之ヲ除クヲ得ル者ナリ」という文章を冒頭部分に含むのは『処蕃趣旨書』である。これには、「生蕃人」「蕃地」「野蛮」「土人」という、早くも当時の日本人が駆使しはじめていた意味深長な用語がちりばめられている。

❖「南」へ向かう二つのコース

ただ、注意しなくてはならないことがある。それは、近代日本の「南」に向かう方向がけっして特定の一方角にだけ限られたのではなく、大きくわけて、二つのコースにわかれたということである。ひとつのコース、これをかりに「第一線」と呼ぶとすると、それは、沖縄、台湾、華南(福建、厦門)そして外南洋へと向かうコースである。もうひとつのコース、つまり「第二線」は、小笠原諸島、南洋群島(内南洋)あるいはフィリピン、そして大洋州へと向かうコースである(次ページの地図参照のこと)。そして、そのような台湾問題の存在にもかかわらず、明治時代の「南進論」は、おおむね「第二線」のコースを狙って展開された。

わたしのいう「第一線」のほうは、たとえ「南」に向かうものであったとはいえ、多少とも諸列強との勢力争いに抵触するリスクがともなうコースであった。その意味で、「第二線」ほどの気楽さはなかった。「第二線」のほうは、これは太平洋のまんなかに向かう島づたいのコースであり、未知数に富み、そして外交的冒険の度合ははるかに少ない世界であった。そして、どちらかというと探検、移民、貿易というかたちで出るにふさわしいコースであり、基調は「海」と親しむ思想であった。そして、事実、明治期の「南進論」は、いまからくわしく描くように、まさにそのようなかたちで、この「第二線」を主な舞台に選んでの、のびやかな「出る」原理を唱える発言群となったのである。

地図「南進」の方向

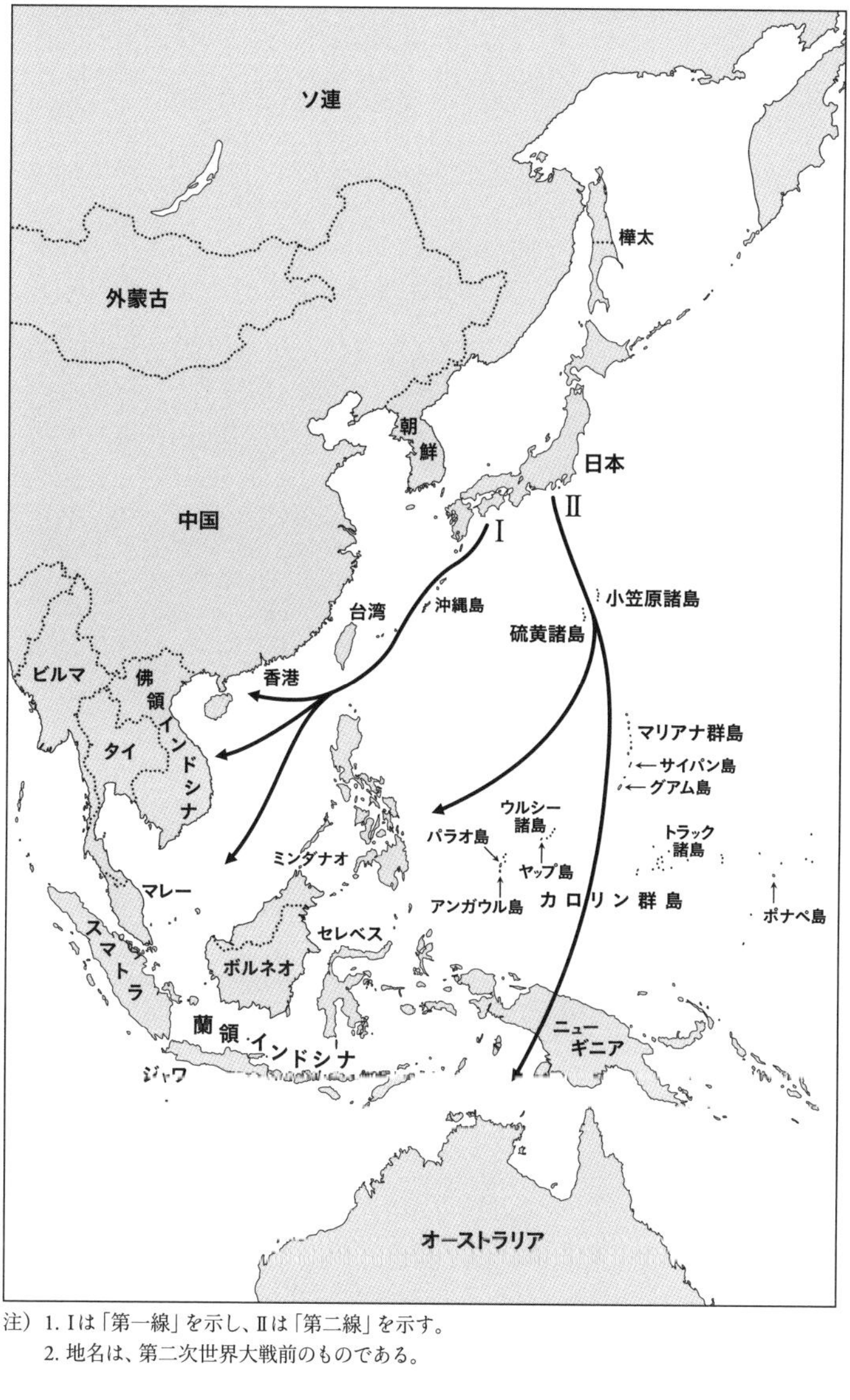

注）1. Ⅰは「第一線」を示し、Ⅱは「第二線」を示す。
2. 地名は、第二次世界大戦前のものである。

❖海軍の遠洋航海練習制度

その点、明治のはじめのことに、もうひとつだけ触れておく必要がある。話の伏線として、とてもだいじな事柄である。それは、日本海軍の遠洋航海練習制度がいつからはじまったのか、ということである。

通説によると、「海軍少尉候補生の遠洋航海は、明治八年の筑波艦のホノルル、サンフランシスコ訪問が最初である」（池田清『日本の海軍』上巻、七五ページ）とされている。そして、そのおなじ「筑波」が、明治十一年一月から七月にかけてオーストラリアに航海したのが、「南」に向けての遠洋航海の最初であったと考えられる。いうまでもなく、この当時、老朽化した軍艦はやがて練習艦にまわされる習慣であったから、その「筑波」をはじめ、「乾行《けんこう》」「龍驤《りゆうじよう》」など、明治初期の名だたる軍艦が練習艦として用いられた。それだけでなく、「金剛」「比叡」など明治十一年竣工の新型船も、明治十九年頃には、はやくも練習艦にかわっている。

こういう海軍の練習艦による遠洋航海には、「便乗者」として、民間人がある種の用務を帯びて乗船を許されるしくみになっていた。そのことが、明治の「南進論」の形成に大きく貢献したのである。とくに、「第二線」に沿って「南」に向かう論理の形成にとって、海軍の遠洋航海練習は決定的な意味をもった。事実、明治のある時期に噴出する「南進論」は、海軍の練習艦の「便乗者」によって唱えられたものが少なくない。その代表的な例が、後に述べる志賀重昂の『南洋時事』である。

❖小笠原諸島回収運動

また、この「第二線」に沿う「南進論」のもうひとつの重要な伏線として、小笠原諸島回収運動のときのさまざまな論調があった。明治二年から八年にかけて、民間の人びとはいろいろなかたちで小笠原諸島の重要性について政府に提言しており、その中には、小笠原諸島がその先に存在する多くの島々との関係で重要だという、まさにわたしのいう「第二線」の長いつながりを意識したうえでの進言が少なくない。谷暘卿、宮本小一、藤川三渓などがそういう主張をした人たちであった（海軍有終会編『太平洋二千六百年史』昭和十六年、山田毅一『南進策と小笠原群島』大正五年、鹿島守之助『日本外交史3——近隣諸国及び領土問題』昭和四十五年など参照)。こういう人たちの「発言」を分析すると、やはり、「南進論」の原型みたいな要素を多分に含んでおり、やがて本来的な「南進論」が形成され、唱えられるにいたる過程での、だいじな伏線になっていることがわかる。

こうしてみると、ふつう考えられている以上に、明治初期の日本に、「南進論」胚胎のための栄養素みたいなさまざまな契機が、ごく無雑作にいくつも伏線をつくっていたことがはっきりする。そういう初期のエレメンツは、「南進論」的ではあっても、「南進論」といえるほどまだ熟しきった体系的思想ではなかった。しかし、伏線としては、みなどれひとつとして見逃せないものであり、また、とくに、ここでいう「第一線」なり「第二線」なりを、近代外交のごく初期の段階で、たいそうくっきりと描き、方向づけてみせたという点でだいじな契機であった。

そして、なによりも、「南進論」と呼べる思想が、明治期にかなりの水準で噴出したことを考えると、明治初期のそのような伏線的契機は、もう少し重視されていいだろうと思う。そのことはともかく、「南進論」は、よく知られているように、まず明治の二十年代の前半に、まとまって噴出する。そして、そのあとしばらくとだえて、こんどは、明治四十年頃にまたまとまって噴出する。「南進論」には、このように注目すべき脈動性という特徴がみられる。

では、その観点から、ここで議論を一歩深めることにしよう。

❖七人の「南進論」者

明治時代の代表的な「南進論」者を数人選べといわれたら、さまざまなことを考慮したうえで、わたしは、とりあえず次の七名の人物をあげたいと思う。志賀重昂《しげたか》、服部徹、菅沼貞風《さだかぜ》、鈴木経勲《つねのり》、田口卯吉、稲垣満次《まんじ》郎《ろう》、竹越與《よ》三郎《さぶろう》。この七名である。それぞれの人物の代表的な作品と刊行された年(あるいは執筆年)をならべてみると、次の通りとなる。

志賀重昂『南洋時事』丸善商社、明治二十年
服部徹『日本之南洋』南洋堂、明治二十一年
菅沼貞風『新日本の図南の夢』明治二十一年（執筆年。刊行は昭和十五年、岩波書店より）
田口卯吉「南洋経略論」明治二十三年
服部徹『南洋策――一名南洋貿易及殖民』村岡源馬、明治二十四年
稲垣満次郎『東方策』博文堂、明治二十四年
鈴木経勲『南洋探検実記』博文館、明治二十五年（二〇〇六年、平凡社より「ワイド版東洋文庫」として復刊：編注）
稲垣満次郎『東方策結論草案』哲学書院、明治二十五年
鈴木経勲『南島巡航記』経済雑誌社、明治二十六年（田口卯吉閲、井上彦三郎と共著）（一九八三年、創造書房より「太平洋双書」の一冊として復刊：編注）
鈴木経勲『南洋風物誌』不詳、明治二十六年（一九九四年、ゆまに書房より「シリーズ出にっぽん記　明治の冒険者たち」第19巻として復刊：編注）
竹越與三郎『南国記』二酉社、明治四十三年（二〇〇二年、クレス出版より「アジア・太平洋地域民族誌選集」の一冊として復刊：編注）

わたしがなぜこの七人だけをあえて選びあげたのか、この七人以外はどうしていけないのか、またこの七人はどういう基準にしたがって選び出されたのかについては、次の章で改めてくわしく議論することにしよう。とりあえず、ここでは、さきほど指摘したように、明治期「南進論」がある特定の時期に集中的に唱えられていることに目をとめていただきたい。くり返すまでもなく、明治二十年代の前半と明治四十年前後との二つの時期が、「南進論」が集中的に現れたときなのである。これはどういう事情に基づくものなのだろうか。

ひとつの大きな時代の流れとしていえば、明治二十年前後は、移民思想が「内国殖民論」から「海外殖民論」へ、すなわち海外移住思想へと基本的に転換した時期にあたっていたということがいえる。たとえば、田口卯吉は、明治十年代には「北海道開拓論」（明治十四年『東京経済雑誌』七三、七六号参照）について書いているが、明治二十三年になると「南洋経略論」を書くことになる。そして、その明治二十三年頃の『東京経済雑誌』には、そのほか、海外殖民を論ずる論文が一度ならず載っている——たとえば、鳥居飽田「移住論」（同誌五一四号）など。この鳥居の論文では、日本人の移住に適した土地として、北海道、南洋群島およびシャム、そしてアメリカ大陸の三つがあげられている。北海道が海外の土地と並んでまだ残っている点に、まだ過渡的な特徴がみてとれて興味深い。

また、田口とおなじく北海道開拓論に専念していた若山儀一が、明治二十二年になるとメキシコ殖民論の提唱をはじめている。明治二十四年には、恒屋盛服の『海外殖民論』が出ている。板垣退助までが、明治二十八年には、「殖民政略」という論文を書いている（『殖民協力報告』第三十号）。また、さきほども触れたように第一次松方内閣（明治二十四年五月〜二十五年八月）で、外務大臣を榎本武揚がつとめたということは、このような殖民思想転換の時期において、すこぶる大きな意味をもったといえるだろう。いずれにしても、明治二十年前後の時期は、このような時代であった。

❖殖民思想の転換と士族授産問題

こうした殖民思想の転換の基盤にあったのは、いわゆる士族授産の問題であった。廃藩置県以来、旧士族階級救済のため施策はいろいろなかたちで重ねられてきた（我妻東策氏の一連の業績、『明治社会政策史』昭和十五年、『士族授産史』昭和十七年など参照）が、その過程で荒蕪地開拓と士族授産とを結びつける発想が生まれ出たことはよく知られている（若山儀一「士族授産私議」『若山儀一全集』上巻参照）。その施策のひとつ、士族授産金制度が打ち切られることになったとき、東京府に割り当てられ、支出されずに残っていた士族授産金に眼をつけ、それを新鮮な構想のもとで活用して士族授産に新局面をひらこうとしたのが田口卯吉であった。田口卯吉は、「東京府士族の有志者をして南洋に移住せしめ、一は以て其独立を助け、一は以て国威を伸べんと欲するにあり」（田口卯吉閲『南島巡航記』）という目的で、明治二十三年、「南島商会」を創設している。田口のことについては、あとでまたくわしく述べるとして、とにかく明治二十年代の初めはそういう時代でもあったのである。

また、明治十九年には、ノルマントン号沈没事件、そして畝傍艦行方不明事件がおこっている。この二つの事件はジャーナリズムをたいへん騒がせたが、人びとは海の重要性ににわかにめざめることになった。

それからもうひとつ、その前年の明治十八年、ドイツがマーシャル全群島を保護領としたということがある。志賀重昂が「南洋は多事なり」というレトリックを『南洋時事』の中で用いた背景には、そのような太平洋地域における諸列強の領土獲得の動きが激しくなったという事実があった。このような情勢にたいして、日本国内ではにわかに「海国日本」のスローガンが叫ばれるようになり、明治二十年三月十四日には海防設備充実の勅論まで発せられ、下賜金三十万円が出されている（『伊藤博文伝』中巻、五一二〜五一六ページ）。このような情勢の中で、少なくとも一時的には、アジアに関心をもつ日本人の眼が「南洋」問題に注がれるようになったのである。

❖「南進」型の政治小説

この明治二十年頃には、もうひとつ見逃せない特徴がある。奇しくもまったくおなじ時期なのだが、明治二十年から二十五、六年にかけて当時の政治小説に、南洋を舞台として選んだたくさんの作品があらわれるのである。明治二十年に刊行された作品の中には、後藤南翠『旭章旗《ひのみはた》』、小宮山天香『冒険企業・聯島大王』、久松義典『南溟偉蹟』などがあり、いずれも、南洋群島の無人島開拓を眼目とした

「南進小説」である。そして、明治二十一年には東海散士『東洋の佳人』、明治二十三年には矢野龍渓『浮城物語』、明治二十四年には末広鉄腸『南洋の大波瀾』、同『あらしのなごり』と、「南進小説」の傑作がめじろ押しに並ぶ。そのほか、流鶯散士(谷口政徳)、原田種生、渡辺治、西村天囚、遅塚麗水、石井研堂などの作家が、いずれも「南進」型の政治小説を書いている(柳田泉氏のいくつかの明治期政治小説に関する業績が参考になる。『海洋文学と南進思想』昭和七年、『政治小説研究』〔全三巻〕昭和十〜十四年など)。

柳田泉氏を筆頭に、この時期の「南進小説」が、民権論インテリの多い改進党系の作家によってもっぱら書かれたという事実を指摘する向きは多い。これにたいして、士族の多い自由党系は、もっぱら日本主義的ナショナリズムに流れ、「北進論」を好んだという。たとえば、末広鉄腸の政治小説『南洋の大波瀾』は、フィリピン独立運動に題材をとった理想主義的な作品だが、その序文に、「余は敢て南洋の地誌風俗を写すに非ず。実中に虚あり。虚中に実あり。紙上に一つ瘴雨蛮烟の土地を構造し、之に因つて余が胸中に欝勃たる不平を洩らさんとするに外ならざるなり」とあるように、かなり現実離れした観念小説である。南洋に託してまさに改進党系インテリ特有の「不平を洩らさん」とする姿勢のほうが印象的である。南洋世界を素材とする小説がこれほど集中的に書かれたのは、この時期にはやはり、それなりの時代的基盤、国内政治的背景があったからであった。

そのような明治二十年代の前半は、日清戦争(明治二十七年七月〜二十八年四月)でひと区切りつけられることになり、時代の様相はそこでがらりと変わる。日清戦争にさきだって、朝鮮半島問題をめぐって日清関係が緊張を深めるにつれて、人びとの関心はふたたび「北」に戻っていっている。

❖「北守南進論」への転換

そして日清戦争のあと、日本は、「三国干渉」を受けたことで、公的には消極外交に転じ、フィリピン独立戦争不介入が象徴するように、「南進」に類する公的政策の展開は避ける姿勢が顕著になった。ただしかし、海軍の増強はその後にはじまり、そして民間レベルにおいて、むしろ平和主義的な「南進」——これを紀田順一郎氏は、「紛争回避的膨張主義」と表現される（『開国の精神』二八三ページ）——を正当視する見方が定着する傾向をみた。

少なくとも、「南進」とその対比概念である「北守」とのコントラストが尖鋭になり、「北守南進論」という積極的なタームが民間に定着し、ひいてはこれの当否をめぐる議論が激しく行われるようになったのは、まさに三国干渉がきっかけになってのことであった。

徳富蘇峰は、大正二年の『時務一家言』の中で、「南進」問題についてかなりページを割いている。たとえば「蓋し此の合言葉は、三国干渉以後の産物にして、北に向ては、百戦の山河を挙けて人に委し。近き将来に於ては、到底恢復の見込も立たず、さりとて此儘に済む可きにもあらされは、せめて南方にても発展して、北に失ふたる所を南に償はんと欲したる也。即ち約言すれは、北守南進論は、江戸の敵を長崎にて討つの論也」（「北守南進」の項、同書二九三ページ）と書いている。蘇峰は、つづけて、「吾人は彼等の南進論か、僅かに幾許エーカの護謨畑や真珠取りや、砂糖耕作に止らんことを惧るゝや」（二九四ページ）と書き、「北守南進は、天下の愚論也」と結論づけている。

徳富のことばの背後には、もっと複雑な事情があるにしても、三国干渉後にこういうかたちで一時的にではあれ、「北守南進論」に日本人が逃避する——蘇峰は「北守」は「北方棄却論」であり「北退」だといっている——傾向をみせたことは、歴史の契機性という観点からすると、「南進論」に有利な条件が与えられたという意味で重要であった。すなわち、そのことによって、二十年代前半に一時期花咲いた「南進論」が、次に花咲く時期まで、有効なつなぎを与えられたわけであった。

そのような「北守南進」の時流の中で、具体的につなぎ役を演じたのは、たとえば副島八十六や山田毅一などであった（本書二三四〜五ページ参照）。とくに副島は、明治三十年に南洋旅行をして以来、「南進論」者として活躍するようになり、なかでも明治三十六年十一月に東邦協会で行なった「南方経営論」

という講演は、二十年代と四十年代とをつなぐ「南進論」として注目すべき議論である。かれのこの講演の冒頭には次のようなことばがあって、当時の風潮をよくしのばせる。「さて目下は対露問題が頗る沸騰して居ります。……斯の如き場合に際して、時事に縁の遠い南方の経営を論ずるのは、聊か常識を欠いた挙動と認める人もありませう。併しそれは其の人々の批判に任せて置く。私は今日南方の経営といふ一問題を世に提供するのは、最も時宜に適したる措置であることを確信するが故に、敢て臆面もなく平生の抱懐を諸君の前に吐露するつもりである」(『帝国南進策』付録二〜三ページ)。

❖フィリピン独立運動と政治小説

このつなぎとの関係で、この時期に目に見えぬだいじな役割を演じたものに、あと二つの要因がある。そのひとつは、明治二十九年にはじまるフィリピン独立運動であって、山田美妙が『あぎなるど』(明治三十五年)を書くなど、日本の知識人の心を微妙に「南」に向けたできごとであった。もうひとつは、海洋文学の発達である。幸田露伴が「海と日本の文学」について論じたのは明治三十三年であったが、この前後に、木村鷹太郎、高橋鉄太郎、江見水蔭、そしてなかんずく押川春浪(『海底軍艦』明治三十三年、『武侠の日本』明治三十五年、『武侠艦隊』明治三十七年、『新日本島』明治三十九年、『東洋武侠団』明治四十年などを書いた)などによってすぐれた海洋文学論ないし作品が書かれている。

けっきょく、こういうつなぎ役の存在も幸いして、その後、日露戦争を経て、日本の図体はふくらみ、時代はふたたび「南進論」を必要とする方向に傾くことになる。明治の末の竹越與三郎の『南国記』は、そういう具合に火種が守られたあと再生した明治期「南進論」の大傑作であった。

「南進論」の時代的背景についての説明に、長くかかずらわり過ぎたかもしれない。そこで、さきほどの七人の「南進論」者に話をもどすことにしよう。明治期「南進論」を代表するこの七人の人物は、どういう経歴の持ち主であって、それぞれどういう議論を展開したのかを簡単にみておくことにしよう。

❖志賀重昂

まず、志賀重昂である。かれは、なんといっても、あらゆる意味で「南進論」者の筆頭に位置させねばならない人物である。

志賀は、文久三(一八六三)年九月十五日、三河岡崎の藩士の家に生まれた。父病死のあと、母方の祖父松下嶋台の家に引き取られ、儒者の家風と親しむことになる。明治七年、東京に出て芝の攻玉社にはいり、同十一年まで主として英学を学んだ。明治十一年、神田の精算学舎に入り、大学予備門に通いはじめる。十三年、札幌農学校に進学。農学校在学中のことは、志賀の『札幌在学日記』下巻にくわしい。

明治十七年、札幌農学校を卒業すると、長野県立松本中学校教諭になり、植物学を教えたが、まもなく退職して上京し、あまり満たされない日々を送っている。ところが、明治十九年二月、海軍の練習艦「筑波」に便乗を許され、約十ヵ月間にわたって南洋諸島、オーストラリアを巡航視察することになる。この時の航海の見聞をまとめたのが『南洋時事』であった。明治二十年四月の出版(丸善商社刊)だが、いうまでもなく志賀重昂にとっては処女出版であった。この出版によって、志賀は論壇に安定した地位を占めることになり、明治二十一年四月には杉浦重剛、三宅雄二郎(雪嶺)らと政教社を創立、雑誌『日本人』の編集および主査という大きな任務にあたることになる。この雑誌の主旨がいわゆる「国粋保存」であったことはよく知られている。志賀のその後のことについてはよく知られているので、ここでは略しておこう。昭和二年四月六日に死んでいる。

『南洋時事』の巻頭には一編の英語の詩が配されてあり、その自作の詩は“Arise! Ye sons of Yamato's Land! A Grand work awaits your hand! ……”という具合にはじまっている。この詩がなぜつけられたかは不明だが、この本の性格、すなわち一種の警世の書としての性格を象徴しているといえる。志賀は、はじめ紀行をゆっくりと書くことを予定していたのだが、「紀行ノ如キハコレヲ他日ニ譲ルモ可ナリト。

乃ハチ更ニ筆ヲ把リ匆々走書シテ此一篇ヲ著ハシ、名ヅケテ南洋時事ト云フ」（初版自序）というふうに考えを変え、「時事」というライトモチーフ、つまり時局的な問題意識に導かれていっきに書きあげている。

この本には重要な特徴がいくつかある。まず第一は、「南洋」ということばに志賀がどのような思いをこめて使ったかである。かれ自身のことばで説明させておくことにしよう。ひじょうに大切な箇所である（資料1）。

かれはそこで、「南洋」ということばをことばとしてつかった最初の日本人が自分であるかのごとく書いているが、そうでないことだけははっきりしている。この本の刊行された明治二十年以前にも、このことばはすでに使われてきている。志賀が自負したかったことは、「南洋」という概念を、東洋とも西洋ともちがうタームとして、しかもその二つに劣らず重要なタームとして、日本ではじめて措定してみせたということであった。この点での志賀の貢献は大きいと思う。志賀が「南洋」ということばをあざやかに駆使してみせたことから、後に続く日本人はこのタームにごく自然に打らとけることができるようになった。

第二に、「劣等人種ノ優等人種ニ於ケルヤ、劣等人種ハ其精神、身体共ニ優等人種ト軒輊スル能ハズ」と書いているように、明らかに進化論の優勝劣敗思想の影響を受けていた。しかし、その反面で、「嗚呼黄、黒、銅色、馬来ノ諸人種ハ今日ニシテ自ラ計ル処無ケバ、竟ニ此世界ハ白皙人種ノ専有ニ帰セン。……予輩黄人種ハ宜シク今日ニ当リ白人種ト競争シ之レヲ防禦シ、以テ予輩種属ノ性命ヲ保維スルノ策ヲ講ゼザル可カラズ」と、書いているところなどには、アジアの黄色人種共通の危機を強く感じとり、黄色人種の対応の必要を感じていたことが読みとれる。

第三に、しかしながら、黄色人種としての日本のとるべき対応策は、アジアの連帯の音頭をとることではなく、むしろ「英国ト気脈ヲ通ジ以テ立国ノ基礎ヲ鞏固ニシ」と、ごく正統的な外交を固めることであると説かれる。

第四に、けっきょく志賀が説きたかったことは、日本人の平和的＝商業主義的な海外雄飛であったようで、「海外到ル処ニ大和民族ガ莞然タル温顔ヲ見ンコトヲ翼望スルモノナリ。海外到ル処ニ商業的ノ新日本ヲ剏造センコトヲ希願スルモノナリ」と書き、さらにこの本の最後を「海外到ル処ニ商業的ノ新日本ヲ創造スルコソ、汝ガ今日ノ使命ナレ、汝ガ今日の急務ナレ」とよく似た文章のくり返しで閉じている。

『南洋時事』は志賀がまだ二十四歳のときの作品であって、そのせいか、全体の構想も文章のスタイルも十分に磨き上げられてはいない感じを否めない。そして、志賀自身、このあと「国粋保存」の考え方を究める方向に関心を移し、それほど「南洋」問題のフォローアップはしていない（大正四年十月の講演原稿「木に縁て魚を求む」は数少ないすぐれた例外である）。それにしても、発想といい、取り上げた素材といい、当時としては抜群に新鮮な存在であったこの本の歴史的な意義は、いくら強調してもしすぎることはないだろう。

❖服部徹

志賀重昂に続けて、二番目に服部徹という名前を並べると、意外に思うひとが多いだろう。というより、「南進論」の系譜の上にこの人物を位置づけるのは、おそらくわたしがはじめての筈である。それほど、この人物は世に知られていない。

いや、まったく知られていないというわけではない。黒龍会編『東亜先覚志士記伝』には「服部轍」という まちがった名前で登場しており、そこにも書かれてあるように、朝鮮半島の釜山でジャーナリストとして活躍したことで、少しは知られている。「東北地方の人とのみで郷貫歿年等が明かでない」という『志士記伝』の記述が示すように、氏素姓はほとんどわからない人物である（『土佐偉人伝』『高知県人名事典』等にもまったく記載をみない）。

この人物についていちばんくわしい解説をしているのは、わたしの知るかぎりでは、桜井義之氏の『明治と朝鮮』（昭和三十九年）の中の「小説『東学党』とその著者」という評論である。しかし、この貴重な文章にもかかわらず、かれが「東北地方の人でなく」土佐の士族であり、明治四十一年にジャワに向かう直前に香港で客死した、ということしかわからない。

この服部は、先にも述べたように、『日本之南洋』、『南洋策――一名南洋貿易及殖民』という二冊の本を書いている。この事実は、まだあまり知られていない。『日本之南洋』（明治二十一年二月、南洋堂刊）のほうは、明治二十年秋に、かれが三宅、八丈、鳥、小笠原の各島および硫黄島を「探検」した観察記である。このときの「探検」は、横尾東作、依岡省三らに同行するかたちでなされたものであった。

この本の冒頭で服部は、自分の立場を「勧業主義」と定義し、「況ンヤ南洋諸島ノ為メニ計ルニハ此主義ノ殊ニ大ニ関係アルニ於テヲヤ」と書いている。全体のトーンは、志賀重昂の『南洋時事』の影響を受けたのか、ひじょうに地理学的な記述が多い。この本の結論部分で、服部は、次のように述べている。

「何ヲ以テ群島ノ経済ヲ利シ我南洋ノ大利益タラシムヘキヤ　予ニ於テハ寧之ヲ陸上ニ求ムルヲ好マサルナリ　茫々タル煙波渺々タル蒼海ノ中寔ニ南洋ノ経済ニ至大ノ関係ヲ有スルモノアリ　日本南洋ノ人利益トハ蓋シ此物ヲ云フニ過キサルナリ」（一五八ページ）。

この『日本之南洋』のあと、服部は、母を連れ小笠原島に住みつき、南洋群島から豪州・ニュージーランド、つまり、「第二線」に沿って「親しく諸島を探検して、貿易の利を収め、日本未曾有の新事業を起さん」と計画しながら、なかなか思うようにいかない。そういう境遇の中で書きあげたのが『南洋策――一名南洋貿易及殖民』（明治二十四年十月、村岡源馬刊）であった。この当時、服部は父島に住んでいた。

この本はよく売れたようで、半年後には再版が出ている。この本には、横尾東作、山本梅崖、徳富蘇峰が序文を寄せているだけでなく、題字は榎本武揚が書いている。全体の構成は、「南洋ノ地誌ヲ論ス」「南洋ノ通商貿易ヲ論ス」「南洋ノ拓地植民ヲ論ス」の三つの基本的な柱からなりたっている。かれのいう南洋は、フィリピンと南洋群島であり、とくにフィリピンにたいする政策論には、自由民権論者特有のかなり膨張主義的な主張が含まれている(資料2)。全体として、ひじょうな危機感をみなぎらせていて、フィリピンを日本がとらずに他の強国がとると、「其余勢ハ疾クカロリン群島ヲ巻テ、マリアナ群島に及ヒ、西ニ我琉球ヲ衝キ、東ニ我小笠原島ヲ襲ヒ、南方是レヨリ益々多故ナラントス」(一一八ページ)となるという結論になっている。

服部の処女作は、土佐出身らしく明治二十年、二十一年に出た『日本捕鯨彙考』(二冊)で、これは日本捕鯨史の古典となっている。かれは「南溟漁者」「南溟漁長」そして「図南居士」と号を変えたが、ふつうは服部図南で通っていた。明治二十五年頃から、日清戦争直前の雰囲気に流されて考えを変え、朝鮮に渡り、釜山の「東亜貿易新聞」を拠点に健筆をふるうことになる。しかし、二年も経たないうちに官憲の忌避に触れ、本国送還の処分を受け、日本に戻り、主として大阪に居を構え、有名な政治小説『小説東学党』を書いたりしている。

明治二十年代前半に二冊のすぐれた「南進論」的作品を残し、その後、一時、朝鮮半島問題に関心を移し、そして四十年代に入ってふたたび関心を南洋、それもジャワを中心とする「外南洋」に移した服部は、まさに時流を如実に反映する軌跡を描いてみせている。もし明治四十一年に香港で客死していなかったとしたら、その後、竹越與三郎の作品に匹敵する「南進論」をつづってみせたことであったろう。いずれにしても、ひとりのかけがえのない「南進論」者として、この服部徹のことはもう少し研究されてしかるべきだと思う。少なくとも『日本之南洋』とか『南洋策』とか、これほどセンセーショナルな題名を自分の作品につけたものは、ほかにはいなかったのだから。

❖田口卯吉

次に、田口卯吉である。

田口卯吉は、安政二(一八五五)年四月二十九日、幕府徒士田口樫郎の家に生まれている。五歳のときに父を失い、慶応二年、十二歳のときに、徒士見習となる。明治維新で家禄を失い、横浜に移り、しばらく商業に従事するかたわら、英語を学んでいたが、やがて徳川家が静岡に移るとともに沼津に移り住む。沼津では静岡病院で西洋医学を学び、明治四年、東京に出て、尺振八の私立共立学舎に籍を置き、医学を学ぶ。

明治五年、このとき田口は十八歳だが、大蔵省翻訳局に入って上等生徒になり、経済学と英語を学び、その後紙幣寮に出仕して、翻訳に従事する。その頃から、文筆家になるこころざしを抱きはじめる。明治十年、『日本開化小史』の第一冊を完成している。明治十一年、処女作でもあり、出世作ともなった『自由交易日本経済論』を刊行し、これを機会に大蔵省を退職、これ以後は、もっぱら著述と翻訳とに専念することになる。

明治十二年一月、『東京経済雑誌』を創刊、生涯その社長兼主筆として健筆をふるうことになる。おなじ年に「経済学協会」を設立しており、自由主義経済学の理念で、日本の政治と思潮とに大きな影響を与える立場にたつ。いうまでもなく、田口の立場は自由貿易であり、その立場から政府の保護政策を攻撃した。その後、国史研究雑誌『史海』を創刊、『群書類従』の翻刻、『国史大系』の編纂など、歴史学の分野でもたいへんな足跡を残している。株式取引所、両毛鉄道、花沢鉱山などの創設経営にも関係し、実業的才覚もみせた。

また、牛込区会議員にはじまり、東京府、市会議員を長年つとめたあと、明治二十七年以来、数次にわたって、終生、衆議院議員をつとめることになる。そして、言論界、経済界だけでなく、政界でも活躍を続けている。明治三十三年に北清事変後の現地を視察、明治三十七年、日露戦争中の朝鮮、満州を視察したりしたが、翌明治三十八年四月十三日、東京で病死した。享年五十一であった。

このような華やいだ経歴をもつ田口が、後年「南進論」者というレッテルを貼られるようになった理由はなんであっただろうか。

先にも述べたように、ことは士族授産金問題と関係している。

政府は、明治維新以後に大きな社会問題になった士族問題を解決するため、明治六年以来各府県単位で士族授産金を下付していたが、その後あまり好ましい成果があがらないため、明治二十二年を限りに授産金制度打切りを決めた。

当時、東京府が受けていた金額は、府立レース教場経営の名目で下付された九万三千三百円であったが、これを未使用のまま返却するのはもったいないので、にわかに処分することになった。東京の士族は、旧幕臣が静岡に移住したりして転籍移住がはげしく、したがって頭割りで分配するのは技術的にむつかしく、またそうしたとしても、ひとりあたり、いくらにもならず、むしろまとめて有効に用いるほうが妥当と判断された。その結果、四万三千三百円をレース教場維持資金に向け、のこる五万円で小笠原島水産事業をおこすことに決めた。

府知事の高崎五六は旧薩摩藩士であって、明治二十年に、服部徹、依岡省三、横尾東作らが硫黄島探検に行ったときに同行した経験の持ち主でもあった。そのときの仲間である依岡省三の発案を受けて、小笠原島で水産事業をおこすことに深い関心を抱いていたのである。

そこで、知事は、田口卯吉(当時府会副議長)、関直彦、宇川盛三郎の三人を呼んで相談したところ、田口が南洋群島との貿易を強く主張したので、この線で話を進めることに決まった。ところが、この話が外に洩れたとたん、本来士族に渡る筈の士族授産金を田口らがひとり占めして私益のために利用しようとしているという強い非難がおこり、大騒ぎになった。関、宇川の二人は事態に恐れをなして手を引いたが、田口だけは一身に非難を浴びながら、初志を貫徹しようとし、東京府から寄託を受けた四万四千円余で「南島商会」を設立、スクーナー型帆船「天祐丸」(九一トン)を買った。

そして明治二十三年五月、田口卯吉はみずから「天祐丸」に乗って、南洋群島へ足かけ八カ月の船旅に出るのである。

田口卯吉を「南進論」者として決定的に有名にした「南洋経略論」は、このような士族授産金問題をめぐって激しい田口攻撃がなされていた状況で、自分の立場を強く正当化するために書かれたものである(資料3)。この論文は、『東京経済雑誌』の第二十一巻第五一三号(明治二十三年三月二十三日付)に掲載されたものだが、ほかの「南進論」者たちがいずれも内容豊かな単行本を書いて有名になったのと比べると、意外なほど短いただ一片の評論でしかない。しかも、無署名の評論であって、田口卯吉が書いたという絶対の保証はない。

『東京経済雑誌』は、この「南洋経略論」を皮切りに、明治二十三年三月から年末まで、すなわち「天祐丸」の航海が終わる時点まで、六十篇以上の「南洋」に関する文章を掲載している。そのなかには、田口卯吉が署名入りで書いたものもあり(たとえば、有名な「南征歌」)、旅先からの田口の書簡および鈴木経勲の旅行記などもある。したがって、その一片の短い評論だけで、かれを「南進論」者として祭り上げるのは妥当ではないともいえる。つまり、明治二十三年三月から十二月にかけて、田口の主宰した『東京経済雑誌』が「南洋」キャンペーンを行なったという事実のほうが、はるかに大きな意味をもったと考えなくてはならない。

ただ、その後の歴史のきまぐれから、田口卯吉は、そういう士族授産金をめぐるトラブルやかれの雑誌の六十篇あまりのほかの評論とはまったく無関係に、「南洋経略論」というただ一片の評論だけで、「南進論」のスーパー・スターとして位置づけられることになる。ただ、この「南洋経略論」は、文章の密度といい、文章にみなぎる迫力といい、たしかに「南進論」的主張をなした文章としては第一級のものである。

田口の「南島商会」は、「天祐丸」の航海のあと、士族総代に譲渡され、田口の手を離れ、名前も「一屋商会」とかわる。府知事も、田口らの航海中に高崎五六から蜂須賀茂韶にかわっており、帰国後の田口の立場はけっしておもしろいものではなかった。そして、田口も、明治二十四年を最後に、「南洋」問題とは関わりを断つのである。その意味で、田口卯吉は、ごく偶然的に南洋貿易と関わり、そしてごく短期間だけ、「南進論」者たらんとしたのである。ただ、その間だけを見るかぎりは、かれが第一級の、ほんものの「南進論」者であったことはまちがいない。

❖鈴木経勲

田口卯吉が出たところで、鈴木経勲に移ろう。

鈴木経勲(けいくん、と俗称される)は、嘉永六(一八五三)年十二月十二日、幕臣鈴木孫四郎の三男として江戸に生まれている。昌平坂学問所と講武所で文武両道を学び、慶応三年には「仏蘭西語学伝習御用」を命ぜられ、横浜でフランス語を学んでいる。

戊辰戦争に鼓手として従軍したあと、明治元年、父とともに徳川一族にしたがって静岡に移り、父をたすけて小学校経営等に従事する。しかし、やがて父が脳卒中にたおれると、にわかに生活は苦しさを増す。そこで経勲は、明治八年、生活の糧を求めて、横浜の英国人にやとわれ、ラッコの密猟船に乗って、千島・カムチャッカ方面に赴いている。このときの体験とこのとき身につけた航海術がきっかけとなって、〝探検家〟鈴木経勲が誕生する。

外国人によるラッコ密猟の実情を目のあたりにした鈴木は、横浜帰着後ただちに、自分の体験したことを文章にまとめて(「北海道千島に於ける臘虎密猟顚末」)、副島種臣を通じて外務省に提出、それがきっかけとなって、外務省に翻訳生見習、その後御用掛としてやとわれることになる。

明治十七年、マーシャル群島のラエ島で日本人船員の虐殺事件が起こったとき、ことの真相糾明のため、後藤象二郎の息子の後藤猛太郎に随行して、マーシャル群島に派遣される。このときラエ島の大酋長に謝罪を求め、かれの家に日章旗を掲揚させることを約束させて、意気揚々帰国したが、列強を刺激するものとして、ときの外務卿井上馨の不興を買ってしまう。そこで、翌明治十八年、鈴木は再び同群島まで行って、国旗引下しをすませている。その一件が原因となって、明治十九年早々、外務省を辞めることになる。このとき慰労の意味で、井上馨から一隻のスクーナー型帆船をもらっている。

その後、後藤象二郎の援助を得て、その船で自由な南洋探検に従事することになる。明治二十年から二十一年にかけて、硫黄島、ミッドウェイ、クリスマス島などを歴訪、日本の硫黄島占有のきっかけをつくっている。二十二年八月から二十三年二月にかけては海軍練習艦「金剛」に便乗、ハワイ、サモア、フィジー、グアムなどの島々を歴訪する。その後、田口卯吉の「南島商会」事業に参画し、同二十三年五月から十二月にかけて、「天祐丸」の航海に水先案内として同行している。このとき、船の上での序列は、鈴木よりも、同行した井上彦三郎などのほうが高かった。

この「南島商会」の解散後も、一度ならず南洋群島航海を試みた形跡はあるが、詳細ははっきりしない(竹下源之助『太平洋探検家・鈴木経勲』二〇二〜二一〇ページ参照)。はっきりしていることは、明治二十三、四年頃、鈴木の生活はたいへん苦しかったということである。そこで、折からの「南進論」の風潮に乗って、それまでの自分の体験を文章にして売ることを考え、まず友人に体験談を語り、それを本にしている(野沢藤吉編『南洋志』明治二十三年がそれである)。しかし、その後は、自分で筆をとって単行本をまとめることに方針を変え、けっきょく前後三冊の本を刊行するのである。

『南洋探検実記』明治二十五年七月、博文館刊

『南島巡航記』明治二十六年三月、経済雑誌社刊(井上彦三郎と合著となっているが、実際の執筆は、鈴木経勲ひとりの筆になるものと思われる。南島商会での序列と経緯を気にした鈴木が、田口卯吉校閲 井上・鈴木合著という組

み合せをわざと選んだのだろう）

『南洋風物誌』明治二十六年夏（この本は明治二十六年夏に八尾新助書肆で出版されたといわれているが、奇妙なことに、その八尾新助版を見たものはまだいない。ふつうは、原稿が、「大日本教育新聞」の付録として明治二十六年八月から二十七年四月にかけて連載されたので、その付録をつづり合わせたもの、すなわち『冒険探奇南洋風物志全』大日本教育新聞社発行を原本とみなしている。八尾新助が出版する話がなにかの都合でだめになって、かわりに「大日本教育新聞」に連載をはじめたと考えるとつじつまがあう）

なにはともあれ、この三冊の本は、いずれも明治期「南進論」の代表傑作として注目すべきものである。各書の内容は幾度かの探検での見聞記であって、南洋世界の刻明な描写に満ちている。ある意味では、明治期日本人の世界認識のもっともすぐれたパターンを代表しているともいえるだろう。

『南洋探検実記』は、前半（巻之一）が明治十八年のマーシャル群島ラエ島旅行に関する記録であり、後半（巻之二）は、明治二十二年「金剛」に便乗してハワイ、サモア、フィジーの諸島をまわったときの記録である。『南島巡航記』のほうは、日記体をとっているが、むろん「南島商会」の事業の顛末を記録したものである。『南洋風物誌』には、明治二十年から二十一年にかけて、自分の船でまわった硫黄島その他の記録が含まれている。

鈴木の文章の特徴は、なによりもまず、実に克明な描写の能力である。そして、客観的であり、科学的である。現地住民の文化風俗や各地の地勢風土そして植生などまで、実にくわしく、しかも体系的に描写している。したがって、鈴木が近代日本の民間民俗学の先駆者として位置づけられたとしてもおかしくはない。文章は平明で、歯切れがよく、そして素朴である。また、画才をもち、たくさんのスケッチを文中に挿入して、臨場感を高めている。

鈴木経勲のその後は、明治二十六年から二十九年にかけて名古屋の「扶桑新聞」に勤め、その間、日清戦争には日本初の従軍記者団にカメラ持参で加わり、たくさんの写真をとっている。その後、陸軍参謀本部陸地測量部嘱託、保険会社勤務などしたが、晩年はまったく世に知られることなく、昭和十三年十二月十一日、東京で死んでいる。

❖菅沼貞風と稲垣満次郎

次に菅沼貞風と稲垣満次郎である。この二人をこうして並べるのは、二人とも長崎平戸の出身であり、二人とも平戸の私塾を出たあと東京に学び、その後それぞれちがった経過をたどりながらも、「南洋」問題と関わることになったからである。この二人の共通の仲間に、もうひとり、浦敬一もいたが、浦はかれらの先輩にあたり、また、南洋とは無関係な一生を送った。

まず、菅沼貞風(ていふう、ともいう)である。

菅沼は、慶応元(一八六五)年三月十日、肥前平戸の微禄藩士の家に生まれた。幼少の頃から儒学を学び、十六歳のときに選ばれて藩侯の諸公子の侍伴となると同時に、猶興書院にはいり、昼は松浦郡役所で働き、夜は学ぶという苦学生活がはじまる。郡役所在勤中に、大蔵省貿易局の依頼で「平戸貿易誌」をまとめている。

明治十七年、同書院遊学生に選抜されて上京、東京帝大古典科に入学する。その頃、東京の松浦家書生宿泊所には、菅沼のほか、浦敬一、稲垣満次郎が寄宿しており、相互感化で、しだいにアジア情勢に関心を深めることになる。

明治二十一年、東京帝大古典科を卒業、そのとき提出した卒業論文が『大日本商業史』であった。これは、「太古の時代」から「近古の時代(欧州貿易の時代)」にかけての日本の対外貿易の歴史を実証的にまとめたたいへんな力作である(明治二十五年に、「東邦協会」の最初の出版物として公刊されている)。この業績によって、直ちに東京高等商業学校に職を得たが、半年後には辞表を出し、明治二十二年四月、筑前の出の福本誠(日南)をさそってフィリピンのマニラに渡る。マニラでは、約二ヵ月半に及んで日本領事館に寄寓して南洋諸島全般の調査を行なったが、帰国直前の七月六日、コレラで急死する。遺体は、マカティの外国人墓地に葬られた。

この菅沼を「南進論」者として位置づけるばあい、どうしても見逃せないのは、そのようなフィリピン体験であるよりは、むしろかれのもうひとつの代表的作品である『変小為大転敗為勝　新日本の図南の夢』という小品である。この作品を菅沼は、明治二十一年六月、東京帝大を卒業する直前にいっきに書きあげている(卒業直後に書いたという説も有力である。いずれにしても、明治二十一年夏頃に執筆されたものであることにはまちがいない)。この作品が世間の眼に触れたのは、『大日本商業史』が昭和十五年に覆刻版として岩波書店から刊行されたときに、巻末に掲載されたのがはじめてであった。

その『新日本の図南の夢』は、おそらく、近代日本が生みだしたもっとも戦闘的で、煽情的な「南進論」ではあるまいか。「龍の巻　新日本を構成せよ」と「虎の巻　旧日本に愧づる勿れ」との二部より構成され、おもしろいのは前半の「龍の巻」である。とくに「第三章　海軍を拡張し条約を改正するには国民一文の負担を増加するの要なし。小を変じて大となすは夫れ図南の策に在るか。太平洋政略に干与して東洋の権衡を上下する準備は如何」の箇所がこの本のクライマックスである。

この章は、「我に一術あり。純一簡明にして以て易し」という書き出しではじまる。その「一術」とは、「天公は我国にこの崛強なる新版図を与へんと欲し」ているその「新版図」を見きわめ、それを獲得することなのである。菅沼は、重ねて、「我国の盛衰興廃は実にこの新版図を開くと否とに決するものなり」と書いている。

その新版図とはどの範囲をいうのか。菅沼によると、「所謂太平洋の西、印度洋の東、支那海の南、太洋洲の北数多の島嶼相群れる中にあるもの実に是なり」となる。具体的にパラフレーズすると、南洋群島、台湾、インドシナ半島、シンガポールなどがその「新版図」の中身であったようである(資料4)。

菅沼の提案する方法論はかなり煽情的であって、「一朝時至り機会大に熟せば我国権を維持するがために、是等の諸島を占領するの必要は忽ち其の名と共に生すべし」「嗚呼我国の国権は之を恢復せざるべからず、我国海軍は之を拡張せざるべからず、而してその労費は全く条約改正の結果なる海関収入の増加以て之を償ふに足る。而して一たび張れる海軍は以て時機の至るを待て、小を変じて大となすべく、敗を転じて勝となすべし、天下豈此の如き奇籌妙算あらんや」、という主張になる。そのほか、菅沼は、新版図獲得後の方法論として、「農業出稼」や「出稼会社」設立などを説いている。

他方、稲垣満次郎である。

稲垣は、文久元(一八六一)年九月二十六日、肥前平戸の藩士の家に生まれた。その後の経歴については、「年少志を立て東京に遊学し、中村敬宇の同人社に学び」(『東亜先覚志士記伝』下巻、三七ページ)というのが通説である。だが、それだけでは不完全である。稲垣は、最初、佐賀藩の儒者木下梅軒に師事したが、その後明治八年、鹿児島に行き、私学校で篠原国幹の銃隊学校に学び、そこで西南の役直前まで二年間を過ごしたといわれる。いったん、長崎に戻り、長崎監獄で看守見習をつとめたあと、明治十年に上京、開成学校に入学、その後引続いて東京帝大に進学。東大在学中、明治十八年、卒業をまたずに、旧松浦藩主の若殿松浦厚に同伴して英国ケンブリッジ大学に留学することになる。

その後のことはかなり鮮明になる。明治二十三年、同大学で学士号を取得。在学中に"Japan and the Pacific: A Japanese View of the Eastern Question"および"A History of the Migration of Centers of Commercial and Industrial Energies of the World"の二篇の英文論文を執筆していたが、同年帰国後、この業績をもとにして、日本語で『東方策』(全二篇)をまとめ、明治二十四年(および二十五年)に刊行して好評を博する(活世界社、哲学書院刊)。翌二十五年には、『東方策』の政策篇ともいうべき『東方策結論草案』上巻を刊行している(哲学書院刊)。

明治二十六年からは、副島種臣を中心に設立された「東邦協会」の幹事長をつとめる。明治三十年三月、シャム公使館開設とともに、初代駐シャム弁理公使に任命され、バンコクに渡る。最初の仕事は

「日暹修好通商航海条約」の締結交渉であったが、短時日でみごとにまとめている。シャム在勤中、日本人をシャムの「お傭い外国人」として導入することに専念し、政尾藤吉を司法顧問に送り込んだり、養蚕の技術指導者を送り込んだりするなど、成果をあげている（稲垣のこの局面での功績については、中村孝志天理大教授の一連の業績にくわしい、「シャムにおける日本人蚕業顧問について――明治期南方関与の一事例」『南方文化』第五輯、一九七八年十一月、「日・タイ交渉史話（未定稿）――明治時代」『自由の国・タイ事情』天理教東南アジア研究室、一九七五年）。明治三十八年二月、駐シャム公使を終えていったん帰国、明治四十年二月、こんどはスペイン駐在特命全権公使を命ぜられ、マドリッドに渡る。翌明治四十一年十一月二十五日病気のため、任地で死亡した。享年四十七であった。

　この稲垣の『東方策』および『東方策結論草案』は、気宇壮大な外交理論を展開している。稲垣の好きな表現に「対外策」ということばがあり、口述記録集『対外策』（明治二十四年）を刊行したこともある。『東方策』も、日本の「対外策」のあるべき姿を説いた作品である（資料5）。「将さに太平洋時代の来らんとするのは瞭々として千炬を焼きて照らすが如し」（『東方策結論草案』上巻、一ページ）とあるように、稲垣の主張は、現代的な表現を用いていうと、「太平洋圏構想」のはしりであった。そして、こうも書いている。「我国全世界に対して取るへき政治対外策の大本は同盟連合軍にあらず、局外中立策にあらずして、不羈自在《フリーハンド》の位地を平生保有するにあり、於是乎万邦皆隣友たらさるはなし」（同書二三五ページ）。これなど、いま流にいうと「全方位外交」の明治的表現である。

　稲垣の『東方策』のポイントは、次の文章に読みとることができる。「夫れ対外の権威は実と勢との二者より成る。故に実挙らされば勢振はず。勢振はされば実活動せず。即ち商工業は対外策の実にして、政治は対外策の勢也。対外政治策なければ対外商工業挙らず。対外商工業振はされば、対外政治策亦振ふ能はず。是を以て我国東方に覇を称して権威を宇内に示さんと願はゝ勢実共に採て、政治商工の三大対外策の大本を建てるを要す」（三三二ページ）。稲垣は、こういう考え方に基づいて、「商工業対外策の国策」を論じ、「政治対外策上の国策」をそれぞれ論じている。

稲垣の特徴は、海陸の交通や電信などコミュニケーションに深い関心を示しているところにある。そして、むろん、航路や港湾、海外との貿易にも関心がある。市場開拓の方法論について、商品陳列所、工業参考館を設け、「商業交際官」を置くべきことを提案している。そして、稲垣の文章の中に「東南洋」という表現があるのは注目に値しよう。

ついでながら、稲垣の『東方策』とおなじ傾向の作品をおなじ時期に書いたものとして、たとえば大石正巳がいる。かれの『富強策』(明治二十五年)は、海軍拡張と海洋進出を説いた作品である。また、福本誠(日南)は、おなじ明治二十五年に『海国政談』を書き、海洋進出と海運振興を強く説いている。また、稲垣自身、明治二十五年に『南洋長征談』を書いている。このような一連の「海」の思想の先鞭をつけたものとして、稲垣の『東方策』と『東方策結論草案』は、明治期「南進論」の流れの中で重要な位置を占めるのである。

以上の二人、菅沼貞風と稲垣満次郎の論調は、服部徹や田口卯吉、鈴木経勲などの論調とはいささかちがっている。菅沼と稲垣には、国際情勢の険悪さを論じ、その中で日本の「国権」を全うしようと叫ぶ「国権論」的な姿勢が多少とも感じられる。そして、「南進論」の中の軍事的側面、すなわち海軍増強のことを、これほどはっきりとこの段階で打ち出したものはほかにいない。菅沼が稲垣にあてて書いた有名な手簡があり、その中には「我国の独立を維持し、且国権を拡張する上策は朝鮮を助けて独立の基礎を固うせしめ、呂宋の独立を恢復して我国に連合するの外有之まじく存候」という一文がある。このようなせっぱつまったアジア連帯の意識は、南洋貿易あるいは無人島占拠を求めていた田口らにはほとんど欠けていた。

その点、思考様式なり論理操作なりをみるかぎり、たとえば菅沼貞風は尋常な明治期「南進論」者であるよりは、むしろアジア大陸部と関わった多くのアジア主義者と類似していた。アジアにおける白人の侵略をきらい、アジア民族の連帯と共存を唱えている点、そして、日本の使命をそういう課題と結びつけている点では、ありふれた「国権論」者であった。

しかし、菅沼にしても、稲垣にしても、かれらの経略展開の舞台を太平洋地域に設定したのはユニークであった。菅沼は、海軍増強、移民、貿易の自由などを説く点で、典型的な「海」の思想家であり、その意味で「南進論」者の典型を演じてみせているのである。また、稲垣は、「商工業対外策」というかれの主張との関連で、国有航路、港湾整備、航海学校、商業交際官、そして海軍養実策などを説き、やはり「海」の思想家であることを示している。この二人の「海」の思想家が、おなじ長崎平戸の出身であるのは偶然ではなかったように思う。

❖竹越與三郎

最後は、いよいよ竹越與三郎である。あらゆる「南進論」関係の出版のなかで、おそらく、竹越與三郎が明治四十三年四月に出した『南国記』ほど世間に大きなインパクトを与えたものは、あとにも先にもないように思う。

竹越與三郎は、慶応元(一八六五)年十月五日、埼玉県本庄町の清野家の次男として生をうけたが、明治三年六歳の年に、わけあって新潟の竹越家の養子となっている。竹越家は與三郎に漢学塾で漢籍を学ばせたが、十五、六歳の頃には『史記』、班固の『漢書』、『春秋左氏伝』を読み、才気煥発を示したという。十七歳で上京し、中村敬宇の同人社に入り、英語を学び、一年後、慶應義塾に入学し、福沢諭吉の門に出入りすることになる。

卒業後、官界、実業界を忌避し、進んで時事新報社に入り、記者稼業をはじめる。その後、朝日新聞社が『大阪公論』を発行したとき、主筆に招かれて大阪に行ったが、一年足らずで廃刊になる。帰京して徳富猪一郎の「国民新聞」に加わっている。その間、バックルの『文明史』やマコーレーの『英国史』などと親しみ、歴史学への興味を深め、明治二十三年には『新日本史』をあらわした。そして、明治二十八年には『二千五百年史』を脱稿、もとの原稿を三分の一に削減したうえで出版している。

この出版を通じて陸奥宗光の知遇を得ることになる。陸奥は、竹越の見識と文才を高く評価し、実務のうえでも大いに重用し、外務大臣のときには外交文書の自由閲覧さえ許している。陸奥の推薦を通じて西園寺公望とも知遇を得ており、西園寺からもひじょうに可愛がられている。

明治二十九年には『世界之日本』という雑誌を発刊し、これを主宰することになった。しかし、この雑誌も経営が思わしくなく、不成功に終わっている。明治三十一年、伊藤内閣に西園寺が文部大臣として加わったとき、竹越は、勅任参事官兼秘書官として任官する。翌三十二年には、郷里の越後から代議士に当選、政友会に籍を置いて政治活動に入った。その後、衆議院議員に五回も当選、その間竹越三叉《さんさ》の雅名で政治評論活動にも力を入れている。

明治四十二年夏、南洋旅行に赴き、その時の見聞と所感を一書にまとめ上げたのが、この『南国記』であった（明治四十三年四月、二酉社刊。また、竹越は、このときの見聞をまとめて政府に提出、それは外交史料館に「代議士竹越與三郎印度支那海峡植民地比律賓蘭領印度等視察一件」として納められている。そのほか、「読売新聞」にも旅行記を掲載している）。

『南国記』が刊行されると、その反響は異様なほど大きかった。明治四十四年十月までに十版を数え、大正四年一月には縮刷版まで出ている。少なくとも三十二の新聞、十八の雑誌、いわば当時のほとんどすべての主要なマス・メディアが、この本を取り上げて書評している。一、二の例外を除くと、だいたいみな、竹越の主張を積極的に評価するものであった（このような新聞雑誌の書評は『南国記』の第八版ぐらいから、ぜんぶが巻末に付録としてつけられている）。

『南国記』が、ほかのどの「南進論」関係の文献よりも普及した理由としては、竹越與三郎の知名度、あるいは明治末から大正初めにかけての時代的特質などがあったかもしれない。しかし、もうひとつには、竹越の文章ないし文体の魅力も大いに貢献したと思われる。田山花袋は、この本を読んで、「竹越君の『南国記』は近頃にない興味を以て読んだ。文章に非常に気の利いた印象的のところがある。……私はこの一冊によって一種の新しい芸術的印象を受けたことは争はれない」と書いている。

『南国記』の書き出し、というより第一章の見出しは「南へ！　南へ！」となっている。このことばは、その後「南進」を語るときの枕言葉として人びとに親しまれることになった。この第一章を読み進めていくと、「邦人南方を忘る」「熱帯を制するものは世界を制す」「南人の北進は不自然なり」「島国にして大陸に力を用ゆる不利」「我将来は南にあり」などの文中小見出しがたいそう印象的である。第二章から第九章までは前年の旅行での観察がごく具象的に描いてある。竹越の「南進」理論のポイントは、要するに、日本人を南方起源の「南人」ととらえ、日本人の「北進」は歴史の約束に反するということであった（資料6）。

『南国記』を織りなす要素は基本的には二つあるように思う。ひとつは歴史家としての澄んだ眼でもって、アジアで展開している大局的なドラマを見きわめようとする客観主義的な姿勢である。ただそれは、日本も含めて、イギリス、フランス、オランダなど帝国主義国の植民政策の比較という枠組みを踏まえている。他方、もうひとつ、日本の国益を踏まえたいわゆる南方経略論的な姿勢であって、この姿勢と客観主義的な姿勢との微妙な交錯が、この本のえもいえぬ迫力ある魅力をつくり出した要因であったと考えてよかろう。竹越が、たとえばシンガポールの将来性を高く評価し、「帝国的色彩を帯びた一大要素」としてとらえている事実、また英仏両国が中国の雲南省に向けて鉄道の敷設競争を行なっているのを重視している事実などには、たんなる客観主義的な認識を越えた、激しい政治的感情がからまりついていたとみなくてはならない。

竹越與三郎は大正九年九月に『日本経済史』全八巻を完成、その後、宮内省の臨時帝室局御用係をつとめ、明治天皇史の編纂にも従事する。大正十二年勅選貴族院議員となり、昭和十五年には枢密院顧問官に任じ、そして戦後まで生き延び、昭和二十五年一月十二日に亡くなっている。この竹越が、C・G・セリグマンの編纂した有名な『社会科学百科事典（*Encyclopedia of Social Sciences*）』の一項目を担当し、日本と中国の土地所有制度について書いていることはあまり世に知られてはいないようである。

Ⅱ 明治期「南進論」の性格

❖明治期「南進論」の特性

明治時代のあらゆる政治思想について感心することは、大正と昭和の時代にあらわれるほとんどすべての発想のパターンが、だいたいそこに出尽くしていることである。「南進論」がいい例である。七人の「南進論」者の考え方がどれほど多彩な要素をもち、そしてそれがほとんどみな、のちの時代でどれほど意味をもちうる内容であるかは、すでにみた通りである。つまり、明治期「南進論」の段階で、いわゆる「南進論」一般の骨組みはほぼ完成していたのである。

明治期「南進論」は、その意味で、「南進論」が再生をつづけるかぎり、たえず吟味されなければならないだろう。たしかに、「南洋」の中身は時代状況とともに変わっていく。明治二十年代の「南洋」は、わたしのいう「第二線」に沿う発展を求めるものであったのにたいして、明治四十年代以降になると、「第一線」に沿う方向が主要になってくる。第一次大戦後今日にかけては、まして「第一線」が決定的になる。「南洋」の中身のこのような変化にもかかわらず、「南洋」という枠組み、そしてそちらに向かうダイナミズムは、つねに存在するのである。そういう方向性をもった「出る」原理を近代日本に定着させたのは、まさに明治期「南進論」の大きな遺産であった。

明治期「南進論」は、いずれにしても、「南進論」という思考の特性を、ほぼ完全なかたちで備えている。その特性ないし特徴は、七つの要素にまとめることができるように思う。

①日本人の海外進出にとって、もっともふさわしい地域として南洋を取り上げ、この地域の日本にとっての潜在的重要性をほかのどの地域よりも大きく描こうとする。

②「北進」理論、すなわちロシア、朝鮮半島、中国北部などへの進出もしくは投資を重視する議論にたいしては、神経質なまでに対抗しようとする。そして北にたいしては受身の政策、つまり「守」が最善の策であると説く。

③南洋の未開発性、政治的後進性を強調し、それを開発させるのはほかならぬ日本の使命であると説く。

④南洋が西洋の勢力圏として先天的に帰属すべきだということを認めない。「天公が暫く他人に預置ける新日本の好版図」(菅沼貞風)というレトリックがつかわれたのはそのいい例である。同時に、西欧先進諸国の南洋開発能力、あるいはその南洋との関わりの妥当性について疑問を呈する。

⑤比喩的にいって、「陸」の思想というよりは「海」の思想として語られる。たとえば、竹越が「我が将来は北にあらずして南に在り。大陸にあらずして、海に在り。日本人民の注目すべきは、太平洋を以て我湖沼とするの大業にあり」と書いているのはその典型である。そこで、海軍増強、造船力強化、航路延長、貿易振興、移住の自由などの政策提言をともなうことが多い。

⑥日本人の南洋ないし「海」への関心の遅れを慨嘆する。

⑦南方関与によって、日本国内の社会的、経済的問題の解決ができると考える。

❖「南進論」と「北進論」

わたしは、前の章で、なにげなく「南進論」を、日本外交における「南」に向かって出る論理を汲み上げ、理論化し、そして正当化してみせる「発言」群、と定義した。あるいは、もっと簡単に、南洋を日本の利益圏としてとらえ、南洋への進出を正当化する外交イデオロギー、と定義してもいい。どのように定義するにしても、あらゆる「南進論」が、この七つの特徴をもっていることはまちがいないのである。

「南進論」の反対概念は、むろん「北進論」である。この二つの対比概念の対比性が外交イデオロギーの次元で強く意識されるようになったのは、すでに示唆しておいたように、日清戦争以後のことである。その頃の「北守南進論」は、「平和的戦争論」とでもいうべき思潮のひとつのバリエーションであったという見方もなりたつかもしれない。「三国干渉」が微妙なきっかけをつくったということは、すでに指摘した。とくに日露戦争以後になると、対露対策と対英政策とのからみ、それに陸軍の大陸国家論と海軍の海洋国家論とのからみ(田中義一陸軍中佐の「帝国国防方針案」あるいは松石安治陸軍大佐の「国防大方針に関する意見書」などと、たとえば佐藤鉄太郎海軍中佐の『帝国国防史論』などとのコントラストに注目したい)もあって、「北進」か「南進」かは、決定的なコントラストをみせることになる(双方の立場を軍事的観点から冷静にとらえたものとして、予備陸軍少将草生政恒が書いた「南進及北進と軍備関係」『太陽』第十九巻第十五号 大正二年十一月所載、がある)。ただし、この段階になると、日本経済の発展の規模と態様との関係からすれば、「官」のものであれ、「民」のものであれ、「南進」は分のない理論ではあった。いずれにしても、「南進」「北進」というタームが日本に定着し、そして対比的に用いられるようになるのは明治三十年代後半以降のことなのである。

❖「南進論」と「南洋論」

「南進論」には、実はもうひとつの対比概念を考えてみることができる。それは、ほかならぬ「南洋論」である。日本の外交的利害を前提として日本と南洋との結びつきを必然化してみせる「南進論」にたいして、知的省察ないし文化科学的省察の対象として「南洋」を位置づけ、没価値的に対象に迫ろうとする姿勢が考えられうる。もっと厳密にいうと、わたしのいう「南洋」論は、次の三つの知的な問題意識を潜在的には含む筈である。

①「南洋」の「洋」としての尊厳を認め、それを確立しようとする立場
②「南洋」世界に働く内在的な固有論理を掘りおこそうとする知的な努力
③「南洋」を対象とする議論に託して、近代日本の問題点を語ろうとする立場

このような三つの可能性を潜めた議論は、一見すると「南進論」のありふれたバリエーションのようにしかみえないが、実は両者のあいだには、本質的なところではるかな違いがあるのである。明治の「南進論」には、たとえば志賀重昂の『南洋時事』や鈴木経勲の諸作品のように、わたしのいう「南洋論」に近い線から出発したものもあるけれども、やがて歴史の経過とともに、「南洋論」はほとんど影を消してしまう。

「南進論」をめぐる議論をするとき、いずれにしても、「北進」とのからみだけでなく、いま述べた「南洋論」とのからみも意識しておく必要がある。それを強く意識しておかないと、「南進論」の恣意的な側面、すなわちイデオロギーとしての正統性をもちえない側面がみえてこなくなる。ただ、すぐれた「南洋論」がかりに立論されたとしたばあい、それが論理的に日本の「入亜」(ないし「南方関与」)を導き出すのか、それとも「脱亜」につながるのか、この問題はまだ十分議論されてきたとは思えない。

❖明治期に完成された「南進論」

ここで、話をもとにもどそう。要するに「南進論」がその明治期という発端部において、よかれあしかれ、ほぼ完成された姿態を備えていたことはだいじである。そういう前提に立つと、それ以後の「南進論」について議論するとき、少しちがったライトモチーフを用いることが本筋になってくる。すなわち、「南進論」の主張する内容が社会的に「制度化」されていく局面、そして、日本の外交文化にたい

する「南進論」の理論的影響、ひいては南進論の「国策化」……。

話を大正時代にもっていくまえに、もう少し、明治期「南進論」について、ある程度切り込んだ議論をしておきたく思う。もう少し、だいじな問題点が残っているような気がしてならないからである。明治時代の「南進論」を正しくとらえ、位置づけようとするばあい、いまから述べる、少なくとも四つのきわだった特徴に着目する必要がある。

❖一過性の出会い

第一に、明治のいわゆる「南進論」者にとって、「南進論」を語ることは、終生変わらぬ任務ではなかったということである。事実がはっきり物語っているように、のちに「南進論」者として称揚される田口卯吉にせよ、志賀重昂にせよ、人生のある段階で、特殊な事情からいわば一過性の出会いとして「南進論」を語る立場にたったのである。田口卯吉のばあい、それは東京府の士族授産金処理の問題であったし、志賀のばあい、それは海軍の練習艦に偶然乗船したことがきっかけになっている。

かれらは、人生のいわば一回かぎりの体験としての「南洋」との接触を、たまたま文章にしたことから「南進論」者と呼ばれることになってしまった。この点、例外はないだろうか。

明治二十二年にフィリピンで客死した菅沼貞風が、死の前年にたまたま「新日本の図南の夢」と題する原稿をまとめていたことから、あたかも終生を「南洋」にかけた人物というイメージが生じている。しかし、かれは、死んだとき、享年わずか二十五でしかなかった。鈴木経勲はどうか。たしかにかれは、前後数回に及んで南洋群島の探検を行なっていて、その点、ほかの「南進論」者にない変わった執念を感じさせる。しかし、かれの南洋群島への熱も、仔細にみると、動機づけの面でその都度微妙に変化をみせており、そして、なによりも、明治二十五年以降、かれの人生の様相はがらりと変化をみせ、名古屋の新聞社主筆、日清戦争での従軍記者、従軍カメラマンとしての活躍、そして保険会社への就職、と

「南洋」と無縁な世界に身を置いている。

こうしてみると、やはり、いわゆる「南進論」者たちが、特殊なかぎられた人生上の文脈で、一過性の出会いとして「南洋」と関わりをもったことはほぼまちがいない。逆にいうと、「南洋」との取り組みを終生のライフワークとしたひとは、こと明治時代に関しては存在しなかったのである。

❖画一性のない内容

第二の特徴は、明治の「南進論」には、内容の点で画一性がないということである。つまり、議論を吐いた人間の頭数だけ、それぞれちがった中身の「南進論」があったということである。そのちがいは、とてつもなく大きいように思う。「南進論」者が直接体験をもった場所、もった動機、「南洋」として措定した地理的範囲のひろがり、呼びかけた日本の使命などを、こと細かく検討すると、それぞれまったくちがうことがすぐわかる。

たとえば、である。田口卯吉を「南進論」者として有名にした「南洋経略論」は、これをみたことのないひとは、とかく長大な大論文だと想像しがちだが、その実せいぜい四百字詰原稿用紙五枚程度の短い評論でしかない。田口がこれを書いた動機は、日本の外交思想のあり方を論ずるなどという大所高所の見地からではもとよりなく、東京府の士族授産金処理問題での自分の孤立した立場を正当化するためだけのものでしかなかった。この田口の「南進論」の評価ほど、実像の小ささにくらべて、不当に巨大な誤解ないし過大評価を受けた例はあまりない。

この田口の例にかぎらず、明治期「南進論」の大部分は、本来ささやかな個人的述懐として書かれたものであって、それがその後の歴史過程の中で、現実的要請に応じて、不当に大きく意味づけられ、寓意がふくれあがり、すぐれたイデオロギーであったかのように祭り上げられたに過ぎないのである。廣瀬武夫の『航南私記』にしても、「余の遠航中の有様を重に家大人其の他の知己の諸友に示すにあるなり」と緒言に書いているように、ごくたんたんとした事実の羅列が大部分である。それが、時折、なにげなく書かれてある思い入れの多い述懐部分に目をとめて、「南進論」の古典として位置づける風潮が出てくるのは、むろん、廣瀬が軍神としてまつられるようになったことと無関係ではない。

要するに、明治期「南進論」といういい方自体がすこぶる便宜的なとらえ方であって、実際にあったのは、志賀重昂の一篇の旅先での観察記、田口卯吉が自己弁護のために書いた美文調の短い評論、服部徹の二冊の本、鈴木経勲の三冊の旅行記、菅沼のだれの目にも触れなかった手書き原稿一篇、等々でしかなかったのである。そして、その中身や中身に盛られた思惑は一括してまとめることができないほど多岐にわかれていた。

❖「傍系思想」としての「南進論」

第三の特徴に移ろう。

明治時代において、「南進論」はけっして時代の中心的な思潮になることはなかった。その意味で、「南進論」は、日本の正統的イデオロギーでなかったばかりでなく、異端思想としてきびしく世間から裁かれる思想でもなかった。そのことは、かなりだいじなことである。

「南進論」のために、「傍系思想」ということばをつくってやる必要がありそうに思う。正統思想になれるほど陽あたりのいいイデオロギーでもなく、また異端と呼ばれ裁かれるほど、したたかなイデオロギーでもないばあい、それを「傍系思想」と呼ぶのがふさわしい。「南進論」は、まさにその意味で典型的な「傍系思想」であった。そして、そのことが、明治期「南進論」のひとつの注目すべき特徴なのである。

「南進論」が日本の正統思想になれなかった条件として、ふつう次の四つがあげられるが、いずれも正しい見方である。

まず、日本の置かれていた地政学的立場や実際の政治状況から、朝鮮や中国との関係のほうがはるかに重要かつ緊急な問題であったこと、第二に、国策のレベルだけでなく、民間においても、人びとの積極的な関心は南方よりもむしろ朝鮮や中国に向けられていたこと、第三に、明治初頭以来、日本にはまだ中国文化を尊崇する気風が残っていたこと、そして第四に、朝鮮や中国にたいする積極的関心は、独自の使命観と結びついていたこと(大畑篤四郎『「南進」の思想と政策の系譜』正田健一郎編『近代日本の東南アジア観』昭和五十三年、参照)。

そしてまた、明治の「南進論」の「傍系思想」的特徴は、「南進論」者たちが共通してもっていた哀しい出自、ないしは人生のある段階でもっていた反官・反中央の信念とも無関係ではなかったように思う。前の章で七人の「南進論」者についてくわしくみたように、かれらがだれひとりとして、薩摩長州の雄藩出身者でもなければ明治新政府関係者でもなく、心の底ではたえず中央の正統的な発想をシニックにみる立場にあったことがわかる。かれらは、歴史に背を向ける面を多少とももっていた。つまり、「南進論」は、在野の思想、民間の思想であり、そしてたえず夢を追う不遇なロマンチストたちの思想であった。

「南進論」者たちは、在野の者特有のひとの善さをもっていたから、理論のうえでたくさんの隙を残したことは事実である。そして、かれらはロマンチストであったから、空想的でありすぎた。そして自分たちの語る事柄がどのような論理的陥穽を秘めるかには無頓着であった。とくに、「海外進出」というロマン的行為を美化するあまり、それがどれほど底知れぬ政治的、外交的な問題をともなうかについて、少し軽く考えすぎたきらいがある。だから、「南進論」は、簡単に政治的に悪用される要因をもっていたのである。

ただ、ここで但し書が必要になってくる。かれらを「ロマンチスト」ととらえるのは、かれらの発想が政治的ロマンチシズムをかげらせていたという意味ではない。かれらの人生の生き方がロマン的であるという意味であって、かれらの念頭に去来した事柄は、すこぶる現実的な「冷めた外交思想」とでも呼べる傾向のものであった。この点は、はっきりさせておく必要がある。

以上述べた三つの特徴は、いずれも明治期「南進論」の洗い直しが必要なことを示唆してくれているように思う。その意味で、この三つの特徴は、それぞれきびしく直視しておく必要があるだろう。この三つの特徴をその線で押し進めていくと、この時代の「南進論」が意外にささやかで、意外に現実に根のない思想群であったという結論になるかもしれない。

❖危険思想への転化の潜在可能性

そこで、残るひとつ、第四の特徴が問題になってくる。つまり、「南進論」の中には危険思想への肥大のための起爆剤的な要素が潜んでいはしなかったのか、というもうひとつの問いかけをしてみる必要がある。

たしかに、このような三つの特徴をもちながらも、「南進論」には、もうひとつの注目すべき特徴があった。それは、「南進論」が、おしなべて歴史の本質にたいして無批判な一面をもちながら、反面である種の同時代史的洞察を行なう思想であったということである。

明治時代のほかのどの思想よりもクールに、冷静に日本周辺の環境に働く歴史のダイナミズムを認識していた。そしてその認識を通じて、日本の使命を語る点でも、ほかのどの思想よりも冷徹であったといえる。志賀重昂の『南洋時事』にせよ、鈴木経勲の『南島巡航記』にせよ、あるいはまた明治末期の竹越與三郎の『南国記』にしても、〝探検〟ないし〝視察〟というひじょうに新しい手段による外界認識の成果なのであって、そこにはだれも、また当時のどのイズムも否定できない、客観的な認識が溢れていた。そして、「南洋」に向かうべき日本の使命を説くかれらの呼びかけには、アジア大陸部での使命を説くある種の日本人の呼びかけ以上に、歴史状況の本質に近い要素があったといえる。

移民、領土獲得、自由貿易主義、「拠点」思想、国内矛盾の外へのもちだし……。かれらの呼びかけにちりばめられたこのような思想要素は、その本質においてひじょうにバタ臭いものであって、アジア主義的発想よりも、むしろみごとに当時の欧米の外交思想と噛み合いをみせたのである。いずれにしても、明治期「南進論」の第四の特徴としての、無批判的同時代史哲学ともいうべきものを見逃してはならない。なぜなら、この時代の「南進論」が昭和の時代に正統外交思想として自己肥大をとげることができたのは、まさにそのような特徴を当初から秘めもっていたからなのである。

❖探検と領土拡張欲

ところで、この章のはじめに、「南進論」の七つの特徴を書いておいた。その七つの特徴との関連からも、明治期「南進論」について、いくつかの側面を洗っておかねばならない。たとえば、なぜ「南進論」者たちは「海」や「探検」が好きになったのか。かれらの時代的〝効用〟はなんであったのか。

さしあたって、明治の日本人が抱いた〝探検〟へのただならぬ関心の本質はなにか。当時において、〝探検〟とは平時における戦争以外のなにものでもなかった。明治時代の〝探検〟は、いうまでもなく領土拡張欲と結びついていた。「日本でも何処からか土地を得なければならぬといふので、何かないか、何かありさうなものと、随分探しました」(三宅雪嶺)、「若し同島を発見し、人類の棲息する島とならば、世界に一の陸地を増加するのみならず、皇国の名誉にして……」(田口卯吉)という時代相であった。その意味からも、〝探検〟と結びついた「南進論」は、日本を取りまく歴史状況の本質にみごとに対応していたのである。

開国直後の日本にとって、初期の世界認識のプロセスで、南洋群島なり太平洋世界なりは、日本の利害と結びつく範囲として、当然視野にはいってきて当然であった。鈴木経勲や志賀重昂がそういう初期の世界認識の担い手であったことはまちがいなく、その意味で、いわゆる明治期「南進論」は、すこぶる創造的な貢献をしたといえる。

また「海」への関心という点でも、明治期「南進論」は、少なからずポジの意味をもったと思う。鎖国時代の日本人は内陸にのみ関心をかぎらざるを得ない状態に置かれており、そのような閉ざされた知的関心をそのまま政治的に制度化したのが江戸の幕藩体制であった。日本がやがて海外へ関心を抱いたとしても、それは原則として海外の陸地への関心であって、海そのものへの関心は未熟にとどまった。いずれにしても、「陸」か「海」かという関心対象の対比がそのまま「体制」か「反体制」かに相応する状態が長く続いたあとでは、江戸末期における「海」への関心は、体制外的存在である〝はみ出しグループ〟によるものと、逆に〝トップ・エリート〟の知性主義的関心によるものとにわかれたといえるだろう。

そのような歴史的背景からして、明治日本の正統政治思想は、やはり「陸」あるいは「内陸」の思想として形成される傾きをみせ、「海」にたいする関心は、まさに「傍系思想」であり、なかんずく、「自由」にたいするリベラリスト的関心と符合していたように思われる。その点、明治期のある種の「南進論」者たちは、たいそう「海」を好み、まさしくその線での自由人であった。そして、まさに極端な日本人であったことから、日本の正統的な尺度では、はみ出した存在でもあった。鈴木経勲、菅沼貞風、服部徹、依岡省三、横尾東作、坂本志魯雄、あるいは石橋禹三郎や岩本千綱なども、みな、ある意味での〝はみ出しリベラリスト〟であった。

そのほか、「南進論」には、まだまだ〝効用〟があった。日本が文明的に成熟をとげると、「南洋」は、日本が文明化の過程でしだいに喪失していくかけがえのない価値を残す世界であるとされ、そういう世界を評価しながら、「原日本」のイメージを呼び起こそうとするふしぎな〝効用〟をもったという面もある。「椰子の実」のうたや「海上の道」をめぐる主張などが、日本人の心にかきたてたロマンは、まさに文明化の過程で失われた「原日本」を想起させることにほかならなかったのである。この意味での

「南進論」の〝効用〟は、外向けであるというよりは内向けのものであった。ただ、むろん、内向けであるからといって、危険でなかったというわけではない。
話はくだって昭和のことになるが、この「原日本」イメージを南洋にダブらせる発想がどういう危険な発想になるかを示す、ひとつのエピソードがある。太平洋戦争中に蘭印を旅行した画家の長谷川路可と作家の吉屋信子は、ある座談会で次のように語っている（『蘭印読本』三〇二〜三〇三ページ）。

長谷川　風景が、実に日本の風景に似てゐるところが多かつたです。あの椰子を松に代へると、そのまゝ日本の風景だと思はれるところが随分ありました。海岸なんか、特によく似てゐますね。
吉屋　さうですね。何だか埼玉県か千葉県を旅行してゐるやうですね。水田があつたり、お百姓が仕事をしてゐたり、椰子が生えて居るから、これはどうも埼玉や千葉ぢやなかつたと思つた位です。
長谷川　信州の何とかいひましたね。
吉屋　田毎《たごと》でせう……

この座談会に出席していた南方民族研究家の松原晩香は、その対話を受けてこう語っている。

松原　日本が歴史の拵え方を間違つたのですよ。民族といひ、風景といひ、日本に似て居るのだから日本の領土だとしてしまへばよかつた。さういうふうに解釈して、貸してあつたやうなものだから、いつか返して貰へるというやうな気分で旅行して居ればいゝでせう

このことはここまでとして、あと三つだけ、さきほどの七つの特徴との関連で、検討しておいたほうがよいことがある。

❖国内問題解決策としての「南方関与」

ひとつは、「日本国内の社会的、経済的問題の解決」を南方関与と結びつけて考えるという点である。これに該当するのは、さしあたって、杉浦重剛の『樊噲《はんかい》夢物語』（明治十九年）と横尾東作の「東洋公会設立大意」（明治十八年）という二つの作品である。この二人の人物は、明治時代においてはそうとうな影響力をもった存在であり、たとえば杉浦の本を菅沼貞風が感激して読んだという記録が残っているし、横尾は、多くの「南進論」者に君臨するボス的存在であった。

二人の作品に共通するのは、日本国内で不遇に付されているあらゆる種類の人間を「南洋」の島々に送り出し、そこで新しい社会を建設させるというプロットである。たとえば、横尾東作は、いっさいの「刑人」（横尾の計算では、明治十六年で、服役中の罪人の総数は三十二万四百十人であったという）を送り出す人びとの一部に想定し、「若し拱手歳月を虚うせば、犯罪は天下に充満し、植民地は尽く外人の手に墜ちん」という、ふしぎな論理を駆使してみせている。仙台の儒者の家に生まれ、警視庁記録課長までつとめた横尾らしい発想ではある。

ただ、杉浦にしても、横尾にしても、かれらの発想は、たいへんな道義性の限界を露呈している。日本の歴史の本質にたいして無感覚であるだけではなく、「南洋」の主体的な尊厳を完全に無視し、日本社会の矛盾のはけ口としてしかみない考え方は、かれらなりの「南進論」が歴史の審判に耐えることのできない、もっとも限界のあるジャンルのものであったことの証明である。杉浦重剛にいたっては、反動的な差別思想でからだのしんまで毒された、旧時代的な貴族主義者でしかなかった。

❖ミニ商社

次に、第二の問題は、平和的貿易思想としての「南進論」のことである。その点、田口卯吉の「南島商会」設立にみられるような、明治二十年前後を特徴づけた、ある種の小規模貿易をみておきたい。かりに「ミニ商社」と名づけようか、南洋群島との貿易のために設立された、ごく小規模の個人会社が、初期の「南進論」の性格づけと密接に関係しているのである。

日本ないし日本人が南洋群島と経済的な関係をもったはしりは、明治二十年にわずか四十五トンの船でポナペ島に行った小笠原在住の小谷信六という人物であったとされている。小谷は、当時小笠原に帰化していた南洋群島の住人から話をきいて密貿易を思いつき、その四十五トンの帆船に荷を積めるだけ積んでポナペ島まで行っている。小谷は、ランプ、石油、ビスケット、蚊帳、シャツ、米、メリケン粉、フライパン、斧、ソースパン、マッチ、牛刀などをもっていったという(南洋貿易株式会社『南洋貿易五十年史』三~四ページ)。

この小谷の住んだ小笠原では、当時、土佐出身の依岡省三が牧畜をやっており、この二人の接触がきっかけとなって、南洋群島との貿易の有利なことが東京につたわり、ひいては、田口卯吉を有名にした士族授産金がらみの遠洋貿易論にまで発展するのである。その意味では、この小谷信六の偶然的な南洋群島行きも、ばかにならない歴史的意義をもっていたのである。

田口卯吉らがつくった「南島商会」のことについてはここで改めて触れないとしても、その後、その「南島商会」の後継ぎみたいなかたちで「一屋商会」(明治二十四年)ができ、おなじ年にさきほどの小谷信六が「快通社」という会社を設けている。どちらも貿易会社であった。やはりおなじ明治二十四年のこと、さきほどの横尾東作が「恒信社」という会社を起こしたが、これまた貿易会社、つまりわたしのいう「ミニ商社」であった。

ちなみに、最近、わたしは、福島県の白河で、この「恒信社」の支配人心得をしていた青柳徳四郎というひとの日記その他の一次資料が残っているのを発見した。かりに「青柳徳四郎関係資料」と呼んでおこうか、およそ五十点を数えるこの貴重な一次資料は、わたしのいう「ミニ商社」の活動の実態について多くのことを教えてくれる。とくに日記が有益で、明治二十四年から翌二十五年にかけての「恒信社」の活動の様相がかなりくわしく書かれてある。その青柳徳四郎が白河の教会で洗礼を受けたプロテスタント信者であったという事実は、すこぶる興味深い。

いずれにしても、明治二十年代の「南進論」が、このような「ミニ商社」活動を基盤としていた点はだいじである。「海」の思想や平和的貿易思想などがこういう基盤から出てきただけでなく、大正時代における南洋群島貿易にまでつながっていくのである（本書二五九～二六二ページ参照）。「ミニ商社」のことはこれまでにして、第三に、あとひとつだけ、たいそうだいじな問題について触れておくことにしよう。

❖「アジア主義」との関連

これは、ひじょうにだいじな問題である。それは、「南進論」と、いわゆる「アジア主義」との関係である。「南洋」がアジアの一部である以上、「南進論」が「アジア主義」の一隅に位置づけられてもおかしくないような印象だが、そうとは決めつけてしまえないところに微妙な問題が残るのである。

ただ、ここでは、「アジア主義」がどのような思想であるかは議論しないでおこう。「南進論」がそのほかのアジア関係のイデオロギーないし政治的行動と接点をもった例は、いくつかないわけではない。たとえば、樽井藤吉が『大東合邦論』（明治二十六年）の中で、なにげなく「暹羅《シャム》」「緬甸《ビルマ》」「馬来《マレー》半島」などについて触れたのはいい例である。

また、副島種臣が主宰した「東邦協会」が明治二十四年に設立されたときの「設立趣意書」には、「爰に『東邦協会』を興し東南洋の事物を講究する」とあり、東洋と南洋とが結合されている。「東邦協会事業順序」をみると、「第一条　本会は主として東洋諸邦及び南洋諸島に関する左の事項を講究す」とあり、設立趣意書の中の「東南洋」の意味がはっきりする（安岡昭男「東邦協会についての基礎的研究」『法政大学文学部紀要』第二十二号所載、一九七六年、参照)。ところが、このような「東邦協会」における「東洋」と「南洋」との結合は長くは続かず、明治三十年に幹事長の稲垣満次郎がシャムに行ってしまうと、「南洋」にたいする関心は消え、もっぱら「東洋」専一の活動団体に変わってしまう。このことは象徴的である。つまり、かりに一時的に「東洋」と「南洋」とが結びつけられたとしても、それはごく偶然的な要因による不安定な結合でしかなく、永続きはしないのである。

すでに分析した「南進論」者の中にも、服部徹のように、やがて「南洋」を離れて朝鮮半島問題に関心を移した人物もいる。このケースも、「東洋」と「南洋」との接点の一例だといえなくもない。そのほか、宮崎滔天、大井憲太郎、明石元二郎などのように、ふつう「アジア主義者」というカテゴリーの中で議論される人物が、人生のある段階でごく一過性的に「南洋」と関わりをもった例がある。

アジア主義者たちがかれらのアジア主義的な感受性を刺激され、一時的にではあれ「南洋」に眼を向ける契機が、「南洋」の側にないわけではなかった。たとえば、明治二十六(一八九三)年に、フランスの「砲艦外交」によって、シャムがメコン河東岸をフランスに割譲し、賠償金までとられた、いわゆる「暹《せん》仏事件」は、日本のアジア主義者たちの義憤を呼んだ。岩本千綱や石橋禹三郎らがシャムに渡ったのは、この事件に憤慨したうえでのことであった。宮崎滔天のシャム渡航もこの事件と無関係ではない(宮崎は、シャムを「東方政策」と結びつけて考えていた。また、かれは、シャムのことを「半亡国」と呼んでいる。「暹羅行途上」(第一信)全集第五巻、五ページ参照)。

もうひとつの事件として、明治二十九(一八九六)年にはじまるフィリピン独立戦争をあげることができる。スペイン政権を打倒しようとしてエミリオ・アギナルドが旗をあげたこのできごとは、日本の台湾領有の翌年ということもあって、一部のアジア主義者を刺激している。このできごとをめぐって多少とも動いた日本人に、明石元二郎、乃木希典、宮崎滔天、犬養毅、内田良平などがいる。しかし、なかでも、坂本志魯雄の名は、この事件で一躍有名になり、後年、坂本が代表的「南進論」者として祭り上げられる伏線になった。

　坂本は、明治四年四月一日に高知県に生まれ、自由党の志士のひとりに加わった人物だが、朝鮮、台湾と渡りあるいたあと、明治三十年から三十六年までフィリピンに住みつき、フィリピン独立戦争の裏で活躍する。その間、ホセ・リサールの娘と恋仲になり、一児をもうけている。その後は樺太に赴いて画策するところがあったが、明治四十一年高知にもどり、政友会幹部として活躍、衆議院議員も一期つとめる。昭和六年四月十一日に病死、享年六十一であった（坂本の伝記としては尾崎卓爾編『弔民坂本志魯雄』弔民会、昭和七年がある）。

　このような「南洋」現地でのできごとに関わった日本人たちは、「南進論」者であったといえるのだろうか。むろん、わたしの答えは「否」である。かれらは、「南進論」とは多少とも異なった中身の思想の持ち主でこそあれ、「南進論」の名に値する思想は、だれひとりもちあわせてはいなかった。その点、岩本千綱などはどうか。かれは、たしかにシャムとだけ関わり、名著『暹羅《シャム》老檛《ラオス》安南《アンナン》三国探検実記』（明治三十年）をのこし、晩年にも日本と南洋との関わりを深めるため、個人的な努力を傾けて死んでいった男である。しかし、岩本は、「南進論」者というより、ある種の「行動主義者」であった。つまり、宮崎滔天や坂本志魯雄、そして晩年の大井憲太郎などと比較的おなじ次元で生きていた人物だと考えられる。こういう人たちは、「南進論」といえるほどの理論はもたず、国権論者であり、そしてやたらと海外で行動したがる点で、わたしのいう「出る」原理、「為す」原理の象徴みたいな存在であった。

　要するに、わたしの考えはこうである。「南進論」と「アジア主義」とはまったく別物であって、両者のあいだに微妙な感化関係は認められても、それぞれの思想を構成する要素の点で、はなはだしい懸隔があった。アジア主義者にとって、「南洋」はけっして活動の舞台ではなく、むしろかれらは、おおむね「北進論」者であった。また、「南洋」は、「アジアは一つ」などのアジア主義的テーゼの通用しにくい世界であり、そして欧米の植民地である限りは、朝鮮半島や中国と比べると、アジア連帯感にもとづく行動の自由が極端に制限される世界であった。逆にいうと、「南進論」者たちは、アジア大陸部の問題には、とんと無関心であったし、そして、なによりもだいじな点なのだが、「脱亜論」的思潮にたいして神経質に対抗しようとする特徴はもちあわせてはいなかった。つまり、「南進論」は、「脱亜論」のアンチテーゼではかならずしもなく、アジア主義的な力みかえった「入亜」の姿勢には乏しかったのである。

❖「南進論」者の役割——四つのケース

ここで、話を少ししめくくっていくことにしよう。

このような特徴をもつ「南進論」のことが過去大騒ぎされたわりには、「南進論」者の理論ないしかれらの存在が、どのような社会的影響のもたらし方をしたかについては、これまであまり頷けるような議論がなかったように思う。「南進論」がなぜ問題にされねばならないかをはっきりさせるためにも、「南進論」者たちがどのような役割を演じたか、また演じえたかをしっかりおさえておく必要がある。わたしは、かねてから、次の四ケースにわけて、いわゆる「南進論」者たちの歴史的役割をとらえてみたらどうかと考えている(本書四一〜四三ページ参照)。

第一のケースは、「南洋」を「西洋」や「東洋」とちがったものとしてとらえ、日本人の知的関心の対象として新しい地理的範囲を区切ってみせた役割、である。これは、志賀重昂の『南洋時事』が果たした役割である。このケースの系譜は志賀以後の理論的発展をもっと執拗に追ってみる必要があるように思うが、あまり類例をみない。

第二のケースは、日本の公的政策としての「南進」政策に多少とも理論的影響ないし暗示を与えたばあいである。たとえば、鈴木経勲らの『南島巡航記』、服部徹の『南洋策』、稲垣満次郎の『東方策』、大石正巳の『富強策』、あるいは志賀重昂の『南洋時事』や竹越與三郎の『南国記』などを、その観点から評価することができないわけではない。あんがい榎本武揚や後藤象二郎などのほうが重要な影響力をもったのかもしれない。このての人物は、時代があとになるにつれて、どんどん出てくる。とにかく、かれらは、明治の日本人の領土獲得欲など外交権益を「南洋」となにげなく結びつける役割を果たしている。

第三のケースは、日本国民の南洋熱を盛り上げるアジテーター的役割を果たしたケースである。「南進論」を一般大衆が親しむまでに普及させたのは竹越與三郎の『南国記』をおいてほかにはない。あるいは〝探検〟の妙味を教えた鈴木経勲もここに加えていいかもしれない。むしろ、この点では、名前をよく知られたいわゆる「南進論」者たちよりは、大正初期の『実業之日本』や『太陽』、そして、明治時代のいくつかの政治小説のほうがはるかに大きな役割を果たしたといえるだろう。

第四のケースは、みずから南洋に赴き探検その他に従事して、いわば南方関与の先駆者ないし殉教者というイメージをまとい、のちの時代に日本が国策として、「南進」政策をとりはじめたとき、政治的シンボルとして祭り上げられることになる人びとのばあいである(あとにあげる資料19参照のこと)。菅沼貞風、福本日南、坂本志魯雄、依岡省三、横尾東作、岩本千綱、石橋禹三郎、あるいはまた宮崎滔天、大井憲太郎など……。むしろ、鈴木経勲、志賀重昂、田口卯吉などが、その意味では代表的存在になるであろう。なかでも、鈴木経勲のなん冊かの本、そして岩本千綱の『暹羅老檛安南三国探検実記』という痛快な探検記はかなり広く読まれ、そして書いた当人たちを「大物」として位置づけたのであった。ただ、だいじなことは、鈴木や志賀などは別として、かれらの大部分が厳密な意味での「南進論」者ではなかったということである。

このように、「南進論」を、社会的影響との関連でいくつかの観点からとらえなおしてみると、「実」の理論と「虚」の理論とでもいえるようなコントラストがみえてくる。つまり「南進論」者にはホンモノとニセモノとがあるということである。

たとえば菅沼貞風である。かれの『新日本の図南の夢』は、内容の充実といい、また文章の密度といい、あまたの「南進論」関係の作品のなかでは群を抜いたものではある。しかし、これがはじめて公刊されたのがなんと昭和十五年であったというのは気になる点である（たとえば、花園兼定『南進論の先駆者菅沼貞風』〈昭和十七年〉など、昭和十五、六年段階で執筆された菅沼貞風の伝記をみても『新日本の図南の夢』のことにまったく触れていない）。それまでほとんどひとの眼に触れなかったという事実を考えると、この作品をほかの明治期「南進論」とおなじぐあいに扱うことには躊躇を覚えるひともいることだろう。

だから、いずれにしても、一人ひとりの人物について、粉飾を洗い流し、「実像」をとらえる操作が必要なのである。菅沼貞風のばあい、かれが、「南進論」者として大きく浮かび上がったのは、多分にかれが、『大日本商業史』という大著をあらわしたあと、二十五歳の若さでフィリピンで死んで、その墓がマニラにあるというロマン的事実そして、強いてつけ加えると、かれが、長崎平戸の生まれで、浦敬一や稲垣満次郎らと同世代人であったという事実に基づくと判断しなくてはならない。また「虚」と「実」という観点からみると、岩本千綱や宮崎滔天、大井憲太郎らが、「南進論」と呼ぶに値するほど理論をもっていたかどうかかなり疑わしいのである。かれらは、志士気取りで南洋をうろつきまわった無節操な行動主義者でありはしなかったか。依岡省三は、ありふれた商人でしかなかった。石橋禹三郎は、アメリカに留学して、チリ革命にアメリカの義勇軍に加わって従軍したあと、帰国して、たまたまシャム移民計画に参画しただけで「南進論」者といわれるようになった。そのほか、たまたま南洋と関わったというだけで、のちに有名になった人物は多いのである。だれも南洋には行きたがらなかった明治の日本では、かれらの行動はそれなりに意味があったのではあろうけれども……。

とにかく、すぐれた「南進論」者が、掃いて捨てるほど近代日本にいたわけではない、という見きわめはだいじである。それと、かれらの影響力の相対的な乏しさ……。さきほど、「南進論」の社会的影響のところで、第二のケースとして、日本の国策としての「南進」政策に多少とも理論的影響を与えたばあい、というのをあげたけれども、そこでいう「理論的影響」の意味は複雑である。「南進論」者が主張したことがすぐさま公けの政策になったということは、歴史のある段階までほとんど例がない。影響を与えたようにみえて、実は偶然の一致であったということのほうがおおむね真相に近い。明治の「南進論」者たちの貢献は、むしろ歴史の伏線をひいたことのほうにある。したがって、この第二のケースをあまり厳密に考えたらいけないということになる。

ただ、まぎれもなく、問題にするに値するという意味でのすぐれた「南進論」者はいた。それは、かれらが一級の「南進論」を吐いたかどうかとはかならずしも結びつくことではない。田口卯吉のケースがまさにいい例で、かれのばあい、かれの書いたほんとうの中身よりもみせかけの中身のほうが意味をもつのであり、それよりもまた、かれほどの大きな存在がたまたま「南洋」問題と関係していたという事実のほうが意味をもつのである。そういう屈折した意味で、なおかつ、わたしは、かれをすぐれた「南進論」者と呼ぶことにしたい。

私なりに選んだすぐれた「南進論」者を改めて列挙してみよう。

まず、「南洋」にたいして、「西洋」や「東洋」と並ぶ尊厳を与えようとしたひととして志賀重昂……。

その志賀あるいは横尾東作の強い影響を受け、南洋群島に日本の権益の焦点をぴしりと決めてみせた服部徹……。

「南進論」とふつういわれるイデオロギーの、いわば模範答案みたいなものを書いた人物として菅沼貞風……。

〝探検〟〝「海」の思想〟〝領土獲得〟など、明治期の時代性のある面をもっともよく一身に体現してみせた人物として鈴木経勲……。

これほどの人物が偶然的にであれ、「南洋」と直接関係をもち、しかも類似「南進論」的な文章を書き残した、という点で田口卯吉……。

「南進論」をかなり高い成熟度の外交思想として、いわば一種の〝太平洋圏〟思想みたいなかたちで体系的にまとめあげ、みずから進んでシャムの公使になって、日本と南洋との結びつきに貢献した人物として稲垣満次郎……。

そして、私のいう「同時代史的洞察」の点で冴えをみせ、また「南洋」の重要性をこれほどはっきりと世間に強く植えつけてみせ、「南進論」を一般大衆のレベルにまで普及させた人物として竹越與三郎……。

前の章で取り上げた七人の「南進論」者の選択は、そういう基準に基づいたわたしなりの人選であったのだ。むろん、心の底で、わたしは、これが甘い人選だったと思っている。しかし、理想的な厳密な尺度をあてはめると、望ましい「南進論」者は明治の時期にはほとんどいなくなってしまう。

要するに、明治時代の「南進論」は好ましい特徴もいくつかもっていたように思う。昭和の時代に焼き付けられた歪んだイメージの先入観から、多くの日本人は、明治時代の「南進論」がもっていた平和的な性格のほうを見失いがちである。

まずなによりも、わたしのいう「第一線」であれ「第二線」であれ、「南洋」が日本の身近な地域として親しまれるようになったのは、明治期「南進論」の残した大きな功績であった。日本人が脱亜入欧に専念していたとき、「南洋」概念が定着したというのは、それ自体有意義なことであった。そしてまた、明治時代の「南進論」は、一部の例外を除いて、基本的には善意の思想であった。軍事力よりは政治の力、強引な侵略よりは平和的な経済進出を考えたのであって、その意味では、どことなく平和主義的なニュアンスをまとっていた。この頃の「南進論」が、おおむねいわゆる国権論的なアジア主義思想とは遠く離れた地平で唱えられていた事実はもっと注目されなくてはならない。その二つが合流して、怖ろしい化学反応を起こすのはもっと後のことである(本書二九一ページから参照)。

とにかく、わたしたちは、近代日本のよこしまな歴史のなかで手垢にまみれきった「南進論」にたいして、日本人の残したユニークな精神的所産として正当な評価を与えるためにも、それを新鮮な視点から洗い直すことが必要なのである。昭和のある時期に不都合なまでに「南進論」者の水ぶくれ現象が生じたことを忘れてはならない。だから、「虚」の部分を削り落とすことが先決なのである。

ここで、話を、明治以降の歴史に移すことにしよう。「南進論」は、大正から昭和にかけてどう生きながらえるのだろうか。

Ⅲ　大正期「南進論」の特質

❖「北進」か「南進」か

天皇の治世にあわせて一九一二年から一九二六年までを区切って、この十五年間を「大正時代」ととらえることが歴史学的にどれほど妥当性をもつかは、ここでは問わないことにしよう。ただ、近代日本の「南方関与」という主題との関連でいえば、この期間に、やはり、かなり重大な変化が生じたことは事実である。そこで、ごく便宜的に、この期間に行なわれた日本の「南方関与」をめぐる議論の総体を、かりにやはり「大正期『南進論』」と呼んでおくことにしよう。

大正時代において、「南進論」をめぐる議論は、早くも二年にははじまっている。その意味で、大正時代は、初めから終わりまで通して「南進論」が花咲いた時期であったとみることもできる。

なかでも象徴的だったのは、大正二年十一月、雑誌『太陽』が、臨時増刊号「南進乎北進乎」を出したことである。これはひじょうに注目すべき特集であって、「北進」かそれとも「南進」か、というテーマを、あらゆる角度から議論している。「南進及北進と軍備関係」「軍事上より観たる満蒙と南洋」「北方発展と南方発展との利害観」「南進論者と北進論者」など、「南進」と「北進」のどちらにも軍配を上げない傾向の評論が並んでいるのが印象的である。あわせて「北」と「南」との対比をもっと一般的な次元できわだたせる企画、たとえば「支那の南方と北方との比較」「日本の南人と北人」「日本文壇に於ける南北」「欧州文学の南北」「南の美観と北の壮観」などにも力が注がれている。

このように、まだはっきりと「南進」策を強く訴えないところに、のちの第一次大戦勃発後の状況とちがった背景を感じさせる。ただ、この段階で早くも「南進」というタームが、「北進」と対等あるいはそれ以上に並びうるものとして措定されたこと自体、注目に値する。ちなみに、徳富蘇峰が、先にも引用した『時務一家言』で、「北守南進」「南極楽北地獄」「北進南進」「陸海両本位」など、「南進」策をきびしく批判するすぐれた議論を展開したのも大正二年であった。

しかし、時代の流れは、この頃早くも、しだいに「南進」優位に変わりはじめていたのである。大正二年には、井上清が『南洋と日本』を書いている。江川薫の『南洋を目的に』、佐野實の『南洋諸島巡行記』という二冊のおもしろい旅行記が出たのも大正二年であった。そして、内田嘉吉が大正三年に書いた『国民海外発展策』も「南進」策を説くすぐれた議論であった。

❖三つの大きな基盤的変化

ところで、「南方関与」の観点からみれば、大正時代には少なくとも三つの大きな基盤的変化が生じている。

第一は、第一次世界大戦発生にともなって、ドイツ保護領である南洋群島を日本が占領し、大正三年十月以降軍政を布き、そして、大戦終了後、その南洋群島が委任統治地域として日本の支配下に置かれたことである。

日本でふつう「内南洋」といわれていたこのドイツ領南洋群島が、この際日本の領有に移ったことの意味は重大であった。明治期の「南進論」がほとんどこの「内南洋」の島嶼群を「南洋」そのものととらえ、そこへの進出をもくろんでいたことを考えると、明治期「南進論」がここにいたってその歴史的使命を果たしおえたということがいえる。志賀重昂が「南洋は多事なり」と書いたときの「南洋」はこの南洋群島のことであったし、田口卯吉が「南洋経略論」の中で「南洋経略の地」と述べたときの「南洋」も南洋群島であった。そのような明治期「南進論」の「第二線」本位的な主張は、この際、はっきりと歴史的使命をおえたのであった。

しかし、むろん、かれらの「南進論」の理論的な大枠である「南洋経略」の思想は、「南洋」に再定義を与えるかぎり、生き残ることができたわけで、この意味では、むろん、明治期「南進論」の歴史的役割は、いわば無限永遠に続くのである。その意味では、かれらの歴史的使命が終わったというのは正しくないかもしれない。「南洋」が主として「内南洋」だけを意味した時代が終わった、といういい方をしたほうが正しいだろう。しかし、もはや「南進論」の担い手が、田口卯吉や鈴木経勲あるいは榎本武揚のような発想をもつ人びとの時代でなくなったことは事実なのである。少なくとも、新しいタイプの「南進論」者の擡頭をゆるす時代的条件がつくられたことには変わりなかった。

第二の基盤的変化は、日本の国内経済の発展と関連する。大正三年にはじまり大正九年まで続くいわゆる「大戦景気」によって、日本国内の産業構造の大きな変化が生じただけでなく、日本の貿易も飛躍的な伸びをみせ、また資本も海外流出の余力をもつことになった。

輸出品目で急増をみせたのは綿織物で、蘭領東インドの場合大正二年から大正五年の三年間に四二四パーセントの率で増えており、シャムの場合一六七パーセントの率で増えている。輸入の面では、原綿の輸入が増えてはいるものの、石油、錫、ゴム、砂糖の輸入が一時減ったため、相対的には減少傾向をみせることになった。日本と南洋との貿易額を大正二年と第一次大戦の休戦条約締結の七年とで比較すると、輸入の伸びはさらに印象的であるとともに、輸入もその後やはり急増傾向をたどったことがわかる(表5参照)。いずれにしても、たとえいずれは馬脚をあらわす「空巣狙ひ的な貿易進出」(大蔵省管理局編『日本人の海外活動に関する歴史的調査』第三十冊「南方編」第一分冊、八四ページ)であったとはいえ、新たな

表5 日本と南洋圏5ヵ国との貿易統計　　(単位:千円)

	輸出	輸入	合計
	%	%	%
大正 3 年	22,745 (3.8)	52,731 (8.9)	75,476 (6.4)
4	30,264 (4.3)	35,472 (6.7)	65,736 (5.3)
5	51,349 (4.6)	43,417 (5.7)	94,766 (5.0)
6	87,111 (5.1)	59,367 (5.7)	146,478 (5.7)
7	153,495 (7.8)	156,738 (9.4)	310,233 (8.5)
8	110,687 (5.3)	263,330 (12.6)	374,017 (8.8)
9	184,997 (9.5)	126,035 (5.0)	311,032 (7.3)

出所) 大蔵省管理局編『日本人の海外活動に関する歴史的調査』第三十冊「南方編」第一分冊、83ページの表により作成。
注) 1.「南洋圏5ヵ国」とは英領マレー、蘭領東インド、仏領インドシナ、フィリピン、シャムの5ヵ国である。
2. カッコの中の百分比は、それぞれの同年度の総輸出、総輸入、総貿易額にたいする比率である。

貿易市場としての南洋は、自己肥大を遂げる日本の資本主義にとって、にわかに重要な地域として浮かび上がったのである。

資本投下のほうをみると、変化は、ゴムや椰子の企業農園(プランテーション)への大資本による投資の増加となってあらわれている。「ジョホール川の岸には、日本の金六大阪の藤田男、東京の古河鉱業会社、森村男などの大護謨園が並び、ラバン川の岸には三井合名会社の護謨園を首として、此の附近四方数十里の間は、大小の日本企業家に因て、全く新日本部落を建設せられてあるが、其中で、最も大規模なるは、愛久沢直哉の三五公司が経営する護謨園だ」(坪谷善四郎『最近の南国』一九一二ページ)。

大正九年の戦後恐慌は、このような商品および資本の進出にたしかにある種のくびきとはなった。しかし、戦後恐慌によって、弱小資本の整理が行なわれた反面、それに耐えることのできた地力ある資本のばあい、かえって現地に深く根を生やすことができた。戦後恐慌は、その意味で日本と南洋との関係を決定的に断ったわけではなかった。むしろ、国家のうしろだてを得ることができる有力な資本のばあい、このような歴史の逆境にかえって勢力拡大の好機をつかむことができたのである。

ふたつの例をあげると、ひとつは、「内南洋」における東洋拓殖の進出の事例(本書二六〇～二六一ページ参照)であり、もうひとつは、石原産業のケース(本書八一～八五ページ参照)であるが、ここではくわしくは立ち入らない。

　第三の基盤的変化に話を移すことにしよう。それは、いまくわしく述べた第二の基盤的変化と密接に関係することだが、「外南洋」地域への日本人進出が大正時代ににわかに増えたという事実である。在留邦人数の年次別変化を表6に示しておく。

　このような在留邦人の増加を支えたのは、実質的な力としてはむろん経済進出の深まりという条件であったが、もうひとつの重要な与件として、南洋航路の充実ということがあった。

表6 外南洋在留邦人数年次表

	明治42年	大正3年	大正8年
シャム	184	218	282
仏領インドシナ	——	161	——
英領マレーおよびボルネオ	2,611	5,166	8,297
蘭領東インド	780	2,949	4,144
フィリピンおよびグアム	2,156	5,298	9,798
南洋委任統治地域	——	——	1,791

出所）山田毅一『南洋大観』（昭和9年）351ページより

　大正三年にでた吉田春吉『南洋渡航案内』、そして大正六年にでた多田義堂『南洋渡航案内』は、日本の南方関与の歴史の上では、おそらくいちばん最初の「渡航ハウツーもの」としてユニークな存在を誇りうる作品である。むろん、これ以外に出た単行本で、巻末に渡航や現地生活の手引きのページがついている本はある。たとえば、大正五年刊の八木実通『爪哇《ジャワ》とセレベス』がそうである（資料7）。また、大正期に出た渡航案内に類する単行本としては、日南公司『南洋興信録』（大正六年）、越村長次『南洋渡航須知』（大正八年）、好文館編『南洋通覧』（大正九年）などがある。多田義堂の本によると、大正六年夏の時点で、南洋渡航に利用できるものとして、「日本郵船」「大阪商船」「南洋郵船」の三社線があげてある。

　しかし、第一次大戦勃発後、欧州諸国の南洋配船は急速に減り、日本の汽船が主役となって活躍できる状態が生じた。大正七年になると、その三社以外に、山下汽船、郵船三菱、太平洋海運なども南洋航路に加わり、そして大阪商船にいたっては、日本起点型のそれまでの航路に加えて、南洋域内の独立航路（たとえばジャワ↓シンガポール↓バンコク）の運行まで開始した。

このような新航路開拓を求める主張自体も、実は大正期「南進論」のひとつの要素でありえたわけだが（たとえば佐藤四郎、大野恭平共著『南国』（大正四年）には「海外発展の国策を南方に、経済的に行はんとするには、南洋航路の問題を除外する能はず」とあり、注目すべき議論が展開されている）、いずれにしても、大正期の南方関与をみるばあい、この局面に生じた大きな変化を見逃すわけにはいかない。

❖新しい論調の展開

ここで、話を一歩さきに進めよう。これまでに描いたような歴史的基盤の変化に対応して、この時代の南洋に関する議論は、明治期「南進論」とはちがった新しい論調をみせることになる。

大正期「南進論」は、ひとつの要素としては、当然のこととして、新しく獲得された旧ドイツ領南洋群島、いわゆる「内南洋」の積極的な利用、活用を説く主張をふくむことになった。これについては次の章でくわしく触れる。

大正期「南進論」には、このように新占領地の利用をめぐる議論のほかに、まったく新しい傾向の議論がふくまれることになった。そして、むしろこちらのほうこそが、さきほど描いた歴史的基盤の変化にみごとに対応して、大正期「南進論」の中核的な思潮となったのである。それは、日本の南方関与の対象を、「内南洋」ではなく、わたしのいう「第一線」の方向、とりもなおさず「外南洋」に設定し、日本の利益圏としてむしろ「外南洋」に積極的に進出することを説く考え方である。

こうした議論は、なにも大正期にはじめてあらわれた新しい思想とはいえないかもしれない。明治期「南進論」、とくに明治末期になされたいくつかの主張の中には、早くも外南洋を視野に取り入れた「南進論」がふくまれていたのは事実である。たとえば、あまりにも有名な竹越與三郎の『南国記』（明治四十三年）がそうであるし、山田毅一の『南洋行脚誌』（明治四十三年）もある意味ではそうであった。山田毅一のこの旅行記は、香港、仏領インドシナ、シンガポール、マレー半島、ボルネオなどをカバーしている。ただ、諸列強の海外進出を歴史的に比較検討した「海外発展策」という論文が巻末に付録としてつけられているが、そこでは、かれは、「第二線」の延長でものを考えている。そして、かれの結論は、「凡ての点に於て、吾れの取らんとするは南洋群島と米大陸沿岸の地である」（同書二一〇ページ）となっている。そして、もう少し古く遡ると、副島八十六の「南方経営論」（『帝国南進策』所載、大正五年）という講演原稿も、フィリピン、仏領インドシナ、シャム、蘭領東インド、豪州、ハワイなどの現状について触れており、主として外南洋を対象とした実務的な「南進論」である（資料8）。

このような明治末の外南洋進出型「南進論」は、しかしながら、数少ない例外的現象であり、そして竹越のばあいを除くと、それほど大きな社会的影響力をもったわけではなかった。だいいち、時代的背景がまだ熟してはいなかった。ただ、竹越のベストセラー作品『南国記』は、明治二十年前後に花咲いた明治期「南進論」の火種を守り続けるトレーガー（担い手）的役目を果たし、そして、対象地域としての「南洋」を「内南洋」（「第二線」）からすんなりと「外南洋」（「第一線」）へと転換させ、明治期「南進論」を大正期「南進論」に接続させる役目を果たした作品ととらえることができる。それにしても、外南洋を積極的に対象領域として取りこんだ新しいタイプの「南進論」が構築されるのは、あくまでも大正時代の歴史的所産なのであった。

❖大正期「南進論」の基本傾向

大正期における南洋についての議論は、いずれにしても、明治期の南進論とはかなりちがった様相をみせることになる。

基本的な傾向は、いましがた述べたように、「外南洋」を中心とする新しい地域への関心の拡大延長ないし収斂である。もはや、「内南洋」の時代は終わったのである。そして、「南洋」の範囲についての新しい明確な定義が行なわれ、そして、それが社会通念として定着するのもこの時期であった。

民友社が「現代叢書」の一巻として大正四年に刊行した『南洋』は、吉野作造が編纂者になっていることもあり、当時としては格段に権威のある南洋概説であったと想像される。この中に、「南洋」についての明確な定義が与えられている。

「広義における南洋とは、亜細亜及び亜米利加に属せざる太平洋上の各嶋嶼、濠洲、新西蘭、蘭領東印度、裏南洋諸島の総体に対する名称にして、狭義に於ける南洋とは、濠洲、新西蘭諸島を除きたる爾余の諸島を云ふ。今日普通謂ふ所の南洋とは、主として後者を指すものなれども、本書は濠洲及び新西蘭諸島をも含み、即ち広義に於ける南洋を詳述したるものなり」(二〜三ページ)。

このように、かなり明確な区画をくぎったこの時期の「南洋」観は、そういう「外南洋」という新しいフロンティアに焦点を定めながら、内容的にはどのような特徴をみせたのだろうか。

この時期の南洋についての議論をみるとき、議論に実質的内容を与え、議論の傾向を定めるうえで意味のあった背景的諸条件として、まず、次のような事柄を考慮に入れなくてはならない。

第一に、大正期「南進論」に影響を与えた背景的条件として、さきほどもちょっと触れた明治期「南進論」の影響と、そしてそれを上まわる影響力をもったものとして、明治末から大正時代の時代的思潮のひとつとしての殖民論ないし日本膨脹論の感化を忘れてはならない。

たとえば、大正期「南進論」の代表的な作品のひとつである井上雅二の『南洋』(冨山房、大正四年一月)をみると、その点がはっきりする。井上雅二は、明治十年二月十七日に兵庫県氷上郡に生まれている。十代に荒尾精の影響を受けてアジア主義者となり、早稲田大学に学び、近衛篤麿の東亜同文会に加わり、日韓併合にも一役買っている。そのかれが、「興亜と南方経綸の重要性を痛感して、これを実行に移すことになった」のは明治四十三年、そして明治四十四年秋には森村市左衛門の協力をとりつけ、「南亜公司」をシンガポールに設立し、ジョホール州のゴム園開拓に乗り出している。その後少なくとも十二年間は南洋開拓の第一線に立ち続け、スマトラ、北ボルネオ、ミンダナオの開拓にも力を注いでいる。

この井上雅二が大正三年に書き、同四年初めに刊行した『南洋』は、内容といい、文章の練達さといい、大正期「南進論」を代表させることができるすぐれた作品である(資料9)。

「南進」と「大日本主義」とを結合させる井上の考え方には、当時の日本の思潮にみられた有力な殖民思想やあるいはまた後藤新平の日本膨脹論的主張などの影響が如実に読みとれる。事実、「大日本主義」という語法は、いかにも後藤新平的である。この井上雅二にみられるように、明治末の南進論の主張と「大日本主義」的な膨脹推進論との接合こそが、大正期「南進論」の基本的な性格になっているのである。

第二の条件として、日本の「外南洋」進出が大正初期までには、ある程度の実績を蓄積していたという事実がある。

シンガポール在住の伊藤友治郎が編纂した大正六年刊の『南洋年鑑興信録』は、この頃の南洋における日本人の経済活動を全体的によくとらえている。大隈重信侯爵が序文を書いた(同書第二版)このような出版物が出されること自体が、当時における日本人の南洋進出の層と蓄積の厚さを物語るともいえる。この本の内容を検討してみるとはっきりするように、マレー半島とボルネオにおけるゴム、フィリピン・ミンダナオ島のマニラ麻栽培などを中心に、日本人進出は伸びており、それとともに日本と南洋とのあいだの貿易関係も深まり、商社、銀行、郵船の進出にもめざましいものがあった。また、蘭領東印度のジャワでの、日本人によるいわゆる「トコ・ジュパン」網の形成もはじまっていた。

その点、大正二年から九年にかけて、シンガポールを中心に廃娼運動が展開され、日本人経済活動がこの時期を境として、表現は悪いがほぼ完全な「正業」化を遂げた事実も無視することはできない。あるひとが「在留民の所謂正業者級が勢力を得て来た」と書き、またあるひとが「真面目なる発展」ととらえた在留邦人の職業構成の変化によって、南洋における経済活動の質が変わっただけでなく、日本本土と南洋との連携ないし接合の度合はいっきょに深まったのである。

いずれにしても、このような南洋現地での「業績」の蓄積が、この時期の日本国内における南洋論議の内容を決めるうえで大きな意味をもったことはいうまでもないことである。

第三の条件として、いま述べた第二の条件とも無関係ではないが、外南洋を舞台に実際に活躍する「実践的南進論者」ともいうべきタイプの日本人がいくにんか現われていた事実を見逃すことはできない。このタイプの人間は、現に南洋でゴム園経営などの実務をやりながら、なおかつ日本本土で文筆活動を行ない、積極的な「南進論」を説くことができる立場にあった。

いま述べた井上雅二がそうであった。そのほか、西本願寺の大谷光瑞がいる。かれがはじめて南洋旅行をするのが大正四年で、そして大正六年には早くもジャワのスラバヤに蘭領印度農林工業株式会社を設け、その後セレベスのメナド近くのコーヒー園（大正七年）、ジャワ東部の農園（大正九年）、プレアンガン州の香料園（大正十一年）と各地に農園を入手している。大谷が大正五年にあらわした『放浪漫記』は、南洋について「南進論」といえるほど積極的な主張をふくんでいるわけではないにしても、この当時の海外論の中でだいじな存在であることには変わりないのである（なお、大谷光瑞は、『大谷光瑞興亜計画』〈全十巻、昭和十四、十五年〉、『蘭領東印度地誌』〈昭和十五年〉など、昭和のある時期に、アジア関係の本をたくさん書いている）。

大正期「南進論」の中で異彩をはなっているのは長田秋濤の『図南録』（大正六年）だが、フランス文学に耽溺していたこの著名な作家が、人生の最後に、マレー半島のゴム園開拓を行ない、そして強力な「南進論」的作品を残したのは注目に値することであった。また、柳田国男の弟の松岡静雄が、海軍の一員として南進論的活動をはじめるのも大正初期であった。松岡についてはあとでまた触れる。

いずれにしても、大正期「南進論」が、このようないくにんかの有名な「実践的南進論者」の活躍に支えられた事実はだいじであるといえるだろう。

❖その四つの特徴

ここで、大正期「南進論」の特徴を、四つにわけてとらえておくことにしよう。

第一の特徴は、明治期の多少ともロマン的な性格をすっかり払拭して、この時期には議論の性格がいたって実利的、即物的な傾向を示したということである。それは、この時期に、南洋が、日本ないし日本人の経済的利益をもたらす世界と強く意識されたことと結びついている。

坪谷善四郎という日本人が大正六年に書いた次の文章は、この頃の日本の「南洋」観のみごとなイデアル・ティプス(理念型)である。

「比律賓群島、ニウギニア、ボルネオ、セレベス、爪哇、等の諸大島と、馬来半島とは、熱帯の風土、最も植物の発育を助け、人類の生活を容易ならしめ、加之に地下には鉱物に富み、海には魚介の利多く、到る所天与の恩恵饒かに、而して各地概ね未だ開拓の緒に就かず、恰かも世界未発の宝庫なり。世人普通に其等の地方を南国、若くは南洋と称す」(坪谷、前掲『最近の南国』一ページ)。

「南洋」のとらえ方の中に、経済的潜在力と結びついたある種の豊かさのイメージをはじめから入れてしまっているところが興味深い。このようなイメージは、この当時、あとにも述べるように、『実業之日本』などのメディアで社会に広く拡散されたのである。それだけに、当時の日本人が「南洋」のことを考えるとき、一攫千金の夢を描きながら功利的な思いをはせたとしてもごく自然な傾向であった。事実、ゴム成金の話など、「成金の時代」にふさわしい各種の伝説がたくさん飛びかった時代でもあった。

第二の特徴は、明治期の「南進論」が「在野の思想、民間の思想であり、そして絶えず夢を追う不遇なロマンチストたちの思想」であったのとはちがい、大正期になると、多少とも「公」の思想としての色彩が濃くなった事実である。

大正八年六月、第四十一議会の終了のあと、国会の休会時期を利用して、六名の衆議院議員が南洋視察に発っている。政友会の政尾藤吉を団長とするこの視察団は、九月までおよそ三ヵ月の旅を続けている。団員のひとり正交倶楽部の上田彌兵衛は、帰国後『南洋』(大正十年刊、自費出版の非売品)という本を著している。このような庶民とはいいきれないタイプの日本人が南洋視察を行なったばあい、南洋での観察やそこで抱いた所感は、すぐさま大局的な国策論の次元で体系的な枠組みを与えられたことになる。そしてそれ相応に、南洋に関する議論の一般的傾向が、「公」的なにおいをまとうことになってしまうのである。

大正期の南洋論議がかなり「公」的な色彩を帯びるようになったもうひとつの助長要因としては、事実問題として、政府関係機関が南洋に関心をもちはじめたということがある。たとえば、大正のはじめから、外務省通商局、農商務省商工局や臨時産業調査局などが主としてマレー半島、ボルネオ、ジャワの経済事情について調査研究を行なった。南洋庁の設立後は、南洋庁も、南洋地域全般についていちおう調査研究を行なうのである。

しかし、もっと決定的なことは、台湾総督府の南洋にたいする関心が第一次大戦勃発と同時にいっきょに深まったことであった。大正五年以降に、台湾総督府官房調査課を中心として台湾でなされた南洋事情調査は、その当時としては、質量ともわが国の最高水準をいく精力的なものであった。大正期「南進論」と台湾総督府との関係は重要なので、あとで章を改めてくわしく検討したいと思う。

このような大正期における公的・準公的「制度化」の所産として開かれたのが、大正十五年九月、東京日比谷で十日間にわたって開催された「南洋貿易会議」であった。

この会議では、外務、大蔵、農林などの各省の代表、南洋各地の総領事、領事だけでなく、民間の主な進出企業の代表が参加した。外務省の主催であったが、「南洋協会」が実質的に応援した。そして、南洋貿易をめぐるさまざまな問題が議論されたのである。

いずれにしても、このように、大正期になると、「南洋」が多少とも「公」的関心の対象となったことは重要な変化であった。

第三の特徴に移ろう。それは、ほかならぬこの大正期において、日本人の「南洋」イメージが形成され、社会一般に定着したということである。このことは、イメージ定着の過程としてみると、「南洋」という主題が特殊な限られた個人の関心事であった時代が過ぎて、社会の広範な層が、直接体験の有無とは無関係にこの主題と親しみはじめたという、いわば「南洋」イメージの大衆化ということし結びついている。この時期に新たに形成された「南洋」イメージはユニークな傾向をもっていた。しかし、これについては、あとの章で日本人庶民の南洋観として具体的にとりあげることにしよう。

最後に、大正期「南進論」の第四の特徴として、それが南洋を支配しているオランダ、イギリス、フランスにたいする微妙な認識が議論の中に取り入れられはじめた事実をみておかねばならない。明治期「南進論」が主として内南洋を対象地域として意識し、せいぜいドイツとアメリカとの関係を気にすればよかったのとちがい、「外南洋」が対象地域として明確に意識された以上は、欧州の諸列強との関係が問題になるのは、ほとんど論理必然的なことであった。そして、このような問題意識は、明治四十三年の竹越與三郎の『南国記』に早くもこのうえなくはっきりと打ち出されていた。しかし、大正期に入ってから、もっと現実的な課題として、人びとに意識されるようになったのは当然のことであった。

その場合、大正期の日本人の議論が南洋における諸列強の位置づけをめぐって、あるいはそれにたいして、どのような議論を展開していたかは注目に値しよう。大雑把にわけると、次の二通りの見方があったようである。

ひとつは、井上雅二の南洋論にみられるように、欧州の勢力が現実にそこに所在するけれども、日本の勢力がはいっていく余地はまだ多分に残されているという見方である。「南洋は英国を初め米、独、蘭等各国の国旗翻るも、住民は排日本の風なく、面積広大、人工稀薄、原料の地盤として最も有望なる上に、市場としても有望で、加之、土地は台湾より南して点々相連り、全くの日本の隣国であるのだから、又邦人の移住地として殆んど理想に近く、支那大陸の経営と相俟って、大日本主義の王道を行ふべし、此方面に驀進するのが、最も適切なる国家の大方針となさなければならぬ」(井上、前掲『南洋』一四〜一五ページ)。ここには、日本の南方進出をめぐる底知れぬ楽天主義がみてとれる。それが欧州の権益と衝突をきたし、まわりまわって深刻な外交問題が生じかねない可能性はいささかも予定されていない。というよりは、欧州の諸列強との友好関係の維持があくまでも前提とされていて、南洋現地への「移住移民」や「商権の把握」など、目標の面でも、かなり平和的な案件への局限化がみられるのである。

ただ、大正期には、もうひとつの見方が生じていた。それは、南洋における諸列強の関係をはっきりと競合的、拮抗的な関係ととらえる見方である。

「南洋の将来や、何ぞそれ複雑なる。英、独、蘭、米、日の互市場たると共に、又勢力競争地たり。而して支那人、印度人等の多数が、馬来土人の間に群居して、宛然雑種国の観ある、益々妙ならずとせず。独り怪しむ。大日本帝国民は指を咬へて、此富源を傍観せざるべからざる乎。

終りに云ふ。吾人の南進論は些かも軍事的意味を帯びず。産業、通商及移民の上より観察し、最も吾に近接せる広茫無涯の大発展地なるを説明し、敢て膨脹的国民の奮起を促がすのみ。時は今なり。一日遅るれば一日の損あり。一年遅るれば英人進み、二年遅るれば独人邁進し、三年遅るれば米人雄飛し、四年遅るれば濠洲人来り、五年遅るれば蘭人其根拠を堅め、六年遅るれば支那人益々跋扈し、七年遅るれば印度人の数、更らに増加せん。若し十年、二十年の後に至りて、南洋を語るも既に晩し。巴奈馬運河は明後年を以て開通するにあらずや。波斯横断鉄道成るの日、世界の交通地図は、更らに如何の影響を生ずべき乎。乞ふ之を想へや」(井上清『南洋と日本』大正二年　四七六ページ)。

このようなせっぱつまった焦りをかげらせた考え方は、日本とほかの列強との関係を、いわば「ゼロ・サム」ゲーム的な論理でとらえている点に特徴がある。予定調和的な楽天主義がない点で、さきほどのもうひとつの見方とは本質的にちがっている感じである。ただ、まだ軍事的競争を否定している点で、大正期「南進論」特有の商業主義的限界をはっきり守っている。

❖制度化された「南進論」

ところで、大正期「南進論」をみるばあい、だいじなポイントがひとつある。

それは、この時代になると、南洋にたいする関心をたんに特定の個人が「私」的、偶然的に担うのではなく、なんらかの社会的機関がそれを担うようになる。そして、そのことによって、日本人の南洋にたいする関心が、常設的なメディアによって「制度化」され、持続され、拡散され、そしてなかば「公」的な思想として正統化される傾向が定着する。これを、「南進論」の社会的「制度化」の局面、ととらえておこう。大正時代と明治時代とは、この南洋にたいする関心の社会的「制度化」の有無という点で大きくちがっているのである。

大正時代のこの社会的「制度化」を具体的に担ったものとして、とりあえず、ここでは『実業之日本』、『南洋協会』をあげておきたい。

❖『実業之日本』の役割

南洋熱の普及という観点から、この時代までにある程度の社会的影響力をおよぼした雑誌をあげると、明治のある段階に発刊された『殖民協会雑誌』『殖民公報』『東京地学協会雑誌』、そして『武俠世界』『太陽』などを拾い上げることができる。しかし、大衆的なレベルにまでおよぶ広汎な影響ということになると、『実業之日本』がいわば唯一無二のメディアであった。いうまでもなく、この雑誌は明治三十年六月に第一号が出ている。

「健全なる実業の発達を期図する即我『実業之日本』の理想とし目的とする所にして、『成功』問題は実に此理想に近づくに於て最も必要なる題目たることは今日に於て固より何人も異議あるべからず」という、いわば処世の要道としての「成功主義」を打ち出していた『実業之日本』が、ある段階から、海外における「成功」の問題を取り上げはじめたのはごく自然な発展であった。「明治三十七年の下半季より大に海外発展の必要を説き遍く海外の事情を報道し、海外に於ける成功者を紹介して以て万里踏海の大志を鼓吹するに努めたり」（『実業之日本』第十巻十二号（十周年記念号）「実業之日本は十年間に何を為したるか」参照）。明治三十七年は、いうまでもなく、日露戦争開戦の年であった。

この『実業之日本』に南洋での「成功」に関する記事が登場しはじめるのは、明治三十九年頃からである。この年の七月一日号に「馬来半島の護謨事業は如何にして成功すべきか」が出ている。しかし、『実業之日本』が本格的に南洋問題を取り上げるのは、明治四十四年以降のことであった。

明治四十四年（第十四巻）の各号を調べてみると、第六号「有望なる南洋貿易には如何なる発展策があるか」を皮切りに、第十四号の「南洋に発展しつつある日本人」など、六、七篇の南洋関係の評論が掲載されていることがわかる。そして翌年の明治四十五年（第十五巻）にも、やはり六、七篇の南洋関係評論が掲載されている。このような傾向は、大正期に入るとにわかに強まるのである。

大正二年（第十六巻）には、大隈重信の「南洋諸島に雄飛せよ」（第十一号）、梶原保人「年利五割に当る南洋一の有利事業」（第二十二号）、大倉丈二「南洋護謨事業に於ける小資本発展法」（第十三号）など、いたって実利的な評論を十数篇も数えるようになる。

大正三年（第十七巻）になると、南洋で成功した立志伝中のひとりとして、たとえば小川利八郎の体験談が載るようになる。この小川のめだった活躍も含めて、大正三年の『実業之日本』は、まさに南方物をひとつの軸として編集された感じすらある。たとえば、第三号からは、五つの号にわたって、「実用的馬来語の独習」という現地語入門が掲載されたりもする。

大正四年（第十八巻）は、『実業之日本』が南洋熱を煽り立てたピークの年であった。「遺利累々たる南洋の富源と其発展法」(第二、三号)、三山喜三郎「僅に百円の渡航費から年収八百円となる南洋有利事業」(第四、五号)同、「薄資家にても巨益を汲むる南洋有利事業」(第六号)、吉田春吉「南洋無限の宝庫は我国人の来るを待てり」(第八号)など、たいそう魅惑的な南洋への勧誘の企画が、「海外発展」欄に毎号のように掲載されている。

しかし、大正四年の『実業之日本』でもっとも注目すべきことは、この年の三月末に、春季増刊号(第七号)として、「南洋号」という臨時増刊号が出たことである。普通号の約二倍厚い百七十ページほどのこの号には、南洋関係の情報がぎっしり詰まっている。この号の巻頭言は、この当時の日本人が抱いていた「南洋」についての通念をみごとに表現していて、注目に値する(資料10)。

この号の内容は、まさしく大正期「南進論」の百科事典的理念型といえるほど盛りだくさんである。巻頭に掲げられた、『実業之日本』社社長増田義一の論文「南洋発展論」と、それに続く新渡戸稲造の「文明の南進」は、いま引用した巻頭言と並んで、大正期「南進論」を代表する理論としては典型的なものである。とくに、「南洋には富源が多い、内地で働くと同じ位に勤勉すれば、内地以上の収入あることは確であるけれども、……奮闘努力の必要は内地と異ることなし。濡れ手で粟を予期すれば失敗は之《たちど》ころに至る」という増田義一の明確な議論、すなわち、南洋と「成功主義」のエトスとを直接無媒介的に結びつけた議論は、この時期の実利的な「南進論」を象徴する発想であった。

この号に掲載されたおよそ三十の評論や記事を分析すると、少なくとも五種類ぐらいの範疇にわけることができるようである。

第一は、いま触れた増田や新渡戸の「南進論」的一般論である。第二は、いうまでもなく、南洋での「成功の機会」に関する煽情的な紹介である。井上雅二の二本の論文「十三年目より百万円の純益事情」「十年目より純益五割の有利事業」、豊泉政吉の「小資本に成功する南洋の有利事業」などがそれにあたる。第三は、日本人の「成功」の実例の紹介記事である。「南洋の護謨王」「四十歳より南洋で成功した邦人」「千円の資本より発展した貿易王」などの記事がそれである。

第四に、南洋についての市場環境論ともいうべき解説記事である。「理学博士」「農学士」「農科大学助教授」などの肩書をもった専門家を登用して、鉱山、林産その他の資源について解説させているほか、「南洋方面の有利商品」「南洋の有利事業」などの解説もある。第五に南洋渡航あるいは現地での生活に役に立つ具体的なハウツーものである。「南洋渡航案内」「南洋風土病予防法」「最必要の南洋語の種類」「南洋渡航に必要な参考書」などの記事がこれに該当する。

いずれにしても、このような実利的な南洋論を盛り込んだこの増刊号の世間に与えたインパクトはひじょうに大きいものであった。

大正四年の南洋ブームの余波は、その後にもしばらくもち越される。大正五年（第十九巻）にも、南洋関係記事の比重は依然大きい。ところが、大正六年（第二十巻）になると、南洋の扱いはめだって小さくなり、大正七、八年になると、南方進出を煽る評論はもうほとんど姿をみせなくなる。これは、むろん、第一次大戦終焉にともなう、南洋進出以外の新しい問題の発生と無関係ではなかった。ごく功利的な「成功」哲学ではじまった『実業之日本』の南洋熱も、ごく功利的に終わって当然であったといえるだろう。それにしても、大正四年をピークとするこの雑誌の南洋関係記事の影響力に、測り知れないものがあったことには変わりないのである。

❖「南洋協会」の活動

次に「南洋協会」である。

「南洋協会」結成の発端は、明治四十五年にまでさかのぼる。この年、たまたまジョホールでゴム園開拓に従事していた栽培業者と台湾総督府民政長官内田嘉吉とが懇談会をもつ機会があった。その折、このような会合を継続的にすることが提案され、一同賛成、その結果、「南洋懇談会」が発足した。幹事役を勤めたのは、井上雅二と星野錫（馬来護謨公司社長）のふたりであった。

この非公式の懇談会を基にして、大正二年、「南洋協会」が設立された。しかし、資金難のため、同年末には解散をみる。このそもその「南洋協会」のことは、ほとんどなにもわからない。

大正三年、南洋ブームが訪れたのが機縁となり、「南洋協会」の新規発足の気運が起こり、同年末、内田民政長官と井上雅二、小川平吉、早川千吉郎ら六名の協議の結果、大正四年一月三十日に東京で発起人創立総会が開かれる運びとなる。当初の十八名の発起人の中には、井上雅二、星野錫ら現地組、台湾の内田嘉吉のほか、吉川重吉、渋沢栄一、近藤廉平、田健治郎の四人の男爵も加わっていた。協会の趣意書は、この時期の「南進論」の資料としてだいじである（資料11）。

この「南洋協会」は、当初から官民一致の哲学をもち、政府の積極的な協力を予定して創設された。なかでも外務省、農商務省の二省の協力、それと台湾総督府の援助は、この新協会の存続を左右しかねない重要な支えとなった。台湾総督府からの財政的援助にもかかわらず、資金の面では苦労が絶えなかったようである。初代会長は芳川顕正伯爵であったが、やがて田健治郎男爵にかわる。その間、内田嘉吉と吉川重吉男爵が副会長に任じた。本部は東京に置かれたが、国の内外に支部が設けられた。

「南洋協会」の事業内容は、

①南洋における産業、制度、社会、その他各般の事項を調査すること
②南洋の事情を本邦に紹介すること
③本邦の事情を南洋に紹介すること
④南洋事業に必要なる人物を養成すること
⑤本邦の医術、技芸、その他学術の普及を計ること
⑥雑誌其の他出版物を発刊すること
⑦講演会を開くこと

⑧南洋博物館及び図書館を設くること
⑨其の他必要の事項

と、きめられていた(協会規約第三条)。

「南洋協会」が、このような規約上の事業内容を、着実に具体化していったのは注目に値する。大正四年二月にはじまり、機関誌『南洋協会報』を創刊、これが大正八年一月からは『南洋協会雑誌』にかわる。また、『南洋研究叢書』を刊行、大正五年頃から不定期ながらも着実に南方関係の出版を重ねる。

協会の事業としてもっとも注目すべきものは、大正七年五月、農商務省の援助を得てシンガポールに「商品陳列館」を開設したことである。この「商品陳列館」の機能は、商品見本および参考品の陳列のほか、商品鑑定、紹介、試売、商品取引の仲介、あるいは、企業の紹介、南洋特産物の蒐集・制度・産業・貿易その他の調査報告などをふくみ、日本商品の輸出振興に大きな役割を果たすものであった。とくに、大正十年五月以降は、ハイ・ストリートの三階建の洋館に移転し、偉容を誇ることになる。

この「シンガポール商品陳列館」のもうひとつの機能として重要であったのは、大正七年、陳列館の中に学生会館が設置され、毎期一ヵ年、およそ二十名余りの学生が現地に送られる制度ができたことである。これは一種の南洋留学生制度ともいうべきものであって、南洋で活躍する人材の育成が、日本ではじめて制度化されたケースとして注目に値する。ただ、結果的には一年一期しか続かなかった。

また、「南洋協会」は各種の講習会を企画主催したが、なかでも語学の講習会には力がいれられ、オランダ語は大正六年以降、マレー語には大正十一年以降、ほとんど毎年、一年ないし六ヵ月におよぶ講習会が開催された。

このように、大正時代の活動にだけ話をかぎってみても、「南洋協会」が先例をみない積極的な活動を展開したことがわかる。「南洋協会」の設立に当初から関係したのが、マレー半島でゴム園を経営する新興事業家であり、そして台湾総督府関係者であったという事実は、やはりこの時代の様相を象徴している感じである。すなわち、「南洋協会」は、まだ「国策」という完全に正統的な政策のレベルまでいたらないけれども、南方関与が、ある種の準「公」的認知ないし「制度化」を必要としていた状況の産物、ととらえたらいいだろう。しかし、いったん準「公」的なものとして制度化された以上は、歴史の転変の中でしぶとく任務を果たし続け、けっきょく昭和期「南進論」の花咲く時代まで生き延びるのである（外交史料館外交文書「本邦ニ於ケル協会及文化団体関係雑件――南洋協会関係」参照）。そういう歴史の連続性の局面を担った存在として、この「南洋協会」はすこぶるだいじな役割を果たしたといえるだろう。

最後に、このような大正期「南進論」について、あとひとつだけ謎が残っているのを見過ごすことはできない。それは、話のはじめにも指摘したことだが、昭和時代になると、これほどの実質を備えた大正期「南進論」がまったく無視され、いわば、昭和期「南進論」は大正期を飛び越して明治期「南進論」とみごとに結びつくのである。それはなぜであったのか、これはまだ、これまでの議論では解き明かされてはいない。

❖大正期「南進論」の非ロマン的性格

大正期「南進論」についての以上の分析からわかるように、昭和期における「南進」政策を可能にした具体的な条件は、ほぼすべて大正期における事態の発展の中で整っていっているのである。たとえば、日本と「外南洋」との結びつき、そして諸列強との競合に臨む姿勢、あるいはまた「南洋興発」や石原産業のような国策的企業の擡頭、「南洋協会」に巣喰う「南方屋」の輩出など、これらの事柄は、ことごとく昭和時代の「南進」に密接に結びつく条件なのである。なによりも、「南進」というタームが一般に定着したのは大正期ではなかったのか。それほどの実質的充実を備えていたにもかかわらず、大正期「南進論」は、なぜ昭和になって無視され、失念されるのだろうか。

それは、ひとえに、大正期「南進論」と、昭和の時代が必要とした「南進」の弁証理論との非対応性、、、、によるものと考えねばならない。つまり、昭和の時代が必要としたのは、国民の総体を南洋への関心にかりたてる動員力をもった思想であり、それを可能にするような人的象徴であった。そして、そういうものは、当然に、ある種のロマン性を感じさせねばならなかった筈である。

ところが、そういう要素は、大正期「南進論」のどこにもふくまれてはいなかった。経済的「成功主義」を基礎とする功利的で実際的な大正期「南進論」は、あまりにも非ロマン的であり、近代日本の「南進」の正統理論を生み出す資質を欠いていた。比喩的にいうと、大正時代には、ひとりの菅沼貞風も、ひとりの竹越與三郎もいなかった。大正時代の南方関与の主役は、あくまでもマレー半島でゴム園開拓に従事する無名の日本人であり、あるいは台湾総督府でひそやかに調査研究に従事する役人でしかなかった。つまり、大正期「南進論」は、人びとをゆり動かす偉大な個人の思想ではなく、匿名集団の思想であり、機構の思想であった。その点、昭和期が必要としたのは、大衆動員のためのカリスマの思想ではなかっただろうか。

それにもかかわらず、私たちは、大正期における南方関与の実質的な深まりを過小評価することはできない。つまり、ここで描いたような大正時代の「充実」なくしては、昭和期の「大東亜共栄圏」思想への誘因も生まれなかったであろうからである。その意味で、大正期「南進論」の積極的な評価を呼びかけるわたしの主張は、けっして的はずれではないはずである。その個人的確信はますます深まる一方である。

「南進論」の社会的制度化ということとの関連で、どうしても台湾および南洋群島を日本が領有したことの意義を議論しておく必要がある。ここで章を改めて、その問題をみておくことにしよう。

Ⅳ 「拠点」思想の基盤——台湾と南洋群島

❖台湾領有と「拠点」思想の成立

日清戦争を契機に日本が台湾を領有したこと、そして第一次世界大戦を契機に南洋群島を領有したことは、いずれ日本が「南進」政策を巨大にふくらませるための決定的な伏線をひくことになった。日本が台湾を明治二十八年以来昭和二十年にかけて領有したことが、その後の「南進」政策の形成にどれほど大きな意味をもったことか、このことはまだ意外に軽く考えられている感じである。おなじことが大正時代に日本の委任統治領になった南洋群島についてもいえる。

そこのところを、この際、少しはっきりさせておきたいと思う。

徳富蘇峰が明治二十七年の冬に起草した「台湾占領の意見書」というのがある。これは松方正義の名前で出ているけれども、ほんとうの執筆者は徳富であった。その中に、注目すべき一文がある(資料12)。

この当時、似たような議論をしたひとに、陸羯南《くがかつなん》がいる。明治二十八年春にこう書いている。「吾輩は休戦と同時に南洋皇軍の捷報に接して、転た国威の南侵に望あり。夫れ帝国民の将来に飛躍するのは寧ろ南方に在り。即ち帝国民は北防南進の運命を有せり。澎湖台湾の外我れ威を伸ばすべき地は甚多し」。そして、おなじ年の夏には、「帝国の自然的位置は北方を保守にして南方を進取にせしむ。是れ殆ど人意にあらず、政略にあらず、寧ろ国の必要に出ず」と書いている(この時期の陸羯南については、坂野潤治『明治の思想』昭和五十二年、八五〜一二二ページ参照)。

ただ、徳富蘇峰と陸羯南とでは、おなじ「南進」といってもその「南」の意味は微妙にちがっていたようで、徳富が南洋群島を意識したのにたいして、陸は「支那東南部」を意識していた。この点、台湾が正式に日本のものになったあと、実際の為政者たちが考えた台湾の役割には、南洋と中国南部との両方への発展がふくまれていたのは注目に値しよう。つまり、徳富の議論と陸の議論とは、けっして喰いちがう議論ではなかったのである。

明治二十九年七月、台湾の第二次総督の桂太郎が伊藤博文に送った有名な意見書がある(鶴見祐輔『後藤新平』第二巻、四一二〜四一七ページ)。その中に書いてあることは興味深い。つまり、台湾を領有したことの意義は、南清および南洋に「羽翼ヲ伸張スルニ適宜ノ地位ヲ占」めたことであり、したがって、「戦後ノ今日時勢一変、所謂北守南進ノ策ヲ執リ、日本海ノ区域ハ遠ク支那海ノ区域ニ進メ、其沿岸各地ニ向テ進取ノ計画ヲ立テント欲スルニ在リ」とされている。そして、この桂の提言は第四代総督の児玉源太郎によって、明治三十二年六月の「台湾統治ノ既往及将来ニ関スル覚書」の中で、はっきりと政策化されるのである(前掲書四一八ページ)。

その「覚書」には、こう書いてある。「南進ノ政策ヲ完ウスルニハ、内統治ヲ励シ、外善隣ヲ努メ、可成国際上ノ事端ヲ生スルヲ避ケ、対岸清国並ニ南洋ノ通商上ニ優越ヲ占ムルノ策ヲ講スル事」。そして、これ以来、台湾の役割を、南支政策を含めた意味での「南進」の拠点ととらえる通念が、だれに疑われることもなく一般に定着することになった。

このような台湾領有が日本の植民地主義に投げかけた問題は大きかった。植民地経営の技術論が問題になったのも、台湾が端緒であった。

それよりも、台湾が、日本の海外進出に、実質的に大きな意味をもった側面をみておかなくてはならない。その点、近代日本の海外進出の過程で発想された「拠点」思想ともいうべき考え方とこの台湾との関係について考えてみる必要があるように思う。

❖「拠点」思想とはなにか

「拠点」思想というのは、ある地点を領有することで、そこを拠点としてさらに遠方に勢力圏を拡大する手がかりが得られる、という考え方であって、近代日本の南方関与の歴史をふりかえるとき、実は意外なほど大きな役割を果たしている考え方である。先ほどあげた徳富蘇峰の文章の中には、「足溜り」という表現が用いられていた。そしてこのような考え方は、あとにも述べるように、南洋群島についても、「前哨」「ステーション」「根拠地」あるいは「策源地」という多彩な表現でいろいろな人びとが展開するのである。

いずれにしても、このような「拠点」思想は、海洋国家日本の植民地拡大のプロセスでは、当然に出てきてもおかしくない考え方であった。そのような発想の発端が、台湾領有にあったことは、「台、澎ノ地勢ニ拠テ国勢伸張ノ地アラサルナリ」という桂太郎の言葉にも示されている。そして、この「拠点」思想を抜きにしては、あらゆる「南進論」が語れなくなるのも事実であり、逆にいうと、こういう「拠点」思想の無限の連鎖的発展こそが、日本の南方関与の歴史なのである。

台湾については、もうひとつおもしろい問題がある。それは、台湾総督府が用いた「対岸」という概念である。これは、たいそう興味深い用い方をされている。

台湾総督府の公文書の分類の方法は、歴代の総督のもとで微妙な変遷をみせた。「外事」という概念がそこに導入されたのは明治三十八年であった。この年以降、総督府の公文類纂分類表の第四門に「外事」という項目が含まれ、それは、はじめから、外交、通商及海外渡航、対岸、雑、と四つの小項目でわけられていた。

問題は、この中の「対岸」という概念である。むろん、最初は、文字通り「南支」の福建、広東あたりを意味したわけだが、時代が経つにつれて、このおなじ「対岸」概念の中に「南洋」がふくまれるようになる。とくに、大正時代に、その内容変化は決定的になった。

この「対岸」から、やがて「南支」が独立し、「対岸」がほかならぬ「南洋」と同義語となるときがやってくる。昭和十五年のことである。それにしても、「対岸」という概念が、明治三十年代から昭和二十年まで、ずっと用いられたというのはおもしろい事実である。考えてみると、この台湾総督府の「対岸」という概念枠組みによって、日本はずっと南洋と結びつけられたということになる。

ところで、このある種の「拠点」としての台湾が、もっと重要な役割を演ずるようになるのは、第一次世界大戦によって南洋群島が日本の領有に帰したときであった。近代日本の「南進論」が、ひとつの具体的な帰結につながった最初のケースとして、少しくわしく南洋群島の委任統治のことをみておくことにしよう(南洋庁『南洋庁施政十年史』および『南洋群島要覧』が参考になる)。

❖南洋群島の領有

大正三年、第一次世界大戦の勃発とともに、日本海軍が南洋群島方面に行動を開始することになったとき、海軍省軍務局で南洋群島の状況を、水路や地勢を手はじめに、いろいろ調べなくてはならなくなった。意外なことに、そのとき、いちばん重宝された参考書が、ほかならぬ鈴木経勲らの『南島巡航記』(明治二十六年)であったという。この本は、その頃の軍務局関係者の記録によると、「当時として最も詳細且つ信拠するに足る貴重な参考資料であった」らしい。

南洋群島とは、第一次大戦までドイツが領有していたマリアナ、カロリン、マーシャルの三つの群島のことである。

南洋群島全体で島の数は、六二三島、面積にして、二、一四九平方キロである。その三つの群島のうちでは、カロリン群島が最大で、この群島だけで、五四九島、そして一、三二〇平方キロを数えた。この三つの群島の中には、サイパン、テニヤン、パラオ、コロール、アンガウル、トラック、ポナペ、クサイ、ヤルートなど、第二次大戦の悲劇の舞台になるいくつかの島々が含まれている。いちばん大きいのはポナペ島、その次がパラオ本島である。

大正三年十月、日本がこれらの島々を占領したとき、ヤルート島というわずか八平方キロの小島の占領だけ発表したが、あとの島々の占領は発表を伏せられた。勢力均衡の時代にあっては、欧州からはるか離れた太平洋の島々をどの国がとるかでさえ、外交的には大きな問題になったのである。そして同年十二月末に、「臨時南洋群島防備隊条例」が発布され、横須賀鎮守府の所管に属する防備隊が、三群島の守備ないし民政に任ずることになった。司令部は、カロリン群島トラック島の夏島に置かれた。サイパン、ヤップ、パラオ、トラック、ポナペ、ヤルートにそれぞれ軍政庁を兼ねる防備隊を置いていた。

大正七年七月、勅令をもって「時局中臨時特設ノ海軍部隊ニ職員ヲ置クノ件」が施行された。ここでいう「職員」とは、「民政職員」すなわちシビリアンのことであって、このとき以来、軍隊の中に民政職員が混ざりはじめ、いわゆる民政部の時代になる。南洋群島に民政部が置かれた七月一日という日付は、その後、南洋庁が設立されたあと、「始政記念日」として末長く記念されることになる。

❖南洋庁の設立

この南洋群島が正式に日本のものになるのは、大正八年六月のヴェルサイユ講和条約によって旧ドイツ領南洋群島が日本の委任統治領(C式統治地域)になることが決められたときであった。大正十年四月二十九日付外務省告示第十六号「委任統治条項」第一条によると、「日本国皇帝陛下ニ統治ノ委任ヲ付与シタル諸島ハ太平洋中赤道以北ニ位スル旧独逸領諸島ノ全部ヲ含ム」とある。それまで軍政をとってきた南洋群島に民政が布かれたのは大正十年七月、そして正式に南洋庁が設置されるのが、大正十一年四月一日であった（勅令第百七号）。南洋庁には南洋庁長官を置き、長官は内閣総理大臣の指揮監督を受けると定められたが、昭和六年六月以降は、拓務大臣の指揮監督を受けた。

南洋庁は、六つの支庁をもった。サイパン、ヤップ、パラオ、トラック、ポナペそしてヤルートの六つの島に置かれたのがそれであった。いうまでもなく、これは防備隊時代の軍政庁の配置にそのまま対応するものであった。ついでながら、大正十一年四月の南洋庁の発足とともに、群島の軍隊は全部引き揚げ、「臨時南洋群島防備隊条例」も廃止されたのである。

初代の南洋庁長官には、大正七年以来三年以上も民政部長をつとめていた手塚敏郎が、そのまま就任することになった。手塚が一年つとめたあと、二代目長官は横田郷助がつとめ、昭和六年十月に死亡するまで八年半もこのポストにあった。その後、たった四十日だけ在任する堀口満貞、やはりわずか七十六日で退任する田原和男と、短命長官が続いている。

「南洋庁」が南洋群島を統治するにあたって、二つの注目すべき原則がとられることになった（外務省条約局「委任統治領南洋群島」『外地法制誌』第五部、前・後編参照）。

ひとつは、帝国憲法の効力は同群島には及ばないという原則である。具体的にいうと、台湾、樺太や朝鮮とちがって、法律の委任がなくても、南洋庁長官の実際に発する命令によって法律的事項は決定されることになった。また、本土なら法律でなくてはならないことも、ここでは勅令ですんだ。つまり、南洋群島は、憲法適用という観点からみると「領土」ではなかったのである。

もうひとつの原則は、南洋群島の土着民はこれを「島民」と称し、日本帝国臣民とはその身分を異にするものという考え方であった。日本が国際連盟理事会に昭和九年に提出した委任統治年次報告には、次のような記録がある。

「統治地域ノ住民ハ之ヲ島民ト称シ日本帝国臣民トハ其ノ身分ヲ異ニス而シテ帰化、婚姻等其ノ意思ニ依ルノ外日本帝国臣民タルノ身分ヲ取得スルコトナシ我統治以来日本帝国臣民タルノ身分ヲ取得シタル者島民カナカ族女三人アリ、右ハ日本人ノ妾トナリタルモノニシテ子女ヲ有シ戸籍法上ノ手続ヲ完了セリ」

南洋庁の地方統治にあたっては、島民のためには「村」という概念を用い、「村吏規程」が設けられ、在留邦人のためには「部落規程」が設けられた。「村」には村吏、すなわち総村長と村長そして区長が置かれた。島々の慣習上の大酋長が総村長になり、酋長が村長になった。チャモロ族には、伝統的に酋長制度がなかったため、村吏にたいする観念もちがい、そこでは区長および助役という別の表現が用いられたのである。

ちなみに、南洋群島の人口を調べてみると、南洋庁の開設した大正十一年で、邦人三、三一〇人、島民四七、七一三人、外国人六三人計五一、〇八六人であり、これが昭和二年になると邦人九、九七九人、島民四八、七六一人、外国人七六人計五八、八一六人、昭和六年には、邦人二二、八八九人、島民五〇、〇三八人、外国人一〇〇人計七三、〇二七人であった。島民の圧倒的多数はむろんカナカ族で、かれらの風俗が日本人の「南洋」イメージ、すなわち裸の「土人」の世界というイメージにつながっていった。かなり西欧化したチャモロ族は、常時三千人あまりでしかなかった。在留邦人は、大部分がサイパン島に住まい、太平洋戦争末期のあの悲劇につながって行く。在留邦人の出身地としては、沖縄県がいちばん多く、ついで東京、福島が多かった。

在留邦人がある段階から急増するまでの南洋庁の財政はたいへんであった。なにせ、当時の記録によれば、「群島住民の大半は島民で、其の民度甚だ低く、租税に多くを期待することが出来ず」(南洋庁『南洋庁施政十年史』八八ページ)という有様であって、国庫補助金をあてにしなくてはならない状態が続いた。

❖「皇民」化教育

南洋庁の統治に関して、あと二つだけだいじなことに触れておかねばならない。

ひとつは、教育である。南洋庁設置と同時に、勅令第一一三号、一一四号で、南洋群島小学校官制、南洋庁公学校官制が定められた。公学校というのは島民学校であって、法律上は「国語ヲ常用セザル児童ニ普通教育ヲ授クル所」と定義されていた。満八歳で入学し、三年で卒業であった。三年では足らないので補修科が置かれた。公学校での日本語教育のために、『南洋群島国語読本』が編纂された。国語のほか、修身、算術、地理、理科、農業、手工業などが教えられた。そして、多くの「少国民」が育った。

もうひとつは、南洋群島での警察制度であった。

南洋庁が設立されるまえ、まだ海軍が軍政を布いていた当時、「南洋群島警察犯処罰令」が公布されたが、当時の防備隊司令官は、警察犯処罰の権限の一部を総村長と村長に委任することに決めた。そのとき、総村長らに命じられた取締事項がおもしろい。

「椰子樹の害虫駆除を励行せざる者
アモルの饗宴（「アモル」はベテルナット［檳榔《びんろう》］の意。したがって、ベテルナットを噛みながら終夜踊り狂う儀式のことである）等許可なくして為したる者
官庁の許可なくして舞踊を為したる者
田畑等開墾の為火入をなし其火入区域外に延焼せしめ防火せざる者
故意に嘘偽の通訳を為したる者
去勢を為したる者
自己又は他人の身体に刺文したる者
信教上其他の事故に依り公然喧噪したる者
濫に催眠術を施したる者……」

懲罰は一月未満の労役で、だいたい道路や突堤の工事に使われた。

島民が警察官吏に登用される制度は、大正十一年、南洋庁設置とともにはじめられ、およそ四十名の島民が、巡査のもうひとつ下のランクの「巡警」として働いた。

南洋庁の警察のだいじな仕事のひとつは、島民が酒を飲むのを取り締ることであった。南洋庁は、大正十年十一月の民政令第七号を厳密にまもり、南洋庁が医療用、儀式上にとくに必要を認めて許可しないかぎり、島民は飲酒を禁じられた。しかし、島民は酒を飲んだ。だから、南洋群島のあらゆる犯罪件数および検挙件数のほぼ半数から三分の二は、酒類取締規則違反であった。

❖日本人の経済活動

ところで、この南洋群島における日本人の経済活動である。

「南洋拓殖」という表現を用いた会社が南洋群島に登場したのは、昭和十一年十一月のこと、「南洋拓殖株式会社」が設立されたときであった。これは官制会社であって、同年七月二十七日付の勅令第二二八号「南洋拓殖株式会社」を根拠としていた。だから、南洋庁がそうであるのとおなじく、拓務大臣の監督下に置かれた。

この「南洋拓殖」が行なった直営事業としては、南洋庁から受け継いだアンガウル島やフハイス島での燐鉱採掘、パラオ、ヤップ、ポナペ諸島での農場経営があった。他方、「南洋拓殖」が資金を出して設立した関係会社も多数あった。たとえば、太洋真珠、南洋鳳梨、南洋アルミニウム鉱業、南洋電気、南興水産、熱帯農産、豊南産業、南拓興業、二葉商会などがそれであった。

しかし、この「南洋拓殖」が事業を開始するずっと以前から、南洋群島では、民間のいろいろな企業が根を生やし、着実な活動を行なっていた。そして、むしろ、民間の活動のほうこそ、ある意味では、日本の経済進出の主役であったといえるのである。

❖「南洋興発」の事業

たとえば、明治時代のことはともかく、大正から昭和にかけての南洋群島での邦人企業ということになると、南洋庁の官営事業よりは、どうしてもやはり民間の「南洋興発」などが浮かび上がってくる。

昭和十六年に、この「南洋興発」が出した『南洋興発株式会社二十周年』という本、というより、写真集がある。この会社の歴史が一目瞭然にわかり、楽しい本である。この本に付録がついていて、それは、この会社の二十周年記念に寄せられた各界名士の祝辞を集めた小冊子である。「南洋興発創立二十周年記念所感」という題がついている。

そのなかでは、子爵で貴族院議員の野村益三の談話がおもしろい。

「我南洋開発が終始非凡の好成績をあげて居るといふことは、ケダシ世界無類の実例であつて、シカモ又我日本帝国の輝かしい誇りであります。南洋開発と申せば、何といふても南洋興発の事業を考へねばなりませぬ、換言すれば南方産業開発の歴史は即、南洋興発の沿革であつて、南洋興発の盛衰はヤガテ又南洋産業そのものゝ消長といふべきであります。……」

「南洋興発」が正式に設立されたのは、大正十年十一月のことであった。「南洋拓殖」が設立されるちょうど十五年前にあたる。当初の資本金は三百万円であった。

この「南洋興発」が設立されるまでには、日本の「南進」史のある面とも関連する一連の前史がある。具体的には、本書二一七ページでなにげなく触れておいた「ミニ商社」の活躍がそれである。小谷信六、依岡省三らの名前と、「南島商会」「一屋商会」「快通社」「恒信社」などの名前をここでおもい出していただきたい。南洋群島の経済開発の発端部を飾るのは、このようなごくささやかな日本人たちの営みなのであった。

このような小粒の貿易会社にかわり、比較的大きな規模の、しかも士族授産的発想とは無関係なかたちでできたのが、明治二十七年に設立された「南洋貿易日置合資会社」であった。南洋群島と関係する会社で、正式の会社として法的手続きを踏んだものは、この日置が最初であった。「日置」という名前は、最大出資者で社長でもある三本六右衛門の在住地和歌山県日置村からとられている。この会社は、明治三十二年に株式会社になる。

明治四十一年六月、「南洋貿易日置」は、明治三十四年にできていた「南洋貿易村山合名会社」という会社と合併し「南洋貿易株式会社」という新しい名前の会社に発展する。この合併の背後にあったのは、南洋群島を領有するドイツの圧力に対抗するには、日本人の似たような会社が競合していてはだめだ、という判断があった。

この「南洋貿易」は、第一次大戦で南洋群島が日本の占領地域になったのを好機にさらに発展、本来の貿易業はほとんど独占的存在になり、そのほか交通運輸、回漕、拓殖、水産、鉱業、油脂工業などにまで手をひろげるのである。そして、太平洋戦争がはじまったあと、国策的配慮から、昭和十七年七月、「南洋興発」と合併させられ、五十年の華々しい歴史を閉じる。

ここで、「南洋興発」に話をもどすことにしよう。この会社が設立された大正十年は、考えてみると第一次大戦にともなわれた「大戦景気」が終わり、反動不況が訪れた年であった。新しい企業の設立などほとんど不可能であったこの年に、なぜこのようなことが可能であったのだろうか。

大正三年秋の南洋群島占領後、新占領地はにわかに好個の投機対象地として注目され、大正四年から七、八年にかけて多くの新会社の設立をみた。しかし、大正九年の反動とともに、底の浅いこれらの企業はいずれも行き詰まり、一種の救済投資を行なうというかたちで、東洋拓殖が進出するのである。具体的には、砂糖を狙った西村拓殖(前身は西村精糖所)、砂糖とマニラ麻を狙った南洋殖産(前身は南洋企業組合)がつぶれたあと、のちに初代南洋庁長官になる手塚敏郎の斡旋と農商務省拓殖局のあと押しで、東洋拓殖が救済に乗り出し、そこで組織された新会社が「南洋興発」であった。とにかく、大正九年といういちばんむつかしい時期にむしろ将来発展の手がかりをつかんだめずらしい事例が「南洋興発」であったのだ。

なにはともあれ、大正十二年以来、「南洋興発」は製糖を開始、やがてアルコールの製造もはじめる。「南洋興発」の初代社長の松江春次は、蔵前高工出で、斗六製糖、明治製糖、新高製糖と製糖畑をあるいていたひとで、「南洋興発」が精糖業を主体に発展したのは当然のことであった。しかし、昭和に入ると、増資に増資を重ね、倉庫業、燐鉱業、石油業、水産業、タピオカ澱粉製造、南太平洋貿易と活動の分野をひろげ、南洋群島を本拠とする一大コンツェルンに発展するのである。

こうしてみると、南洋群島における邦人の経済活動は、「南洋興発」の製糖を中心とする製造活動と「南洋貿易」の独占的貿易事業との二つの柱に支えられており、民間主導型が長く続いたことがわかる。その点、冒頭に触れた「南洋拓殖」は、かりに官製のものであったとしても、けっして中心的役割は果たさなかったのである。

❖「外南洋」と「内南洋」

なにはともあれ、南洋群島は、日本が領有した植民地としては、もっとも規模の小さい世界であった。しかし、ここは、明治期の「南進論」が具体的な領土獲得につながった最初のところとして、日本人の「南洋」イメージ形成の上でもひじょうにだいじな世界であった。

それまで「内南洋」といわれていたこの南洋群島が日本のものになったとき、当時の人びとは素直に喜んだようである。明治の「南進論」者として有名な志賀重昂が、大正七年四月に書いた「南洋占領諸島の処理」という文章がある。志賀は、日本が占領した三つの群島について、おもしろい提言をしている(資料13)。

この志賀重昂のほか、当時の有力な議論としては、京都帝大法科大学助教授であった山本美越乃《みおの》の南洋占領地論があった。かれは、大正六年に『我国民の海外発展と南洋占領地』(京都法学会)という本を書いている。山本の議論は、アジアと南洋方面へのわが国の発展は「最も自然的」という前提に立ち、南洋新占領地は「弾丸黒子ノ地」に過ぎないかもしれないが、「政治上ニ於テハ頗ル重要ナル地点ヲ占メ」る、という、これまた「拠点」思想をとっている。

とにかく、第一次大戦をきっかけとして、「南洋」が「内南洋」だけを意味する時代は終った。前の章にも書いたように、「南進論」の担い手が、田口卯吉や鈴木経勲あるいは榎本武揚のような発想をもつ人びとの時代ではもはやなくなったのであった。そして、そのかわりに、新しいタイプの「南進論」者たちが擡頭し、南洋群島領有によって自信を得て、こんどは新しい「南洋」つまり「外南洋」に目を向けていく時代がはじまるのである。その意味で、第一次大戦がたたかわれた大正の初期の頃は、あるひとつの思想が歴史の使命を完了し、もうひとつ別の思想へと自己発展を遂げる時期であったのだ。

❖「拠点」としての台湾

この時期になって、台湾が、それまでとはちがった意味でもっと重要な役割を担う存在として浮かび上がってくる。つまり、「南洋」概念の転換につれて、台湾の役割も、文字通り日本の膨脹主義の「拠点」としての外向けのものに変わりはじめるのである(台湾と南洋との関わりについては、台湾総督府官房調査課『台湾と南支南洋』昭和十年、がくわしい)。

第一次大戦がはじまるまでの台湾は、民生の充実と安定がいちばんの課題であった。戸口調査にはじまり、土地整理事業、旧慣調査、そして米および砂糖産業の育成など、台湾統治の課題は多かった。そして、大正三年頃になると、たとえば「五ヵ年計画理蕃事業」が完了するなど、いちおうの発展と安定の基礎がととのうのである。

大正四年に着任した安東貞美総督と下村宏総務長官のコンビで、かなり積極的な「拠点」政策が展開される。大正五年春には、大阪商船による台湾起点の南洋航路が開航する(台湾海務協会『台湾海運史』昭和十六年参照）。それを記念して南洋航路補助金が支出されただけでなく、台湾総督府主催の「南洋観光団」が南洋の各地を巡航したりもする（坪谷善四郎『最近の南国』は、この観光団の一員としての見聞記録である）。むろん、その「南洋」とは、もう外南洋であった。

大正八年になると、明石元二郎総督のもとで、台湾総督府官房に外事課と調査課が設けられる。この官房の外事課と調査課が南方関与の上で果たした役割は測り知れないほど大きい。そのほか、民間の機関として、台湾銀行が、大正のはじめから、八、九年頃までにどれほど驚異的な発展を遂げたことか。明治三十二年に創設された台湾銀行の役割ないしその後の発展については『台湾銀行史』（昭和三十九年）にくわしい。この台湾銀行は、明治の末から大正八年にかけて驚異的な発展を遂げたが、その頃に頭取をつとめた柳生一義の哲学は、ことのほか注目に値するように思う（『柳生頭取の片影』（碧榕会編、大正六年）という資料集が参考になる）。柳生が一種の「南進論」者であったことはまちがいなく、かれの個人的な確信を媒介として、台湾銀行の関与の範囲が、つねに南方にまで深くおよび続けることになったのである。また、台湾の対岸経営のための半官半民の事業団体「三五公司」がシンガポールのゴム園事業に深入りするのもこの時期であった（鶴見、前掲『後藤新平』、四九二ページ参照）。南洋群島の拓殖事業にたいして、台湾が果たした役割も少なくない。

台湾の地位が決定的に重要になるのは、やはり、「南進」が日本の国策になった昭和十年代のことであって、たとえば昭和十三年の興亜院設置問題は、台湾総督府が日本外交の表面に浮上するきっかけになったし、その同じ昭和十三年には、台湾総督府は「南方外地統治組織拡充強化方策」案を構想し、「南方総督府」という新しい機関を台湾に置くことを考えたりしている。そして、昭和十六年になると、六月二十四日の閣議決定で「南方政策ニ於ケル台湾ノ地位ニ関スル件」（資料14）が確認され、それこそ決定的なかたちで「南進」基地として台湾の役割は公認されるのである。

❖「拠点」思想と「圏」思想

いずれにしても、大正の初期から台湾の官民双方の諸機関が行ないはじめた積極的な南方との関わりの努力は、昭和の時代に入ってからの「南進」政策の伏線として、すこぶる大きな意味をもったといえる。たとえば、総督府官房外事課などが出した大正時代から昭和十年代にかけての一連の調査報告書は、あとの章でも触れるように当時の日本で公的に利用することのできた、南洋についてのほとんど唯一の情報源であった。台湾の存在抜きにしては、日本の「南進」政策は考えられなかったといってもいいすぎではないのである。

少し余談になるが、近代日本の海外植民地支配には、二つの相ことなった傾向がみられる。ひとつは、以上述べたような台湾領有から南洋群島にかけて流れた思想、つまりここでいう「拠点」思想であった。これについては、すでに触れた。明治の時代の「南進論」はだいたいこの「拠点」思想の部類に属したし、外南洋進出を説く「南進論」にしても、たとえば竹越與三郎の『南国記』がそうだが、シンガポールの「拠点」性に着目するなど、その大枠を守ったように思う。

もうひとつの傾向は、「面」の支配を求める「圏」思想である。たとえば石原莞爾が昭和四年に明らかにした「関東軍満蒙領有計画」などの前提にもあった発想の傾向であり、また日本が「満洲国」を独立させ、これを事実上支配下におさめた動機にあった思想でもある。これはやがて、「大東亜共栄圏」構想となって、もっとも典型的な発現をみせるのである。

問題意識の順序という観点からみると、たしかに「拠点」思想が先にあり、その次に「圏」思想が出てきている。しかし、問題は、「拠点」思想の地道な、着実な発展として「圏」思想が生成したとはいえないところにある。「圏」思想の、よくいえばロマン的性格、悪くいえば誇大妄想的性格は、歴史上の「拠点」思想の中のどこにも胚胎しなかったような突然変異的要素である。

たとえば、「大東亜共栄圏」構想を、明治以来の「南進論」の系譜の上に同列に置こうとするとき、どうしようもない違和感を覚えざるをえない。台湾に生きたひとも、また南洋群島に生きたひとも、実は、本土とのたしかな結びつきを求め、本土こそ「王道楽土」と思い続けたのである。かりに、そういうひとたちが南洋との関与を考えたとしても、それは本土ではかなわぬ立身出世、あるいは一攫千金の夢を求めた小市民的な進出でしかなかった。

いったい、近代日本を破滅に導いた「圏」思想の素性はなにであったのか、台湾や南洋群島のことを考えただけではいささかも見当はつかない。そこに近代日本の不可解な飛躍がある。つまり、話を元にもどせば、台湾や南洋群島領有までは、近代日本が求めた発展の形態としては、ごく自然なプロセスであったといえよう。だが、「大東亜共栄圏」はそうではなかった。

もっとも、台湾や南洋群島についてみても、日本人の支配のパターンはかなり強引であったといえる。たとえば、あの徹底した同化政策……。台湾でいえば、統治の基準であった「六三法」(日本ではじめての「外地法」明治二十九年制定)、「三一法」(日本の「外地法」のモデルとされたもの、明治三十九年制定)にかえて、大正十年に「法三号」が導入され、内地法延長主義に切り替えられたときが山であった(外務省条約局「台湾の委任立法制度」『外地法制誌』第三部の一参照)。原敬内閣の意を体した田健治郎総督の同化政策への執心はそうとうなものであったようである。

南洋群島においても、大正三年、海軍が占領するやいなや、島民児童を集めて、国語、算術、唱歌などが教えはじめられた。徹底した日本語教育、そして修身奉公道の鼓吹……。日本人と島民とを差別しておきながら、島民児童にたいして「皇恩を感受せしめることを主眼とする」(島民学校規則)教育をほどこしたのである。このような徹底同化の考え方は、太平洋戦争当時の南洋占領地行政にも流れ込んだ。しかし、いずれのばあいにおいても、同化政策は長期的には正統性をもつことはできなかった。台湾で、昭和五年秋に、まったく突然発生した霧社事件はそのことを暴露する注目すべきできごとであった(『現代史資料』第二十二巻「台湾2」みすず書房、昭和四十六年)。

V 「南進論」と庶民の関わり

❖南方関与の諸局面

ここで、ちょっと議論の視点を変えてみることにしよう。「南進論」と具体的に南洋に渡った日本人とのあいだには、どのような関係が成立していたのだろうか。わたしが『「南進」の系譜』(本書第一部)で描いたような日本人の南方への流出現象と「南進論」とは、おそらくさまざまなかたちで具体的に関係、いや相互感化の関係をもった筈である。もちろん、すべての人びとが、「南進論」に動かされて渡南したわけではない。

しかし、大正期の「南進論」についてみたように、「南進論」の風潮にきっかけを得て渡南した人びとも少なくなかった。そして、なお肝心なことには、時には、庶民がみずから「南進論」的な理論をつくり出し、世の中に発表したりすることもあったのである。そういう局面を、ここでみておくことにしよう。

このような観点から、日本人の「南方関与」の歴史をいくつかの局面に大雑把に区切っておくと、まず第一の局面は、「南進論」とはまったく無関係なかたちでの日本人の流出である。

そして第二の局面は、「南進論」とある程度関係をもちながらも、現象形態としては第一の局面にひじょうに類似した様相をみせた局面、たとえば南洋移民などがそうである。

第三の局面は、「南進論」に直接の刺激を受けて南洋に渡るという、大正期のある段階に顕著に見られた局面であるが、これについてはここで改めて触れる必要はなかろう。

最後に第四の局面は、庶民がみずから「南進論」をつくり出したという局面である。

❖庶民と「南進論」

一般論としていえることだが、庶民は概して「南進論」を好ましいイデオロギーとして受けとる傾向をみせた。しかし、いうまでもなく、歴史を大局的にみると、「南進論」は多くの庶民を不幸にした。では、なぜ、かれらは「南進論」を歓迎し、求めたのか。

基本的には、まず、南洋に住むなどして、この地域と関わったすべての日本人にとって、「南進論」は、みずからの南洋との関わりに必然性を与えてくれるありがたいイデオロギーであった。また、南方と関わった日本人にとって、またそうでない日本人一般にとっても、「南進論」が、この世の中に、まぎれもなく日本より文明度も文化度も劣っている劣位の世界があることを潜在意識のレベルで暗示したという面も見逃せない点である。あるいはまた、日本人全般にとって、「南進論」は文明化とともにしだいに失われていく日本の「原共同体」のイメージを思い出させてくれるイズムでもあった。しかし、「南進論」は、しょせん、庶民を不幸に追いこむイデオロギーとして機能した。その点をくわしくみておこう。

まず、初期の頃、というのは明治四十年頃までの時期という意味だが、この頃の南方に在留した日本人は、ほとんど「南進論」がどうこうというような次元とは無関係に生きていた。初期の頃の日本人の生態を描く資料は少なくない。

❖「からゆきさん」論

「南進論」とまったく無縁な次元に生きた庶民ということになると、いわゆる「からゆきさん」論を無視し去るわけにはいかない。ただ、「からゆきさん」という表現が、南洋で悲惨な娼婦生活を送った底辺女性の代名詞になりかけている最近の語法は問題である。「からゆきさん」は、天草、島原では、ただたんに海外に働きに行く出稼ぎ者という意味でしかなかった。それはボルネオの娼館ともシンガポールの〝ステレツ〟とも直接なんの関係もないことばであったはずである。それにしても、このことばは、最近では、明治期南洋の底辺女性と結びつく新しい用語法として人口に膾炙する傾向にあり、これは、あるいは不可避的な傾向であるかのようにもみえるが、望ましいことではない。

「からゆきさん」論の端緒をつくった作品は、有名な『村岡伊平治自伝』(昭和三十五年)であった。この本の類いまれなすばらしさ、そしてこの本の真実性とデタラメさとの交錯については、本書(三〇〜三三ページ)でも、すでに指摘しておいた。しかし、この本がわたしたちに投げかけた問題は巨大であった。このふしぎな自伝は、たしかに、わたしたちの知的模索のために、まったく新鮮なレールを敷いてくれた。そして、そのレールの上を走るユニークな知性がやがて生まれることになった。

いわゆる「からゆきさん」論は、山崎朋子の一連の作品、とくに映画化された『サンダカン八番娼館』(昭和四十七年)、そして『サンダカンの墓』(昭和四十九年)でにわかに脚光を浴び、もはや、常識的な話題になってしまっている(ただ、学界での先駆は、森克己『人身売買――海外出稼ぎ女』昭和三十四年、であった)。明治以降の日本人の海外進出は、歴史学の分野でも、その頃まだそれほど開拓されたテーマではなく、近代日本について帝国主義論や植民地主義論が盛んに議論されてきていたことを思うと、その分野の研究の遅れは意外なほどであった。その点、山崎朋子らが新鮮な角度から、日本社会のある層の海外との結びつきに光をあてたのは意義深いことであった。

山崎朋子の作品とならんで、森崎和江の『からゆきさん』(昭和五十一年)も注目に値する仕事である。

これも、ほんとうによくできた作品であって、この水準のものはだれにでも書けるというものではない。森崎の作品では、谷川健一他編の『棄民』(「ドキュメント日本人5」所収)というアンソロジーに載った「あるからゆきさんの生涯」という、短いが珠玉のような文章もいい。

おなじ問題を扱いながら、山崎朋子と森崎和江とには、ふしぎなコントラストがある。森崎の作品は、山崎朋子の一連の「からゆきさん」論とちがって、悲惨な女性史という雰囲気よりは、一種の近代日本人論ともいうべきユニークな趣きをもっている。つまり、山崎がとかく女性を歴史の犠牲者として哀れに位置づけたがるのにたいして、森崎は、人間のとらえ方がもっとダイナミックである。だから、森崎には、次のような文章が書ける。「ヨシはその炭坑でくろうして、しんのつよい、泣きごとをいわぬ娘になっていた」。悲惨な歴史の犠牲者にこのような人間的成長の契機を結びつけることによって、森崎は、登場人物のすべてに、人間的なふくらみをつけることに成功している。

山崎は、森崎よりはるかに深く底辺女性の個々の人生に迫ってみせている。しかし、逆に、山崎より森崎のほうが歴史の現実に足をつけたリアルな確かさを感じさせる。だから、森崎には「あんたどま、ひとりひとり生きた日の丸ばい。あんたどんが、じだらくにすれば、日の丸をじだらくにしよるのと同じばい」というような文章が書けるけれども、山崎朋子なら、こんな文章は絶対に書かない。その点、森崎のほうが、歴史の現実にたいして正直である。なにはともあれ、山崎朋子の作品と親しんだひとは、一応、森崎の「からゆきさん」論と親しんでみて、少しちがった歴史感覚を味わってみる必要があるだろう。

日本人庶民の初期南方関与については、どうしても、福沢諭吉を登場させておく必要がある。かれが『時事新報』の明治二十九年一月十八日付に書いた「人民の移住と娼婦の出稼」という評論は、日本の「国益」との関連から、「娼婦の出稼」を大いに奨励すべしと主張する注目すべき文章である。この評論は、福沢の評論活動の中でも、あのあまりにも有名な「脱亜論」とともに、すこぶる異彩をはなっている。やはり、一種の屈折したネガの「南進論」であろう。

いずれにしても、この当時に南方に流出した日本人たちの大部分は、「南進論」などというカッコいい次元とはまるで無縁な次元にいた存在であって、そんなイデオロギーとはまったく無関係な座標軸で生きていたのである。福沢の「娼婦の出稼」論がネガの「南進論」としてもつ残酷さは、まさにその事実と結びついているのである。

❖外南洋への移民

ここで、話を別の局面に一歩進めることにしよう。「南進論」の「社会的制度化」としての南洋移民はだいじなテーマである。明治の南進論者田口卯吉が、自分の主宰する『東京経済雑誌』(第五一一号)に、「南征歌」と題した素朴な詩を掲げたのは明治二十三年であった。

つゝがなく老ひなんも　もゝとせの命やある
なにたゆたへん人よ　つくせ国の為にと
三千年の歴史　金甌無欠とはいへど
おもへば桃源の夢　破られざるにひとし
今は波路の往来　陸地よりもやすし
輿地の図をひらき見よ　心細きは日の本
異邦人はとくに　地を拓き民を植う
やまと人はいかに　いざとく起きて立てよ
かゝる様にてあらば　四面みな楚歌ならん
日の本の山も川も　異邦人のながめ

いざすゝみて往かん　南のうみのはてに
うつくしき島ぞある　我が民を移せよ
かりそめにうけひたれ　今は身の責重し
一たび足を挙げて　世のみちしるべせん

「南進論」は、このようにして、ある面で、庶民の移民と結びつく面をもったのである。ただ、この楽天的な移民推奨の詩とはうらはらに、事実、その後にはじまる南洋移民は、おおむね悲劇的な様相を呈することになった。

南洋は、その当時の日本人にとって、やはり「瘴雨蛮烟」の地であり、移民の多くは、環境にたいする不適応から不幸の運命をたどっている。そして、やがて、「南進」の歴史の直接的な犠牲者にもなった。

当時の「南進論」の風潮と密接に結びつく明治期の南洋移民は、ささやかなエピソードとして語るにふさわしい二、三の事例にはじまる。なかでも、宮崎滔天の『三十三年之夢』や『暹羅殖民始末』で有名になったシャムへの移民はよく知られている。明治二十五年にはじまるこの一件には、宮崎滔天のほか、岩本千綱や石橋禹三郎のようなスター的人物がからんだことから、実質的な重要性以上に知られることになった。しかし、これとて悲劇的な結末をむかえている。

岩本と石橋との二人は、バンコクで農商務大臣のプラヤー・スラサクモントリーの知遇をえて、およそ千六百ライの土地を「日本殖民試作地」として借用、「シャム殖民会社」を設立している。明治二十八年第一回移民として、山口県から三十二名の日本人がシャム入りしている。ところが、岩本千綱が移民とかわした契約書の第四条に「着暹後事務に従事するものは本人の志望に依り一人五十円宛貸与し……」とある条項の実行を求められ、それを守ることができず、この移民たちの大部分は鉱山労働者として東北タイにいってしまう。

そして、東北タイにいった移民たちは、ひとりの婦人とその乳呑み児をのぞいてみな病死を遂げている。

第二回移民は、明治二十八年の末にシャムに着いている。わずか二十名であった。かれらもほとんど病気にかかり、宮崎滔天自身コレラに襲われ、九死のなかに一生をえている。けっきょく、滔天の表現を借りると、「第二回移民亦此の如くにして空しく離散せんとす。而して失敗の原因を極むれば皆他方僻遠の悪気に触れて然るなり」（『暹羅殖民始末』）という結末であった。生きのこったいく人かの移民たちが、宮崎滔天らの帰国後、シャムでどういう運命をたどったのかについてはつまびらかではない。

このシャム移民とほぼ同時期に、マレー半島と北ボルネオへの移民計画があったことはあまり知られていない。

明治二十六年、シンガポールの二等領事の斎藤幹（明治二十三年一月から五年間在勤）がマレー半島の踏査旅行を行ない、すぐれた「巡察記」をのこしている。斎藤が日本に送ったこの報告は即座に反響をよび、名古屋の石原哲之助が明治二十八年秋に、日本人の移住地を求めてマレー半島を訪れることにもなる。そして、いったん帰国したあと、石原は、同郷の者三十名を連れて、翌二十九年にふたたびマレーにもどり、かれがみずから選定したジョホール州の移住地に定着した。ところが、たび重なる川の氾濫で石原の計画はすっかりだめになってしまい、同行した仲間たちのうち、数人が病死する結果に終わっている。

北ボルネオのばあい、兵庫県の出身で、シンガポールで安宿を経営していた稲田新之助という男が、北ボルネオ知事が日本人移民を求めているということを小耳にはさみ、三百人あまりの日本人を本国から移民させる構想をいだき、資金集めに奔走した。しかし、けっきょくうまくいかず、無為に終わり、まるでなにもなかったかのような結果になっている。

ところで、このようなシャムやマレー半島への移民をささやかなエピソードとするならば、明治三十年代のフィリピン移民は巨大な大河ドラマであったといえはしまいか。

❖ベンゲット道路工事

近代日本のあらゆる移民の事例のなかでも、フィリピンのベンゲット(Benguet)道路工事のために渡った移民のケースは異彩をはなっている。マニラの北方の高原地帯にあるバギオ市に通ずる道路がベンゲット道路であるが、この道路工事のために、明治三十六年から翌三十七年にかけて日本人移民が用いられたのである(外交史料館外交文書「米領呂宋島ベンケート及ナギリアン道路用削工事用本邦移民取扱一件」(明治三十八年〜)が当時の公式記録として残っている)。ところが、この工事はたいへんな難工事で、多くの日本人の犠牲者がでることになった。

道路工事の主任はアメリカ人のケノン(Kennon)少佐であったが、カリフォルニア開拓で日本人が実績をあげた先例を知っていて、日本人移民を工事に用いることに執心し、最初、神戸渡航合資会社と一〇二二名の移民を送らせる契約を結んだ。明治三十六年夏のことである。移民の第一団は、同年十月十六日マニラに着いている。総数一二五名であった。その後も、海外渡航だけでなく、「帝国殖民」、「森島商会」、「広島移民」などいくつかの移民会社が移民争奪戦を日本で行ないながら、数次におよんで、のべ二千人以上の移民を送りこんでいる。そして、その過半は沖縄県出身者であった(ベンゲット工事の経過については、渡部薫『比律賓在留邦人商業発達史』昭和十年、六三〜一〇一ページがくわしい)。

ベンゲット工事の悲惨さは、なかば伝説化している。ある記録を引用しておこう。

「安眠を求めて疲れた足をひきずつて家に帰れば、殺風景と云ふもおろかな丸竹の床が待つており、空腹を癒すべき食膳には半煮への比律賓米に小鰯(タンバン)が二、三匹並べられてゐるに過ぎなかつた。ベンゲツトには初めの間は飯を炊く釜さへなかつたのである。彼等は石油罐で飯を炊くのだつたが、底の方は焦げつき、中はじゆくじゆくした飯となり、上の方はまるで米同様だ。之を公平？に混ぜて食膳に運ぶのである。副食物としては、一に塩タンバン、それに濠洲肉の而も肉の方は兵隊が食べた残りの骨しか廻らなかつた。好物の野菜は殆んど顔を見る事は出来なかつた」（蒲原廣二『ダバオ邦人開拓史』二〇〜二一ページ）。

この記録を書いた蒲原廣二は、「七百の同胞」が死んだと記している。そして、さらに、「ベンゲツトに於ける死人の葬ひは戦時のそれよりも尚は残忍であつた。遺骸は毛布式の莫蓙を以て之を包み穴に投げ込んだものである。中には仕事着のまま葬られた者もあつた。死人続出の頃は数名の日本人が穴掘りにかゝり切つてゐたと言ふ」と、書いている。

ベンゲット工事は明治三十七年の秋にほぼ完成し、翌三十八年一月に開通式が行なわれている。ベンゲット移民の悲劇は、工事の竣工をみたあとでも、まだ終わりはしなかった。ベンゲット工事に移民として実際に従事した榎本栄七の手記『ダヴァオ開拓の回顧』は、その後にかれらを襲った悲劇、つまり外地での失業を、次のように描いている。

「その結果この工事に従事する目的で渡比した二千人以上の日本人は一時に失業し、中には漸く半月か一月で職を離るゝ者もあり、工事終了と同時にマニラに集まり旅費の工面がついて帰国した者はよかつたが、然らざる者は方々仕事を探し廻つた。然し渡航して間も無い連中が多いので交渉するに言葉が通ぜず、古くより在留する邦人に依頼して就職口を探して貰ふより仕方がない。その為めマニラにはその頃三人の周旋屋が出来たのであるがその周旋屋たるや仕事を見付けては周旋料として賃銀の上前をはね、同胞を喰ひ物にして私利のみを考へるといふ浅ましい者であつた」

けっきょく、ベンゲット工事のため移民としてフィリピンに渡った日本人の大部分は現地に留まることになった。そういうベンゲット移民の失業が契機となって、ダバオの麻園開拓がはじまるのである。明治三十三年からマニラに住み、雑貨店を経営していた太田恭三郎によって、明治三十七年、失業移民百八十人が労働力不足に悩んでいたダバオのマニラ麻農場に送られる。翌三十八年一月さらに百人を送りこんだあと、同年七月には、こんどはみずから引率して七十名の移民をダバオに連れていっている。そして、マニラの店は閉じ、ダバオにあらためて「太田商店」を開き、明治三十九年からみずから麻園経営にのりだすのである。

ここで、フィリピンへの移民は第二の局面をむかえる。すなわち、太田恭三郎が明治四十年に太田興業を創立して、大規模な麻園事業をはじめ、しかも、生産した麻の売上げ金の一割だけ地代として納めたら、のこる九割は本人の所得になるという一種の小作制度(これを「自営者」耕作法といった)を導入したことから、多くの日本人移民がこの方式で太田興行所有の麻園を開拓することになった。たんにベンゲット移民が流入しただけでなく、その後、新移民の流入をみることになる。

「ボロ船に毎船百名から二百名も乗つて来たのであるが、夜になるとデツキに天幕を張つて呉れるので、其の下にてんでに茣蓙やふとんを敷いて雑魚寝をしたものだが、何しろ人数が多いので身動きも出来ぬ有様であつた。……ダバオでは労働力不足で日本からの新移民はダバオに着きさへしたら八方から引張りだこであつた。船の着く日には移民肩入れの為めに大勢の自営者がタモロへ下つてゐた」

ダバオに定着したこのような移民たちは、すべて夢みたとおりの安定した生活を楽しめたわけではなかった。ダバオ移民のうち、三千人以上が開拓の犠牲者として死んでいる。原住民に殺害されたものの数だけで七百人にあまるといわれる。沖縄県出身者がモロ族に九名も惨殺されたテガト事件は有名である。

❖内南洋への移民

しかし、このような日本人移民の努力によって、わずか二十四、五戸しかない寒村であったダバオは、やがてミンダナオ有数の大都会に発展することになった。

話を大正時代に移すことにしよう。大正時代の特徴は、人びとが「南進論」関係の文献と親しみ、それに具体的に刺激を受けて南洋に渡ったところにある。南洋への移民にしても例外ではなかった。

こと移民に関しては外南洋が中心的な舞台であった明治期とくらべると、大正期の南洋移民は、逆に内南洋すなわち南洋群島がおもな舞台になる。それは、いうまでもなく、第一次大戦をきっかけとして、南洋群島が日本の領土となり、そこに企業進出がなされ、それにともなって、新しい移民が必要になったからであった。内南洋への移民は、前の章に述べたいくつかの殖産企業の労働力として日本から運ばれたのであった。たとえば、大正六年に創設され、わずか二、三年でいきづまった西村拓殖のばあい、沖縄や八丈島の漁民と朝鮮出身の人夫が移民としてむかえられており、総数六百を数えている。ところが、漁民のほうは開墾農業には不向きで、むしろ海で魚をとるほうをおもしろがったというし、また朝鮮からの移民のばあい、全部で四百人を数えたというが、やはり不適応に苦しんだという。

「南洋興発」がなかば国策会社として大正十年に設けられたとき、まず直面した問題は、西村拓殖・南洋殖産から引きついだ約一千名の移民に加えて、あらたに移民を募集するということであった。そのとき、「南洋興発」初代社長の松江春次は、いくつかの理由から、沖縄県から移民を募集することに決めている。松江が沖縄県に着目した理由は、①人口過剰で、早くから海外思想が発達していること、②幼時から甘蔗に親しみをもっていること、③熱帯的環境に慣れていること、④人口を支えるだけの産業を欠いていること、の四つであったという。そして、事業初年度にあたる大正十一年だけで、約一千人の移民が沖縄から運ばれている。

移民はその後も毎年のように新規募集がなされ、やがては「南洋興発」ではたらく移民の総数が五千人を数えることにもなる。出身地も沖縄県だけではなくなり、東北地方の諸県、たとえば山形や福島からの移民が増える傾向に変わる。それでも、沖縄県民の比率が五割を切ることはなかった。

「南洋興発」の場合、移民は三つのちがったカテゴリーにわけて募集された。すなわち、①耕作者（甘蔗収穫の一部を小作料として会社に納め、残りを自己の生産物として会社に売り渡して代金をもらう）、②作業夫（会社の直営農場で農業労働者として賃労働をおこなう）、③準耕作者（①と②との中間的存在で、自営耕作面積が一町歩前後のもの）の三つであった。この三つの人口比率は、準耕作者がすこしすくないが、おおよそ均等であったと考えてよかろう。

ところで、南洋群島には、このような南洋興発のような私企業の募った移民のほかに、大正十三年から、南洋庁がはじめた農業移民制度があったことも忘れてはならない。

それは、南洋群島のいくつかの島に植民地選定区画を設け、そこに家族単位の移民を募る制度であった。この制度は、実際には昭和二年から実施されている。

この移民制度は、渡航費自己負担のうえ、夫婦者二五〇円以上、三人家族三〇〇円以上、四人家族三五〇円以上、それ以上のばあい、一人増えるごとに一〇〇円以上を現金または郵便貯金で携帯できること、というむずかしい条件がついていたので、そう多くの農家が応募したわけではなかった。昭和十二年秋の統計では、わずか二九八戸を数えるだけである。

その意味では、南洋群島の移民の主体は、やはり民間ベースの労働力移民であったということがいえそうである。

❖南洋群島移民の特殊性

こういう南洋群島への移民は、それまでの南洋移民とは、基本的にちがった位置づけにあった。

まず、それは日本固有の植民地への移民であり、日本の主権のおよばない外国への移民ではなかった。その点では、むしろ明治期の北海道開拓移民あるいは昭和期の満州移民などとにかよった側面をもっていたといえる。それともうひとつ、内南洋への移民は、一、二の独占的企業に雇われる労働力としての移民であり、現地でユニークな階級関係に組みこまれる性質の移民であった。その点は、ひじょうにだいじな側面であったと思われる。その点で、大正時代にはじまった内南洋移民は、近代日本の移民史のなかでも、すこぶる特別なカテゴリーのものであったと考えなくてはならない。しいてもうひとつの特徴をあげると、それは内南洋移民のばあい、浮動的な一時的出稼ぎは敬遠され、なるべく家族ぐるみで土地に定着することを求められたという、まさに日本の植民地経営に特有のルールがここでも働いたということがあげられる。

「南洋興発」社長の松江春次は、自分の会社とそこにむかえ入れた移民との関係について、ひとつのイデオロギー的確信をもっていたようで、次のように書きのこしている。

「当社の移民は生活の行き詰まつて居る内地から豊かな南洋に移して、其処に健実《ママ》な生活を築く第一歩から非常な注意を以て擁護して居るのであるから、到底普通の労使関係とは比較にならない緊密な関係があるべき筈で、当社を家長とした大きな家族的団結と言ひ得るのである」(『南洋開拓拾年誌』五八ページ)。

松江のこのような家族主義的移民労働力観にもかかわらず、皮肉なことに、「南洋興発」に労働争議が発生しなかったわけではない。たとえば、昭和二年一月には、労働者側のストによって、数日間、いっさいの作業が休止をみている。このストライキは、経営者側が労働問題、とくに労働者の福祉問題について、まったく無知、無関心であったことから生じたものであり、松江社長は、会社と移民の全部を組織する「共栄会」という機関をつくることで、このストを収拾している。松江のことばによると、「会社と移民との関係は忽ち其の本来の家族的関係の自覚に戻り」というフィナーレであった。要するに、移民労働者の側には、家族ぐるみで永住の地を求めてやってきたという条件もあり、純粋な意味での階級意識は稀薄であった。

南洋群島への移民たちは、ある意味ではもっとも悲劇的な日本人移民であったといえはしまいか。そのことは、第二次大戦でかれらがどのような運命に遭遇したかを思いおこしてみるとすぐわかることである。

サイパン島の玉砕を報じた昭和十九年七月十八日の大本営発表は、「サイパン島の在留邦人は終始軍に協力し凡そ戦ひ得るものは敢然戦闘に参加し概ね将兵と運命を共にせるものの如し」と、こともなげに事態を伝えた。ここでごくあっさりと「在留邦人」としてまとめられた日本人は、むしろその大部分が大正時代にはじまる移住者の末裔、いや移民そのものなのであった。かれらをおそったこのような悲劇は、南米やアメリカ合衆国の移民にはふりかかりはしなかったのである。

移民のことに少し長くページを割き過ぎたかもしれない。しかし、南洋移民は、「南進論」の風潮の中で時折思いついたように「制度化」され、その意味で「南進論」と無関係な現象ではないのである。南米や北米への移民と少なからず異なった特色があるとすれば、まさに「南進論」というイデオロギーが目にみえぬかたちでたえずまとわりついていたことだろう。だから、かれらは、ことごとく不幸になった。

❖堤林数衛のこと

ここで話をさらに一歩進めることにしよう。「庶民」と「南進論」との関係のもうひとつ別の局面を見ておかないといけない。

とりあえず、ここで堤林《つつみばやし》　数衛《かずえ》というひとりの庶民を登場させないわけにはいかない。この人間は、あらゆる意味で歴史的変化の契機性を担った、ふしぎな日本人である。つまり、南洋に進出した日本人の質の変化という点での契機性、つまりここで問題にしている庶民の南方関与の態様が、かれで大きく変わるという意味での画期的な特徴をもっていたのである。そして、日本人の庶民までもが「南進論」を理論化するようになるコンテキストでも、かれは注目すべき役割を演じてみせている。かれの生涯についてはすでにくわしく書いたことがあるので、ここでは話を特殊な局面だけにかぎることにしよう

（本書六八～七四ページ、および拙稿「堤林数衛の精神的『回心』――南方関与の近代的類型」『東南アジア研究』第十五巻三号所載を参照）。

山形県生まれの堤林は、明治四十二年に、キリスト教的な使命観に燃えて、ジャワのスマランに渡った。かれは、たしかに、厳格なキリスト者であった。しかし、ほとんど終生、神の信仰と同時併行して、「南進論」者であり続けるのである。

その堤林の「南進論」者的活躍は、大正十一年をピークとしている。この年、かれは南洋全域を視察しており、そのあとで日本に帰国して各地で講演を重ねただけでなく、いくつかの雑誌に、日本の南洋への進出を説く評論を書いている。その頃の代表的な作品としては、「平和的国策としての南洋発展」（『太陽』大正十一年十二月号所載）、「南洋発展論」（『有終』同年第九巻、第十二号、十二月五日発行。これは、海軍のあるクラブでの講演記録と思われる）、「南洋貿易対日本工業」（『日本之関門』同年十二月号）、「前途益々有望なる南洋新発展地に要求する青年と有利事業」（『実業之日本』第二十五巻第十二号　同年十二月）などをあげることができる。

なかでも、『太陽』誌に掲載されたものは、もっとも体系的な南洋進出論であり、文章表現もよく練られていて、堤林としても自信作であったようである。緒言を除くと、全体は七章よりなり、その内容は、①南洋の真価、②日本人発展の状態と貿易の現状、③南洋貿易発展に必須なる日本移民、④南洋工業の発展に必須なる日本移民、⑤有利なる南洋土地事業の投資、⑥金融機関整備の急要、⑦以上実行の可能性、となっている。この論文は、日本の「庶民」の書いた「南進論」としてひとつの典型的所産である。

当初は真摯なキリスト者として、いわば国策とはまったく無関係にジャワに渡った筈の堤林数衛は、ここでは、あまりにも典型的な「南進論」者に変貌している。ここには、事業成功者としての誇らしげな自己称揚と並んで、「政府筋との関係」という一種の名誉についての付言もあり、そして「一生南洋に終始する考」という使命観がこの上なくはっきりと語られている。

しかし、トコ・ジュパン網をひろげることに成功して大をなした堤林らしく、かれの「南進論」は、あくまでも平和主義的商業進出論である。そして、庶民の「南進論」が例外なしにそうであるように、議論はひじょうに具体的であり、ロマン主義的な大言壮語はかけらすらない。そして、日本の「南方関与」のどこに問題があるのか、実に的確に問題点の所在が指摘されている。そして、行間ににじむのは、本国政府の気の効かなさをうらむえもいえぬ心情である。

堤林の「南進論」的関心は、大正期だけにかぎられず、その後昭和期に入っても続き、そして、昭和八年春に執筆されたといわれる「国策南進論」で、もっとも最終的なかたちでの完成をみるのである。この「国策南進論」には、ごく初期の頃に胚胎された関心の類型が、そのまま強化拡大されたかたちで盛り込まれている。たとえば、南方の言語、風俗、習慣等が日本と共通しているという事実が、ひとつの重要な理論的根拠として強調されている。

昭和十年十二月三十一日付の日記には、次のような注目すべき記述がある。

「南進政策で多くの積極の運動に出て名実の進境を見たり　誠意の勝利を味へたり　智も視界も広げたり　爪哇の堤林が南洋の堤林となれり　一般に異論なきに至る」

堤林数衛は、たしかに南洋に渡った日本人としては、例外的ともいえるほどユニークな自我の構造の持ち主であった。そして、かれは精神的な世界に生きたという意味でも、例外的な存在であった。しかし、かれは、結果的には、日本の「南進」を基底から支える典型的な庶民を演ずることになった。日本の「南進」の歴史のことを考えるとき、堤林のような真摯な庶民が真剣な人生態度から得た正当性の確信でもって、日本の南方関与を当然の使命として意味づけてみせた、という側面をけっして忘れることはできない。堤林数衛のばあいは、そのようなあまたの庶民の中でも、もっともすぐれた典型を生きてみせた存在ではなかったろうか。そして、堤林らを端緒として、庶民の「南進論」というパターンが定着するのである。

ところで、この堤林の南洋観には、ひとつだけ、注目すべき特徴があった。それは、いわゆる南洋の「土人」にたいする先天的な蔑視である。「土人」だけでなく、南洋の風俗文化、なかんずく宗教にたいする軽視の度合はたいへんなものであった。

堤林数衛が「南進論」を語った当時に書いたものをこまかく読んでみると、現地で日常的に接していた外国人について、ひじょうにはっきりしたステレオタイプ的な見方をもっていたことがわかる。

堤林の「土人」観をかいま見るまえに、キリスト者としてのかれが、ほかの宗教をどう見ていたかを知っておかなければならない。この点、堤林のユニークな特徴は、異教徒の信仰にたいする極端なまでの無関心ないし蔑視である。かれは、人間と宗教との関係が多元的にありうるという可能性にたいしては、まったく無感覚であった。

かれの日記には、ごくまれに「回々教」についての記述があるが、イスラムは、堤林にとって、あたかも土俗風俗でしかないようであった。「ジヤワでアラブと云ふ回々教徒は中上流を占め居る　婦人が出る時は必ず眼を出して布をかむる　これは男女の間違を防ぐが第一の目的である　面を見れば男子に色情を起させ色々の事件起こる　之れを発せざる為しゆ《ママ》美の判別付かぬ様にしてある　此くなりたる因は大小種々あらうが兎に角無智の民には一面の良習であつて一面には不健全の国民を表はして居る」(「時々の正記」第三号、八九ページ)

堤林が、南洋の宗教について、もっと直截な表現を用いて批判をくわえたことは、時折日本に帰国した折におこなった講演記録でそうと確認することができる。たとえば、大正十一年十月十一日、京都の立命館大学で行なった「南洋の真価」と題する講演の中で、次のようなことを語っている。

「シヤム、ビルマは仏教であるが、今や残るは只形骸ばかり、土人は極端な迷信に陥り、僧侶は無為徒食、安逸放恣飽くなき生活をして居る　土人は人らしい生活もしないで収入の殆んど総てを僧侶及寺

院に捧げる　犬小屋の様な家に起居しながら、わづかに生命を支ふる以外は収入を挙げて寺に運ぶ、寺院を金箔で塗り、僧侶に放縦な生活をさせる為に、全家族を犠牲に供しながら、我れ来世に極楽を得べしと自ら慰め安んじてゐる、彼等の向上発展せざる理由の一は実に此迷信にある」（「京都日の出新聞」大正十一年十月十三日付所載講演内容抄約より）

　このように、南方上座部仏教、そしてイスラムを「迷信」ととらえるのが、堤林の終生変わらぬ考え方であった。

　そのような堤林において、「土人」という概念はむしろ積極的な意味をもった。かれは、明治四十年三月三日付の日記に、「爪亜《ママ》人の恵を疑う」という見出しをつけ、次のように書いている。「爪亜人は物質眼を以て見れば賤衣粗食裸足茅屋世に云土人である　政治眼を以て見れば保護に甘んず関せずエン《焉》である　而し民衆は可驚上長に畏敬服従の信念が強い　精神的に見れば争闘を好まず沈静の（二字不明）を尊び言語動作をカリソメにせず……而して人倫の大義なる男女間に至りては極端なる動物性機会性を現はし原罪を感ぜぬ純然たる不具民である」。このように「爪亜人」をとらえた堤林は、「土人」という表現を「恵なき未開の民」の意で日常的に頻用した。そして、日記類を見るかぎり、「土人」ないし「爪亜人」に関する記録は、このような例外的なばあいをのぞくと、ほとんどみあたらない。すなわち、「土人」概念は、いったん固定化したら二度と揺がないひとつの先入観として、かれの意識に定着したのである。

　この堤林がジャワに連れていった十五名の若者のひとりが、三浦襄であった。明治二十年八月十日に、牧師の子として仙台に生まれた三浦は、堤林に同行してジャワに渡ったあと、堤林とたもとをわかって、ひとりジャワの各地で商業に従事する。昭和二年秋からはバリ島に定着して自転車業に従事、バリ島の住民にたいそう親しまれた存在となっている。

　この三浦は、太平洋戦争が終わったあと、昭和二十年九月七日に、ピストルで自決して果てている。

三浦がのこした遺書には、「御奉公の最后を全うすべく遂にバリ島の土となる事を決意し」、そしてその自決が「原住民の覚醒を促進せしむるに大なる効果あるものたる事を信じて疑はぬ」、とある(三浦襄の生涯については、原誠「日本人キリスト者三浦襄の『南方関与』」『東南アジア研究』第十六巻第一号所載、にくわしい)。この三浦のジャワでの一生には、堤林の影が、やはりかなり強くさしていたようである。

❖「南洋」蔑視の思想

堤林数衛の「南進論」をみたところで、そこにもあった、庶民の南洋イメージに関係するだいじな事柄に触れておかなくてはならない。それは、歴史のある段階で定着した日本人の「南洋」にたいする蔑視の性癖のことである。

その性癖が日本人の、しかも庶民レベルに定着するようになったのは、かれらが「一等国民」意識をもちはじめた大正期の現象であった。つまり、大正期の前半は、日本の国際的なステータスが変わり、「脱亜入欧」の伝統が定着をみせ、そして南洋に進出した日本人の質が急速に変わる時期にあたった。ちょうどその頃から、日本人庶民の「南洋」観は、いびつなものに変わり、そしてかたよった表現を与えられ、ある種のステレオタイプができあがるのだった。

明治期の「南進論」にも、人間を優者と劣者にわけ、日本人を優者に位置づけ、蔑視的な「土人」観を他方に措定する見方は当然にあった。しかし、そのばあいでも、微妙なニュアンスのちがいがあった。探検調査を眼目とした明治期のばあい、日本人と相手側との位置づけは、鈴木経勲の『南島巡航記』(明治二十六年)にみられるように、以下のような配慮と分別にともなわれたものであった。「元来文明人と蛮人の交通は最初蛮人より懇遇するも文明人は却て蛮人を獣視し、或は残忍なる扱を為し、彼をして怒らしめ、終に惨酷の処置を受くる事曾て聞く所なり、されば成るべく彼に接するに親切を主とし、詰り裸体の蛮民も華客に相違なければ諸事懇ろに扱ひ歓心を得る事を勉めければ……」。

明治末になると、少し事情が変わってくる。竹越與三郎が主著『南国記』(明治四十三年)の中で「何故に馬来人は劣るか」という日本人とマレー人との興味深い比較論を展開している。この事実が示すように、かなり露骨に、しかも決定論、宿命論的に両者のちがいをとらえる見方が定着するのである。そして、そういう蔑視的な見方が大衆化するのが大正期であったと考えられる。

ひとつの例をとりあげて、そのイメージ内容をみておくことにしよう。

浙江丸という大阪商船株式会社の汽船の航海士として日本と南洋とのあいだを四、五回航海したあと、深見麗水という無名の日本人が大正七年に書きつづった手記がある。この深見の記録に描かれている「南洋」像は、この時代の日本人が抱いていたごくふつうのイメージ内容であったといえるだろう(資料15)。

いずれにしても、「未開」「下等」「怠惰」「愚鈍」「不潔」などの特徴でとらえる南洋の「土人」観は、どうしようもない固定観念となって、抜きがたくその後の日本人の抱くイメージに定着するのである。このような、いわば「南洋の土人」イメージをひとつのシンドローム(症候群)としてとらえる見方は、昭和期に入るともっと単純明快なかたちで人びとの意識に定着することになる。そのシンドロームの最たるものが、人気漫画の「冒険ダン吉」であった。

そこで、表現が適切かどうかは別にして、『冒険ダン吉』シンドローム」といういい方をしてみることができる。いうまでもなく、「冒険ダン吉」は、同名の少年を主人公にして、『少年倶楽部』の昭和八年六月号から昭和十四年七月号まで続いた人気漫画である。この漫画の作者の島田啓三は、執筆の背景について、後年ある告白をしている。つまり、南方について無知のまま、想像と社会通念だけで執筆を続けたというのである。東南アジアときけば、すぐにジャングル、猛獣、毒蛇、裸の土民などを連想し、同時にひどくおくれた土地柄を想像するという発想がこの漫画をつらぬく基調になったのだ。「冒険ダン吉」の漫画を読むとおもしろいことに気づく。ダン吉は、漫画の中では黒い土人のなかのただひとりの白人として登場している。しかも、本来は文明国に属するという身分証明として、ただひとり左腕に腕時計をはめている。

いずれにしても、大正期日本人一般の意識に定着し、昭和期に単純化された、わたしのいうこのような「『冒険ダン吉』シンドローム」を基礎として、昭和の日本人の「南進」カルチャーは形成されることになった。東南アジアは、ふつうの日本人には場末とみなされる。場末である以上は、洗練されたマナーや古来の儒教的なエトスで対応する必要はさらさらない。つまり、むきだしの原始人格でつきあえばいいと考えるカルチャーである。それが、いまの日本にまでもちこまれていることはいうまでもないことである。

庶民の「南洋」イメージについては、あとひとつだけ、華僑観ということに触れておく必要があろう。南方各地の在留邦人がつね日頃意識しつづけたのは、かれらのまえに立ちはだかる華僑勢力の底力であった。東京のエリートたちが欧米の列強を気にしていたとき、南洋の日本人は華僑や印僑の存在をもっぱら気にしていたのである。

現地に住まった日本人は、ほとんど例外なしに華僑の底知れぬ実力について書いている。

「到る処、支那人の巨商大厦を連ね、中には数千万の富を擁するものあり、偉なるかなの嘆禁じ難し、これに反し邦人の努力は言ふに足らず」(井上雅二)

「南洋は支那人の国たるなり、日本人の商業を営まんとする者は、支那人を顧問となさざるを得ず。農業林業に従事せんとする者は、支那人労働者を雇傭せざるを得ず。又工業漁業を興さんとする者は、支那人の為す能はざる所に乗ずるを要す。兎に角、南洋の事業は、支那人と相離るべきものに非ず。然るに南洋に於ける日支間の関係は、風馬牛なり」(中井錦城)

そして、在留邦人たちは、日本の中国政策が不手際をおかすごとに、その華僑といやおうなしに対立関係に立たなければいけなかったのである。つまり、在留邦人がいちばん苦しんだのは、日本の中国政策が南洋に排日運動としていちいちはねかえってくることであった。

❖庶民のイデオロギー

以上、庶民の、とくに南洋現地での生活感情を媒介として、「南進」イデオロギーが、ある程度現実に接するレベルで、よかれあしかれ新しい要素をつけ加えられる面をみてみた。

こういうことがいえるだろう。すなわち、東京や本土で語られる「南進論」が大所高所からの外交政策論議にどうしても傾くのにたいして、庶民のイデオロギーは、理論であるよりはまず「南洋」イメージが先行するということ。そしてかりに堤林のように庶民がめずらしくものを書いたときには、体験に即して調和的、商業主義的な、地味な「南進論」になりがちであるということ。しかし、かれらは、平気で現地を蔑視したということ。そしてまた、現地の在留邦人たちは、あんがい、本土の「南進論」で迷惑していたのかもしれない――というのは華僑や現地政庁との好まざる緊張関係に追い込まれるのを避けたがる気持をみな一様にもっていたはずだから――のである。なによりも肝心なことは、明治の初期南方進出の頃には、「南進論」のナの字も知らない、関心すらない底辺日本人が、在留邦人の圧倒的多数を占めていたという事実である。

最後に、庶民たちの南方関与を知るための手がかりになる本をいくつかならべておくことにしよう。試みに、わたしが評価する十冊の本ということで、順不同の「ベストテン」をつくるかたちにしてみたいと思う。近代日本の「南進」の歴史を学ぶうえで、必読のものばかりである。

①南洋及日本人社編『シンガポールを中心に同胞活躍　南洋の五十年』南洋及日本人社、昭和十二年

この本は、日本人進出のもっとも多かったマレー半島のことを知るために必読のものである。

②西村竹四郎『在南三十五年』安久社、昭和十一年

シンガポールに明治、大正、昭和と住んだ医者の手記である。日記体をとっているので、シンガポー

ルの在留邦人の歴史がよくわかる。

③伊藤友治郎編『南洋年鑑興信録　付南洋要覧』日南公司南洋調査部、大正七年

大正期の日本人進出を知るうえで不可欠の資料である。内容は、企業一覧、人名録、統計などである。

④南洋及日本人社編纂部編『馬来に於ける邦人活動の現況』南洋及日本人社、大正六年

これも大正時代における日本人進出、とくにマレー半島での活動の態様を知るうえで、不可欠の資料である。写真が多く、アルバム風だが、巻末の資料が有益である。

⑤蒲原廣二『ダバオ邦人開拓史』日比新聞社、昭和十三年

日本人の手によってマニラ麻の一大産地となったダバオの歴史を学ぶのには、この本がいちばんだろう。

⑥金ヶ江清太郎『歩いて来た道――ヒリッピン物語――』国政社、昭和四十三年

フィリピンへの日本人進出の歴史と在留邦人の生態を知るうえで、この自伝は一度は目を通しておいたほうがいいだろう。感動的ですらある。

⑦辻森民三編『爪哇の現在と輝く邦人』南洋時代社、昭和七年

戦前のジャワの在留邦人をざっと一覧するのには役に立つ。しかし、情報の密度の点では、ここに並べたほかの本と比べると少し落ちる。

⑧ジャガタラ友の会編『ジャガタラ閑話――蘭印時代邦人の足跡――』(第二版)ジャガタラ友の会、昭和五十三年

インドネシア(ジャワ、ボルネオ、スマトラ)への日本人進出をいちばんくわしく教えてくれる貴重なアンソロジーである。初版は昭和四十三年に出ているが、第二版はかなり増補されている。

⑨村岡伊平治『村岡伊平治自伝』南方社、昭和三十五年(講談社文庫、昭和六十二年:編注)

いろいろ問題はあっても、やはり初期の日本人進出を知るためには必読の本だろう。ふしぎな傑作と

いうべきか。

⑩堤林数衛『堤林数衛日記』未刊

明治の末から昭和の初めにかけて、ひとりの庶民が南洋の現地で律義に日記をつけ続けていたこと自体驚異である。そして、この日記を手掛かりに、ある時期の日本人進出の本質を知ることができる。貴重な一次資料である。

とりあえず、順不同の「ベストテン」をこう並べてみたけれども、このほか、だいじな本はまだいくつもある。いまでも、貴重な資料が時おり刊行されていっている（後藤乾一『火の海の墓標――ある〈アジア主義者〉の流転と帰結』時事通信社、昭和五十二年。藤原藤男編著『海森豪勇と南洋開拓伝道』キリスト新聞社、昭和五十二年。大沢清『フィリピンの一日本人から』新潮社、昭和五十三年。シンガポール日本人会編『南十字星――シンガポール日本人社会の歩み――』昭和五十三年など）あげだしたらきりがないので、十冊にとどめておくことにしよう。

その十冊について注目すべき点は、大部分が南洋の現地で在留邦人の手によって出版された本だということである。そして、むろん執筆者は、南洋の各地に住んだ無名の日本人である。そういう「無告の民」が、日本の国際的地位がある程度誇らしいものに変わった歴史のある段階で、きどらず飾らずに自分たちの来し方を語ってみせた作品として、注目すべき資料だといえるだろう。

VI　昭和期における「南進論」の展開

❖「大東亜共栄圏」への道程

いよいよ、議論をしめくくらなくてはいけなくなった。

「南進論」は、昭和期に入って、いわば絢爛豪華に花咲くのである。その頂点は、いうまでもなく「大東亜共栄圏」思想であり、「大東亜戦争」であった。その意味で、昭和の十年代は「南進論」の黄金時代なのである。

ただ、重大な問題がある。

すなわち、明治期に端を発し、大正時代に実質化したそれまでの「南進論」が、はたしてどのような具合に「大東亜戦争」を粉飾した昭和十年代のイデオロギーと接合したのか、ということである。

明治から大正にかけて「南進論」があったから、日本人は「大東亜戦争」に流れ込んだのだ、という見方は正しくない。すでにみたように、「南進論」には、たしかにいくつか具合の悪い面はあった。それが、近代日本特有のエゴ中心主義をやはり秘めていること、そして肝心の「南洋」世界にたいする正しい洞察を欠いていることなど、昭和期の「南進論」をも特徴づける要素は初期の頃からあったことは認めないといけない。しかし、だからといって、昭和初期までの「南進論」の中に、「大東亜戦争」の遠因を求めることは、正しい歴史の見方であるとはいえない。

すでに示唆したとおりに、「南進論」は、日本がアジアのここに所在するかぎり、かならずだれかが発想するごく自然な思想という面をもっている。しかし、それが日本の外交思想のすべてを排他的に占有するほどの必然性はない。日本人が思いつく国家間ないし地域間結託の思想の中で、けっして首位にくるべき思想でもない。

その点、昭和の十年代における「南進論」のふくれ上がり方は、そもそも異常であった。そういう異常さをもたらしたのは、むろん、「大東亜戦争」という国家的大事業そのものであった。この戦争が必要とした弁証理論がほかならぬ「南進論」であった。そして、日本がとった政策が「南進政策」であったが、明治のはじめ以来、ほぼコンスタントに「南進論」はあったけれども、日本が「南進政策」をとるのはこの時が最初なのである。

❖人為的な「南進ブーム」

昭和時代の「南進ブーム」は、その意味で多分に人為的な作為によって支えられたものであって、明治から大正を経て、昭和の初めに流れ込んだごく自然な「南進論」の系譜の直接の所産であったわけではないと考えなくてはならない。しかし、そういう自然に形成されきたった「南進論」の系譜が知的遺産としてあったということは、昭和十年代の人為的作為としての「南進ブーム」をひじょうにもっともらしいものにしたということはいえる。

ただ、明治期に端を発する「南進論」の本来の姿は、昭和十年代のある種の人為的作為によって、すっかり崩されてしまうことになる。そこで、こう考えることもできる。昭和の十年代には、「南進論」というまったくおなじレッテルのもとで、かなり中身のちがうある種の政治思想がにわかづくりで形成された、と……。それは、あるいは、「大東亜思想」ないし「大東亜共栄圏」の思想と呼んでいいかもしれない。

従来、「南進論」とはほとんど無縁の次元にあった大アジア主義が「南進論」と接合する。そして、「南進論」自体、それまでは私のいう「傍系思想」でしかなかったのが、この際正統思想になることによって、正統＝異端というイデオロギーの中心的なアリーナに位置する資格をもつことになる。こういう変化は、「南進論」が「南進論」でなくなるほど革命的な変化でありはしなかったか。

いずれにしても、昭和期「南進論」を眺めるばあいのポイントは、新しい時代的要請と過去の「南進論」との接合、およびそれによる「南進論」の質的変化、そして戦争イデオロギーとしてのまったく新しい「南進論」の形成、などである。

ただ、この時代の「南進論」について密度の高い議論をすることは残念ながらまだできない。さまざまな条件がそれを妨げるのである。第一、あの太平洋戦争の四年近くの期間は、それこそ国中が「南進論」にとりつかれたわけだが、その時期のことをこの角度から分析する作業は、別の本一、二冊書いたところで追いつかないほど膨大にならざるをえない。そして、資料もまだ出そろってはいない。

❖すべては昭和十一年に始まる

そういうことで、ここではごく要点的に、昭和時代の「南進論」の注目すべき局面を表面的になぞる程度でお茶をにごすことにしたい。そして、明治から大正にかけての「南進論」が昭和の時代とどう接合したか、あるいはしなかったか、に焦点をしぼることにしよう。

すべては、どうやら昭和十一年にはじまったようである。

昭和十一年の末に出た興味ぶかい本がある。それは、日本外事協会が編した『南方政策を現地に視る』という書物である。これは、おなじ昭和十一年夏に、十人のジャーナリストが南方を船で旅行して、その旅の感想をそれぞれ書いてまとめたものである。この一行に加わったものの中には、『文藝春秋』

の佐佐木茂索、『日本評論』の大宅壮一、「同盟通信」の猪伏清などがいた。

この本に『時事新報』の清水伸が二つの文章を寄せていて、そのどれもが昭和十一年段階の問題提起としてはだいじな意味をもっていたように思う。ひとつは「南洋政策に躍る台湾で」で、これはまえにもくわしく述べた台湾と南進政策との関係について、鋭い洞察を加えたものである。そして、もうひとつは「フィリピンにおける排日的産業諸法制に就て」という文章であった。

このあとのほうの文章が次のようにはじまっているのは、昭和十一年当時の状況を象徴的に物語るものとしてとても印象的である。

「『南進論』は最近の流行であるが、南進の実践に就ては、見る可きものがないのは何うしてだらうか。……南進の論者は口を揃へて『南国』の自然を讃美し、資源の豊富なことを指摘するのである。南国を見たことのない人々は珍談だし、資源が貧弱で、年々百万人もの人口が増加する我国にとつて人口が稀薄で、其上に資源は何でもある南洋は、慥かに羨やましい存在には違ひない。併し現実の南洋は、右のような所謂南洋論的認識では、到底把握することの出来ないものがある」。

❖国策としての「南進論」

このように万事が中途半端であった昭和十一年は、しかしながら、あらゆる意味で、近代日本の「南進」との関連でいえば、歴史が大きく曲がった年であった。昭和十一年に生じた、めだたないけれどもひじょうに重大なできごとは、暑い盛りの八月四日に開かれた五相会議で「国策ノ基準」が決定されたことである。この「国策ノ基準」は、南方問題が日本の国策構想の中に取り上げられた初めてのケースであった(資料16)。この決定の背後に、太平洋無条約時代を意識した海軍の強いイニシアティブがあったことはむろんのことである。

そのおなじ八月四日に四相会議で打ち出された「帝国外交方針」の中にも、「南洋」が、「世界通商上ノ要衝ニ当ルト共ニ帝国ノ産業及国防上必要欠クヘカラサル地域」という位置づけを受けて登場している。つまり、「南進」政策が日本の国策になったのが、この昭和十一年であったのだ。

昭和十一年になって、どのような事情背景から「南進」策が国策化したのかは、ここでの課題ではない。しかし、明治二十年前後から脈動的に語り継がれてきた「南進論」が、ここにいたってはじめて公けの認知を受けたイデオロギーに変わることになった。そのことはすこぶる重大なことであった。

❖室伏高信

このおなじ昭和十一年には、折もおり、象徴的な「南進」イデオロギーの書物が刊行されている。昭和十一年夏に出版された、室伏高信の『南進論』(昭和十一年七月、日本評論社)がそれである。時節柄、たいそう注目を集めた出版であった。

この本の第一章「なぜこの書を書くか」に、室伏はこう書いている。

「こゝに南進論といふ。これが日本の国際政策を意味してゐることはもちろんである。これは日本の国際的方向についての論策である。けれども私にとつてはこれが同時に日本の国内問題でもあり、そして今日の日本にとつてはわれわれの日本が当面する全面的な問題である。凡ての問題がこのうちに含まれてゐるといふのが私の考である」(八ページ)。

室伏が自分自身で「私は明瞭な旗幟を樹てた」といっているように、「南進論」というテーゼが、あたかも日本のすべてであるかのように強く表面に打ち出されている。室伏は、欧州文明の衰退と混乱を強調し、「西欧の覇権は没落した」と断言し、これからさきの世界で覇権を争う国ぐにとしては「一万にロシヤがあり、他方にアメリカがあり、そして東方に拠って日本」がある、と予言している(三一ページ)。

室伏の時代認識は、自由主義の時代は終り、国民的対立、ブロック対立、大陸と大陸との対立の時代が来た、という内容のものであった。このような時代に、日本が向かうべき方向ははっきりしているという（二四五〜二五六ページ）。

このように、室伏によって、「南進」は、「日本民族の使命」として、そしてひとつの「歴史的約束」として、決定論的な取り扱いを受けるのである（資料17）。

室伏高信は、明治二十五年に神奈川県に生まれ、明治大学中退後、「二六新報」「時事新報」「朝日新聞」などにつとめたあと、フリー・ジャーナリストに転じたひとである。昭和九年から『日本評論』の主筆になり、「日本主義」の立場から論陣をはった。この『南進論』などの執筆はその時期の作品である。

室伏高信は、この『南進論』を世に問うたあくる年、すなわち昭和十二年に『室伏高信全集』全十五巻を出している。そして、『南進論』は、その最後の巻第十五巻に『戦争論』と併せて加えられている。この『戦争論』は、『南進論』の「姉妹編」（室伏自身の表現）として、昭和十二年一月に出されたものである。

健筆家であった室伏は、青年期からこの頃にかけて、六十数冊の書物あるいはパンフレットを世に問うている。文明論、イデオロギー論あるいは人生論などにもっぱら取り組んでいた室伏が、本格的にアジア問題と取り組みはじめたのは、昭和六年に『支那論』を書いた前後からであった。この『支那論』の序文の中で、室伏は、この当時の問題意識を、「私はアメリカとロシヤと支那とについて考へてゐる。老いぼれの西欧のことは私たちにはもうどうでもよいものである。今日と明日とについて考へるものは、それから日本について考へるものは、この世界のトリオについて考ふべきである」、と明快に書いている。

この問題意識の線の上に、昭和十一年の『南進論』がのっていることはいうまでもないことである。ただ、室伏は、その『支那論』に続く作品として、昭和十年に『支那遊記』という紀行文を刊行している。そして、この長い紀行文の最後を、「南へ、正義へ、解放へ、発展へ！　これが全日本の叫号でなければならぬ」、という文章で閉じている。ここに、早くも「南へ」という表現が出てきているのは注目に値する。

いずれにせよ、文体の平易さと修辞の巧みさとのために、この『南進論』は、すこぶる煽情的な効果を発揮した。そして、それは、南進ブームの復活を見る昭和十年代の幕あけを飾るにふさわしい内容をもっていた。

❖生き延びた「南進論」

ところで、大正初期にひときわオクターブが高まった「南進論」が、この昭和十一年まで、社会の思潮の底流として隠然と生命を保ちつづけることができた条件はなにか。それは、いうまでもなく、「南進論」が、大正時代に「社会的制度化」という側面をもったことで、ほっておいても命脈を保つことのできる基盤を与えられていたことである。くり返していうと、台湾総督府など諸官庁の機能がそれであり、「南洋協会」のような国内民間団体の存在がそれであった。

大正から昭和十年までを着実につないだのは、まさに官庁出版物であったといっても過言ではない。たとえば、南方関係の出版物がもっとも不毛であったとされる昭和二年から昭和十年までの期間を調べてみると、そのことはっきりする。たしかに民間の個々人による出版物は、数えるほどしかない。

山崎直方『西洋又南洋』古今書院、昭和二年（新版、旧版は大正十五年刊：編注）
藤山雷太『南洋叢談』日本評論社、昭和二年
井手諦一郎『黎明の南洋』淳風書院、昭和四年
竹井十郎『日本人の新発展地南洋』海外社、昭和四年
宮下琢磨『邦人活躍の南洋』海外社、昭和四年

竹井十郎『富源の南洋　踏査廿三年』博文館、昭和五年
島崎新太郎『南洋へ！蛮島を踏破して』新時代社、昭和六年
徳川義親『じゃがたら紀行』郷土研究社、昭和六年（一九八〇年、中公文庫：編注）
松江春次『南洋開拓拾年誌』南洋興発、昭和七年
横田武『我が南洋の正体』南洋社、昭和八年
安藤盛『南洋と裸人群』岡倉書房、昭和八年
中河與一『熱帯紀行』竹村書房、昭和九年
村上直次郎「ジャガタラの日本人」『台北帝国大学文政学部史学科研究年報第二輯』台北帝国大学文政学部編所収、昭和十年
矢内原忠雄『南洋群島の研究』岩波書店、昭和十年
安達猪山『南洋の横顔　海外情緒』東海通信社、昭和十年
中上川蝶子『楽土南洋』南光社、昭和十年

南洋群島関係のものまでふくめて拾いあげても、この程度であり、一部のすぐれた作品をのぞくと、あまり読まれた形跡もない。

ところが、この間に南洋関係出版物の絶対数はけっして少なくはない。つまり、官庁出版物が圧倒的な比重を占めていたのであって、その意味で、めだたないかたちで日本人の南洋にたいする関心は制度的に保たれていたのである。だいじな役割を担ったのは、まず台湾総督府の調査課がいちばんであった。そのほか、南洋庁、商工省商務局、同貿易局、外務省通商局、農林省山林局、拓務省拓務局などが、多少とも南洋関係の調査を続け、その成果の刊行を怠ってはいない。民間では、「南洋協会」の存在は大きかった。なかでも南洋協会台湾支部の調査出版活動にはめざましいものがあった。民間では、そのほか台湾銀行、横浜正金銀行なども調査出版を重ねた。

外務省史料に得られる台湾総督府の出版物一覧によって数えると、台湾総督府が大正時代に出版した南洋関係文献は七十点を数え、昭和二年から十年度までの出版点数は五十九点を数える。主として南洋各地の資源、市場、法制、政情などに関する実態調査であるが、南洋のほとんどあらゆる面をカバーしているのが印象的である。台湾総督府は、このほか南支関係の調査出版もあわせ行なっていたわけだが、それも、むろん、「南進」政策と無関係ではないにしても、ここでは触れないでおこう。

民間団体の「南洋協会」の出版の傾向を調べてみると、これが台湾総督府などの官庁出版物とほとんど傾向がちがっていない事実がわかる。

いずれにしても、こういう諸官庁、諸団体が出した一連の調査報告書は、当時の日本が公的に利用することのできた、南洋についてのほとんど唯一の情報源であったのだ。そして、昭和十一年までにそういう情報の蓄積がなされていた事実、それでいて、そういう情報の質的な吟味はだれも行なっていなかったという事実は、その後の歴史的展開との関連で注目すべきことである。

❖海軍の「南進論」

ところで、大正時代から昭和十一年までのある種の空白期を目に見えないかたちでつないでいたものとして、もうひとつ、海軍の伝統的ともいえる「南進」志向がある。

「南進論」がはっきりと「海」の思想として出てきたことはすでに指摘した通りである。明治以降「南進論」がもう少し公的に評価され、政策化しておれば、日本の近代外交も、もう少しちがった展開をみせていたことだろう。しかし、「南進論」ないし「海洋国家」論はずっと不遇に付された。ただ、海軍は、『帝国国防史論』(明治四十一年)(一九七九年、原書房より「明治百年史叢書」として復刊：編注)を書いた佐藤鉄太郎らがスポークスマンとして活躍した明治末以来、いや、ある意味では、志賀重昂や鈴木経勲を「南進論」者として生み出した遠洋航海制度がはじまった時以来、ずっと通して、いちずなまでに「南進論」と意識的に親しんできていた。海軍から生み出された「南進論」者には、たとえば『比一戦』や『次の一戦』を著わした水野廣徳(自伝『反骨の軍人』参照)や、柳田国男の弟の松岡静雄などがいた。

松岡静雄は、明治十一年兵庫県に生まれ、軍艦「八千代」航海長として日露戦争に従事し、第一次世界大戦では軍艦筑波副長としてポナペ島初代守備隊長をつとめたあと、大正七年に大佐で海軍を辞めている。その後直ちに「日蘭通交調査会」を組織し、民間にあって日本と南洋との結びつけに専念する。著書の数も多く、その大部分は「南進論」者らしく、南方文化に関するものである。著作の数は四十八を数えたといわれる。しかし、晩年は日本精神ないし国体の本義を明徴する方向に傾斜している。松岡が死んだのは、奇しくも昭和十一年であった(松岡静雄の生涯については、野口喜久子編『砂のいろ』昭和五十年(非売品)がくわしい)。

松岡のことはともかく、「南進論」が海軍の中心的な政策構想として位置づけられるのは、昭和八年九月二十五日決定の「海軍の対支時局処理方針」で南支政策が焦眉の課題として浮かび上がったときのことであった。しかし、もうひとつの契機があった。それはアメリカの海軍拡充が日本にとっての脅威になり始めたことであって、海軍は、それにたいして対米軍備拡充を正当化する理論を必要として、政府にたいする積極的な働きかけをはじめた。それがちょうど昭和十年頃であって、この年には早くも海軍の「南進」構想は熟してくるのである。

昭和十年七月に、海軍は海軍大臣の訓令によって「対南洋方策研究委員会」を発足させ、資料18に掲げるような調査研究項目にしたがって情報蒐集分析活動を開始した。委員長には、発足当時は加藤隆義中将、その後嶋田繁太郎中将が任ずるなど、将官級が就任し、軍務局、軍需局、軍令部、艦政本部、航空本部の局長、課長、部長を網羅した本格的な調査グループであった(この間の事情は、大東文化大学東洋研究所刊、土井章監修『昭和社会経済史料集成　第一巻　海軍省資料(1)』昭和五十三年、にくわしい。この本は昭和十一年以前の段階における海軍の「南進」志向を知るうえで必読の資料である)。

昭和十一年八月に「国策ノ基準」と「帝国外交方針」が決定された背景には、このような海軍の強い働きかけがあったのである。

昭和十年までのことはこのくらいにとどめて、昭和十一年以降、太平洋戦争勃発にかけてのことを要点的に拾いあげておくことにしよう。

昭和十一年以降、昭和十五年にかけて、いろいろ紆余曲折はあってもしだいに「南進」ムードは盛り上がっていく。前の章でとりあげた漫画「冒険ダン吉」の大ヒットは象徴的なできごとであったといえるだろう。

南洋協会などにしても、いわばわが世の春を迎えることになる。大正四年に創設されて以来、歴史の気まぐれさにもかかわらず、地道に活動を積みかさねてきたこの団体は、「南進」の国策化とともに、にわかに存在の正統性を高め、活動の意欲も高まるのであった。そして、政府との密着度も強めていく。南洋事情に関する委託調査の件数も増えてくる。

機関誌の『南洋』も巻を重ねて、昭和十一年には早くも第二十二巻目になっており、当時の日本でもっとも権威ある南洋事情専門誌として、地味ながらも重要な役割を果たしていた。太平洋戦争のはじまる昭和十六年の第二十七巻目にかけて、この雑誌は、まさに「南進」イデオロギーのもっとも影響力あるメディアとなる。第二十七巻各号の巻頭言の題をみると、「共存共栄の具現化」「大東亜共栄圏確立の急務」「南洋新秩序の発足」「経済的南進に就て」「南洋と文化提携」「東亜共栄圏と南洋」「日本の進むべき道」「大南洋共栄体制の整備」「大東亜共栄圏と貿易体制」「南洋の建設」「南洋関係者の覚悟」と、毎号この協会の理事クラスのひとが熱のこもった文章を書いている。そして、そこには、まさに「南洋」が日本外交の本舞台になったことを喜び、それでいて妙に緊張せざるを得ない、ある種の力みかえった感じがみなぎっている。

南洋協会は、この間、南洋各地の支部との連絡強化につとめ、とくに経済情報の蒐集に心をくばっている。この意味でも、南洋協会は、資源市場獲得に関心を寄せはじめた政府と南洋現地とをつなぐリエゾン的役割を果たしたのであった。そのリエゾン的機能は、企画院が「時局下帝国経済政策大綱」をまとめ、また三相会談で「対外施策方針要綱」が決まった昭和十四年以降決定的になっている。この年、南洋協会は、南洋各地在住の代表的日本企業関係者を日本に集めて「南洋経済懇談会」を開催している。

経済界の「南進」志向といえば、石原廣一郎のことを忘れてはなるまい。石原の経歴についてはわたしもすでに書いた（本書八一ページ参照）し、最近すぐれた研究も出ている（清水元「石原廣一郎における『南進』の論理と心理」正田健一郎編　前掲書所載）ことだから、ここではくり返しては触れない。ただ、この石原が昭和十一年頃からとみに憂国の情を強め、「南進」イデオローグとしての自意識を強めた事実は知っておく必要がある。

かれは昭和九年に『新日本建設』という本を書き、そして昭和十五年には『転換日本の針路』を刊行している。この二冊の本を比較検討すると、中身の大部分が共通していることがわかる。つまり昭和十五年の本は書き下しというよりは、昭和九年の本をそのまま再刊したものといっていえないことはないのである。ただ、少なくとも一箇所だけ、重大な変化がある。それは、『転換日本の針路』には、「新東亜諸国建設」を目指して、という新しい書き下しの一節が加えられている点である。ここで展開される石原の議論は、合理性を欠いた、かなり悪質なイデオロギーの部類に属する。「建設された新東亜諸国は、何れも我皇道精神を遵奉し、日本の保護下に於て王族の自治統治制を執り……」とまで書いてある。

ついでながら、石原は、昭和十七年には『南日本の建設』という本を書いている。ここでいう「南日本」とは、なんと南方圏のことである。こういう行き過ぎたことばづかいをした日本人は、あとにも先にも、おそらく石原廣一郎ぐらいのものではないだろうか。

石原が出たついでに、もうひとりの人物についてみておく必要があるかもしれない。それは、小磯国昭である。ただ、小磯についても、すでに触れたことがある(本書一一一〜一一三ページ参照)ので、ふたたびくわしく触れることはやめることにしよう。ただ、かれが昭和十五年夏に書いた三つ、四つの意見書は、昭和の「南進論」の系譜の上で、ひじょうにだいじな存在であること、とくにかれの「東亜経済圏」構想がユニークな地域政策構想であったことだけはここで指摘しておきたい。また、大正時代に小磯は「国防資源」についてのすぐれた問題提起をしており(『葛山鴻爪』三三二〜三五三ページ参照)、その考え方が、昭和期の「南進論」を媒体として、昭和の十年代にふたたび政策論として再生したことも注目に値するといえるだろう。

❖南洋文学の隆盛

昭和の十年代に話が進んできたところで、ちょっとだけ脱線してみなくてはならない。ここで、近代日本の文学史の上にあらわれた「南洋」像のことをかいまみておく必要がある。いわゆる『南方文学』論である。日本の作家たちが「南洋」をどうとらえ、そして、かれらの作品活動は日本の「南進」との関係でどういう意味をもったのであろうか。

「南方文学」あるいは「南洋文学」というタームが日本文学史のうえで正式に成立するのかどうかわからないが、南洋を舞台ないし素材にした作品は、明治の昔から戦後にかけて存在しないわけではないのである。

わたしのいう「南洋文学」は、むろん、矢野龍渓、末広鉄腸ら明治の政治小説に発端があるという考え方ができる。そして、明治から大正、昭和の初めにかけて書かれた数多くの南洋旅行記もそのだいじな要素になると考えていいかもしれない。しかし、正直なところ、文学という名に値するだけの作品がどれほどその中に含まれていたかは多分に疑問である。

やはり、昭和の時代になってはじめて、ここで取りあげるにふさわしい水準の作品があらわれたと考えてよさそうである。まずさしあたって南洋群島のほうである。

南洋群島は、比較的長く日本のものであったのに、なぜか、近代日本の名だたる知識人には親しまれてはこなかったようである。

南洋群島と知識人との無縁さは、なによりもそれを素材ないし舞台にした文学作品の少なさに例証されているように思う。昭和の三十年代に編まれた修道社版『世界紀行文学全集』の「南洋諸島編」をみると、矢内原忠雄教授や田口卯吉まで加えられている。矢内原教授や田口卯吉らが文学者でなかったことはいうまでもないとして、志賀重昂にはじまる明治二十年代の明治期「南進論」者たちの記録を文学として読むことには、わたしは少なからず躊躇をおぼえる。すぐれた旅行記録であるし、それなりに充実した内容であっても、文学ではない。南洋群島を舞台としたすぐれた文学はとうとうあまり書かれずじまいで、いまにいたっている。

❖石川達三の観察記

ただ、この地と関わった文学者が幾人かいたことは事実である。そして、かれらは、南洋群島についてて多少ともなにかを書き残している。戦前では、安藤盛、石川達三、中島敦、中河與一などをあげることができる。しかし、私が個人的な趣味からいっていちばん買うのが、石川達三の昭和十八年の作品『赤虫島日誌』である。

昭和十八年五月に、東京八雲書店という本屋から出版されている。この本の前半に、「航海日誌」「群島日誌」「赤虫島日誌」の三つの「日誌」が収められている。ところどころに「海軍省検閲済」とあるのが、時代をしのばせる。

沈着な文章がいい。なにげない記述が、すごく大きな本質をつたえてくる。たとえば、「航海日誌」のある箇所……。

「南洋庁サイパン支庁は丘の上の高台に、鳳凰樹の花に飾られて涼しげに建つてゐた。その前の公園の大王椰子の見事な群立のなかに立派な銅像がある。

『これが興発の社長ですよ。支庁長より偉いんですからね』と荒木君は立ちどまつて言つた。

『死んだのかね』

『いやまだ生きてますよ』」

もうひとつ、こんどは「群島日記」の部分から引こう。

島民の子弟を教育するパラオの公学校に行ったときの記録である。校長は、秋田県人でひどい東北なまりであったという。その校長が自分でオルガンを弾く唱歌の時間の情景を石川はこう描いている。

「何度となくやりそこなつて、漸く一曲を弾き終へると、少女たちの高い声のコーラスがはじまつた。それが立派な日本語であつたことに、私は裏切られたやうな気持ちがした。少女たちは愛国行進曲をうたひ、軍神広瀬中佐をうたひ、児島高徳の歌をうたつた。日本の伝統を感じ得ないこのカナカの娘たちにとつて、八紘一宇の精神や一死報国の観念が理解される筈はないのだ。美しい鸚鵡《おうむ》の合唱であつた」。

そのあと、少女たちは校歌をうたう。

「私は生徒の唱歌帳をのぞいて見た。五線紙におたまじやくしを書いて、その下に片仮名の歌詞をつらねてあつた。コーラスははじまつた。

みいつかしこきすめらぎの、深き恵みの露うけて、椰子の葉そよぐこの丘に、そゝりて立てるまなびやは、日毎に集う我等の庭ぞ、あな嬉しやな、楽しやな
私は悲しくなつて来た」

石川達三の観察眼は、当時としては異様に覚めている。石川が、この本の「赤虫島日記」の中にふくめた自分の手になるスケッチに次のような文章を付けているのは驚異的ですらある。

「赤虫島の真昼は寝るよりほかに手が無い。無人の島に住んで、蟻の這ひまはる畳に痩軀を横たへた姿

は何かしきりに淋しい。しかしこれが日本の南進政策の先端における人間の在り様なのだ」

わたしは、この文章、いやこの『赤虫島日誌』の全体が、たいへん好きである。はなしを外南洋に移すと、重要な作家が、それぞれちがったかたちの南方関与の所産として、注目すべき作品を残していることがわかる。なかでも、まずわたしは、森三千代の『新嘉坡の宿』(昭和十七年)の覚めた眼が大好きである。すぐあとに述べる金子光晴の妻として、森は、この分野でも大きい足跡を残している。

そして、高見順がいる。かれの海外紀行文(全集第十九巻所載)の大部分を占めるのが、南洋の記録である。なかでも「蘭印の印象」「蘭印の点描」など、昭和十六年前半に書かれた作品は、よく覚めた眼での蘭印社会の描写であってさえている。高見は、太平洋戦争がはじまったあと、ビルマについてもたくさん文章を書いている。

太平洋戦争中、すなわち日本流にいうと戦時中の、知識人動員の結果としてうまれたたくさんの文学作品についてはここでは取り上げない。高見順の蘭印物がいい例だが、奇妙なことに、南洋を舞台にしたすぐれた作品は、戦争の足音がすぐそこまで近づき、作家たちが歴史のどうにもならない流れに出あって繊細な心理を微妙にふるわせはじめたときに書かれている。

❖金子光晴と南洋

その意味で、日本の「南洋文学」の頂点をきわめたのは、やはり金子光晴であった。これは衆目の一致するところだろう。「南洋」の世界を、金子ほど美しく華麗に描いた作家を、わたしはほかに知らない。昭和十五年秋に出た『マレー蘭印紀行』では、読み進めるのが怖ろしくなるほど、「南洋」が蠱惑的な世界に描かれている。

金子と南洋との関わりはそれに尽きない。金子は南洋の中から可能な限り美的蠱惑性の要素を掘り起こしただけでなく、南洋を素材にたいへんな自己主張をしてみせている。かれの代表的な詩集である『鮫』『女たちへのエレジー』などは、南洋体験でふくれあがった問題意識から生まれた、完成度の高い傑作である。金子光晴はだからけっして熱帯の美のたんなるアジテーターではなかった。かれは「南進論」などはるかに突き抜けた高い次元に飛翔していたのである。

南洋世界を美しく描いた作品、すなわち美を文章で表現する素材ないし舞台として南洋を選んだ作家は、なにも金子光晴には限らない。『熱帯紀行』(昭和九年)を書いた中河與一も、かれなりに美しく熱帯世界を描写している。しかし、珊瑚礁の描写ひとつとっても、金子光晴ほどのきざみこみと練り上げがない。

また、わが子のために物語りをまとめたという小出正吾の『椰子の樹かげ――ジャワの思い出』(昭和十六年)も、少年少女のための作品であるとはいえ、ジャワをやさしい人びとの住む心の通いあう美しい世界と描いていて、印象的な佳品である。そして、この本は、「土人」ということばなどを意図的に排して用いなかった稀有の書物でもある。しかし、しょせん金子光晴の世界と比べるのは酷である。けっきょく、金子光晴は、わたしのいう「南洋文学」のジャンルの中では、空前絶後の作家であったということになる。ある意味で金子光晴とかろうじて対比できる作家は、永井荷風であろうか。むろん、荷風は南洋の世界とは欧州旅行からの帰り途でかすかに触れあっただけであって、「南方文学」になんらかの貢献をしたわけではない。しかし、『ふらんす物語』に描かれるシンガポールの描写は、ここで特記しておくに値するものだと思う。つまり「脱亜入欧」を続けてきた近代日本人の総体の姿勢を、あまりにもみごとに代弁しきっているからである。一種のネガの「南進論」とでもいえなくはないのではないだろうか。

南洋に渡った昭和の庶民たちは、このような文学作品をひもとくことによって、多少とも自分たちの生きている道を納得することができたのである。ただそれだけでなく、このような「南方文学」は、太平洋戦争の時期に花咲くある種の戦記文学の先駆者的存在でもある。そういうぐあいに、昭和十五年頃までの「南方文学」は、潜在的に「南進論」として機能しかねない素因を秘めてはいたが、それにしても、日本と南洋との関わりから生まれたある種の知性として、注目すべき存在であった。

❖基本国策要綱

ところで、日本が決定的に「南進」政策に踏み切ったのは、昭和十五年七月二十二日に第二次近衛内閣が成立した直後のことであった。新内閣成立後に決められた「基本国策要綱」（七月二十六日閣議決定）と「世界情勢ノ推移ニ伴フ時局処理要綱」（七月二十七日大本営政府連絡会議決定）の二つが、歴史の転換をもたらした画期的な決定であった。

とくに「時局処理要綱」のほうはだいじで、「支那事変ノ処理未タ終ラサル場合ニ於テ対南方施策ヲ重点トスル態勢転換ニ関シテハ内外諸般ノ情勢ヲ考慮シ之ヲ定ム」（前文）、「対南方施策ニ関シテハ情勢ノ変転ヲ利用シ好機ヲ捕捉シ之カ推進ニ努ム」（第一条）、そして、仏印にたいしては「情況ニヨリ武力ヲ行使スルコトアリ」（第二条）と明記されたのは意味深長であった。

昭和十五年七月末に、このような積極的な「南進」政策が打ち出された背景には、従来、「南進論」は、海軍だけのものであったのが、ドイツ軍の欧州でのめざましい勝利に対応して、陸軍の発想までがにわかに北進論から「南進論」に転換されるという事実があった。その「時局処理要綱」の原案が、陸軍省と参謀本部の中堅将校によって作成されたという事実は注目すべきことであった。たんに海軍だけでなく、陸軍までもが積極的な「南進」政策に変わったことによって、日本の国策の正統路線は、この際、完全に「南進」を目ざすものに転換したのである。

そして、このすぐあとに、新しい政策的なスローガンとして、「大東亜共栄圏」という表現が公けに用いられるようになる。「大東亜共栄圏」ということばがはじめて公けに登場したのは、昭和十五年八月一日、松岡外相が、外務省担当記者団との記者会見の席上、「日満支をその一環とする大東亜共栄圏」という表現を用いたときのことであった。

政府の言葉づかいの系譜をたどると、はじめは「東亜新秩序」と、そしてそれには含まれないものとして「南方」ないし「南方亜細亜」とが併用される時期が続いた。昭和十五年の七月には「東亜新秩序」が「大東亜新秩序」と変わり（七月二十六日閣議決定の「基本国策要綱」）、そして八月一日の松岡談話のあと、「大東亜」というレトリックは南方をも含む概念として定着するのである。八月末の蘭印に関する小磯意見書や小林特使の対蘭印交渉方針案では「東亜共栄圏」という表現が用いられているが、十月二十五日閣議決定の「対蘭印経済発展ノ為ノ施策」には、はっきりと「大東亜共栄圏」という表現が、昭和十五年七月二十二日に第二次近衛内閣が成立したあとに、急速に公式の用語として定着していったことがはっきりと読みとれるのである。

「大東亜共栄圏」の地理的な拡がりがはっきりしたのは、昭和十五年の九月のことであった。九月四日の四相会議で決まった「日独伊枢軸強化ニ関スル件」の秘密規定の中に、「皇国ノ大東亜新秩序建設ノ為ノ生存圏」の定義があって、それをみると「日満支ヲ根幹トシ旧独領委任統治諸島、仏領印度及同太平洋島嶼、泰国、英領馬来、英領ボルネオ、蘭領東印度、ビルマ、濠洲、新西蘭《ニュージーランド》並ニ印度等トス」という範囲になっている。アメリカの意向を気にしてフィリピンが入られていないが、それの欠落も太平洋戦争開戦直前までしか続かない。

「大東亜共栄圏」構想については、いくつかの問題がある。それは、比喩的にいうとまるで風呂敷のような概念であって、日本が「自存自衛」のために行なうことは、ことごとくそのタームで正当化されることになった。それは細部まで緻密に練り上げられたグランド・デザインというよりは、中身もなにもない空虚な概念であった。しかも、いうまでもなく、アジアのほかの国ぐにとの対話から生まれた発想ではなかった。

❖「大東亜共栄圏」構想

「大東亜共栄圏」構想は、たしかに、大アジア主義の政策化という一面をもっていた。ただ、そうだとすると、これは、なおのこと奇妙な着想だということになる。なぜなら、「南洋」論の欠落は、ある段階までのアジア主義の特徴であったのだから。

鹿子《かのこ》木《ぎ》員信《かずのぶ》が昭和十二年に書いた『すめらあじあ』(同文書院)という本がある。これは、昭和アジア主義思想の注目すべき一里塚である。ただ、鹿子木は、「印度」あるいは「満、蒙、支の三中心」について語ってはいても、南方圏についてはなにも語っていないのである。

昭和十三年の「近衛声明」にはじまる「東亜協同体」論、その中でも先駆的役割を果たした宮崎正義の『東亜連盟論』(改造社、昭和十三年)にしても、日、満、支の結合を考える理論であった。時代はくだって昭和十八年、大川周明は『大東亜秩序建設』(第一書房)という本を書いている。大川は、支那文化圏、印度文化圏、そして日本の三つが共有する三国意識「即ち東洋意識」と呼んでいる。大川は、たしかに、印度支那混合文化圏として南洋湿潤地帯を別個に位置づけてはいるけれども、この地域が、なんらかの歴史的役割を果たす主体でありうる、とは考えていなかった。

要するに、「南洋」は朝鮮半島とも中国ともちがう特殊な地域として、「すめらあじあ」の枠組みに加えないのが通例だったのである。その「南洋」が、昭和のある時期になって、にわかに、いわば唐突に「すめらあじあ」の枠組みの中に組み入れられることになった。これは、どう考えても、たしかに奇妙なことであった。思想史的にいうかぎり、これは、たいそう無茶な作為であった。なにせ、日本人は、それまで、いまだかつて、歴史創造の主体として「南洋」を措定したことはなかったのだから……。

清沢洌というわたしの好きな歴史家がいる。そのかれが、ある本の中で、昭和十五年以降の昭和十年代の「南進」政策の特徴を「速足なる日本の南進歩調」と巧みにとらえている。「南進」政策と積極的に取り組んだ陸軍自体、具体的にどう政策を展開すべきかについては迷い続けるのである（高山信武『参謀本部作戦課』芙蓉書房、昭和五十三年、参照）（二〇〇一年、芙蓉書房出版より「芙蓉軍事記録リバイバル」の一冊として『参謀本部作戦課の大東亜戦争』のタイトルで復刊：編注）。問題をリアルに読み切れないことから、かえって大胆で直線的な政策構想になりがちであった。海軍のほうは、ある段階には、「南進」策にたいしてにわかに消極的になったものもいる。また、外務大臣の松岡洋右が、昭和十六年六月末の段階で、はっきりと陸軍の「南進」策に反対したことは有名な話である。松岡が大本営政府連絡会議の席上で吐いたことばはおもしろいので引用しておこう。

「我輩は数年先の予言をして適中せぬことはない。南に手をつければ大事になると我輩は予言する。統帥部長はそれがないと保証出来るか。英雄は頭を転向する。我輩は先般南進論を述べたるも今は北方に転向する次第である」（服部卓四郎『大東亜戦争全史』七五ページ）。

このようなコンセンサスの欠如にもかかわらず、昭和十五年の秋以後、「南進」政策は着々と進行していくのであった。

❖「南進政策」の展開

昭和十五年九月二十三日の北部仏印進駐にはじまり、昭和二十年八月十五日の日本の敗戦に終わる壮大な「南進」のドラマについては、いずれ、わたしなりの構想で描き上げる心づもりをしている。戦争史や戦記物、あるいは外交論的な作品はすでにたくさんある。しかし、そういうさまざまな局面を、近代日本の精神史の重大な一局面である「南方関与」というタームで統合して、多面的に分析する試みは、まだ未開拓のフロンティアとして残されているように思う。

つまり、「南方関与」は、たんなる日本人の南方への物理的な移動、すなわち南方進出のことでもなく、経済進出のことでも、戦争のことでもない。それは近代日本の本質とも関わる、もっと多局面的で、もっと構造的ななにものかなのである。いずれ、そういう角度から、「大東亜共栄圏」思想なり、「南進政策」なりについて、つまり国策化した外交思想としての「南進論」について書いてみたいと思っている。

ただ、この章のはじめにも示唆したように、昭和十六年から二十年にかけての「南進論」は、それまでのものと、内容的にかなりちがったものになっている。新しい要素がたくさん付け加えられたといったが正しいだろう。「南進政策」もそのひとつである。そのほか、占領地行政、文化工作（宣撫）、また、昭和期特有の「制度化」としての「大東亜省設置問題」（『外務省の百年』下巻六八二〜七五七ページに、すぐれた経過分析が得られる）もある。いや、ほかならぬ「大東亜共栄圏」思想それ自体も問題である。国策化した外交思想としての「南進論」には、それなりの巨大な思想的一面があったということである。

❖こじつけと独断

話の最後に、戦時中の「南進」ブームの傾向性を象徴するポイントを三点だけあげておくことにしよう。

ひとつは、昭和期「南進論」と明治期「南進論」との接合に関連する問題である。

戦争中に国民の南方への関心をかきたてるために、上から人為的に操作された「南進」ブームが起こったが、そのことによって、たとえば、明治時代の南方関与については、あたかも菅沼貞風や岩本千綱などの冒険主義的＝ロマン的な「南進論」者の活動だけが明治を代表するかのような考え方が定着してしまった。これは、時代の要請に応じて仕組まれた一種の奸計であり、それによって、わたし流に表現すれば、歴史の昭和史的歪曲が生じたのだった。

昭和十六年十月二十五日、南洋団体連合会の主催で東京の築地本願寺で「南洋発展先覚者慰霊祭」が営まれたことがある。そのとき、「明治以後南洋発展功労者」として選ばれたリストを取り上げておくことにしよう（資料19）。日本史の過去から、無理にこじつけて、南方に関係ありそうな人物をみな拾い上げている。最後に「尚は多数あるも省略す」と書いてあるのが印象的である。これらの名前から、昭和十六年段階の日本人がもっていた「南進」の理想像が浮かび上がってくる。「からゆきさん」たちやそのほかの無名の先駆者は、無名であるだけに、こういうお祭り騒ぎのときには無用の存在なのであった。だから、南方関与をロマン化したり、美化したりすると、南方関与の歴史的真実はほとんど語ることができないという皮肉なことになる。南方関与の現実は、歴史も書けないほど曖昧模糊とした、しかも恥部に満ちたものなのである。戦時中、気の利いた日本人は、過去の歴史の美化＝ロマン化の必要に迫られたあげく、高岳親王や山田長政など、いくにんかの「南進」日本人を発掘して、スターとして祭り上げることによって目的を果たそうとしたのだった。

第二に、もうひとつの問題は、昭和期「南進論」の特徴なのだが、日本と南洋とは必然的なきずなで結びつけられているという彼我の同一化のイデオロギーに関するものである。石原廣一郎が「南洋」を意図的に「南日本」と呼んだりしたエピソードが示すように、この頃の日本人は、南洋と日本とを恣意的な同一化の論理で結びつけたがったのである。大正時代の例としてひいた堤林数衛が、ジャワのあちこちに日本的風物を発見して喜んだことが示すように、日本人は、どういうわけか、あちらのものがこちらにあると考えず、こちらのものがあちらにもあると考えたのである。

このての同一化の論理は、こじつけと独断に満ちみちた形式論理の操作にしか過ぎない。しかも、それは、日本の海外侵略を正当化する堕落したイデオロギーとしてもっぱら機能したのである。この点をもっとも象徴的に、しかももっとも洗練されたかたちで物語っている代表的な作品として、新村出『南方記』（明治書房、昭和十八年）（一九七一年、筑摩書房版全集第十巻に抄録：編注）をあげておきたい。

そして、最後に、明治以来の「南進論」についての議論をしめくくるにふさわしいものとして、昭和十八年の「大東亜会議」で出された「大東亜共同宣言」をあげておきたい（資料20）。近代日本のひとつの思潮である「南進論」が、いわばある種のピークをきわめた極限現象として、この「大東亜共同宣言」はもっと深く掘り下げて読んでみるべき資料だろう。そして、この「宣言」ほど、外交史的に多文脈的な状況で発せられたものはめずらしい。

「大東亜会議」の開催をふくめて、昭和十八年当時の日本の戦争政策を考えるうえで決定的に重要な意味をもつのは、同年五月三十一日の御前会議で「大東亜政略指導大綱」が決められたことであった。この大綱の原案は、その二日前の大本営政府連絡会議で決定をみていたが、「帝国ハ大東亜戦争完遂ノタメ帝国ヲ中核トスル大東亜ノ諸国家諸民族結集ノ政略態勢ヲ更ニ整備強化シ」という文章ではじまるこの重要文書は、御前会議ではたいした議論すらなく決定をみている。

大綱の中には、ビルマとフィリピンの独立、タイの失地回復への協力などが含まれていたが、最後の項目が「大東亜会議」に関する規定になっており、「以上各方策ノ具現ニ伴ヒ本年十月下旬頃（比島独立後）大東亜各国ノ指導者ヲ東京ニ参集セシメ牢固タル戦争完遂ノ決意ト大東亜共栄圏ノ確立トヲ中外ニ宣明ス」となっていた。これが、「大東亜会議」開催を打ち出した最初の公式文書であった。

　この大綱については、もうひとつだけ重要な点があるのを見落とすことはできない。それは、第六項の（イ）で「マライ」「スマトラ」「ジャワ」「ボルネオ」「セレベス」について「帝国領土ト決定シ重要資源ノ供給源トシテ極力コレカ開発並ニ民心把握ニ努ム」という決定が下されている事実である。すなわち、そこに並べられた地域は、もはや日本の領土の一部と了解されたのであって、これは、十一月の「大東亜会議」に、タイ、フィリピン、ビルマだけが南方圏から参加した事実につながっていくのである。

　そのことはともかく、この「大東亜政略指導大綱」をすべての起点として考えるのが筋であって、したがって、「大東亜会議」も、そこで発せられた「大東亜共同宣言」も、ひとつの政治史的過程のフィナーレであったという見方が望ましいということになる。つまり、その会議と宣言との性格把握のばあい、それを孤立した単独のイベントとしてとらえるのではなく、昭和十八年のほぼ一年間の流れの中に位置づける配慮が必要なのである。

この「大東亜共同宣言」の本質をめぐっては、意外なことに、評価はわかれている。これが、「大西洋憲章」(昭和十六年に米英両首脳が発したもの)と対応する太平洋宣言的なものであるとして、その理念的な側面を高く評価する意見もある(入江昭『日米戦争』昭和五十三年、一四六~一五一ページ参照)。これにたいして、この「宣言」を否定的にみる見方はむろんたくさんある。

ひとつ例をあげると、石射猪太郎が『外交官の一生』(一九五〇年、読売新聞社。二〇〇七年、中公文庫:編注)の中に、冷たいコメントを残している。その当時、外務省の戦時調査室に勤めていた石射は、オブザーバーとして「大東亜会議」を傍聴している。戦時調査室は、戦争のため任地を失った外交官のために設けられた部屋で、石射がそれを主宰していたが、かれ自身はこの機構を「お茶引芸者のための検番」と称していた。そういう任地から切り離された空しい気持の反映かもしれないが、石射は、会議にたいしてひどく冷淡に臨んでおり、第一日目は午前中だけ出たところで「会議の形式的な場面に興味を失つて、午後からはもう行かなかつた」という。また「大東亜共同宣言」については、「空疎な作文のやうな気がしてならなかった。実践がこれに伴ふべくも思はれなかった」と反応している。戦時調査室は、全体としてそういう空気であったという。

石射の評価に感じられるのは、日本の戦争目的と共栄圏構想の空しさにたいするシニシズムである。このシニシズムは、深くふかく掘り下げていくと、近代日本のあらゆる国家的営為にたいするシニシズムというかれらの深層心理にまで行き当たる。これは、本質的には、ある階段である国民が心の中に満たす歴史的心理の一種であるだろう。太平洋戦争のときにあだ花のように花咲いた「南進論」にたいしても、そのようなシニシズムが向けられたとしても、少しもふしぎではないのである。

エピローグ

いまからちょうど二年前、昭和五十二年の春先の思い出ばなしをしよう。

その頃、いつになく興奮して読みふけった、いやながめふけったものに、毎日新聞社から「一億人の昭和史」の別冊として出された『日本ニュース映画史』がある。これは貴重な本だと思った。なにせ、昭和十五年から二十年にかけての日本のニュース映画が、製作された順に、重要なショットをみな拾うかたちで、きちんとまとめられているのである。

山下奉文がパーシバルに「イエスか、ノウか」と迫る情景も、ひとつのシークェンスとして十数枚のショットで再現されていて、これはみものであった。山下奉文が、どれほどぎらついた眼付で、どれほど獰猛な雰囲気で降伏を迫ったかが、この一連の写真をみるとよくわかる。その当時、日本人がもっとも理想的だと考えた「国際人」像が、ここにはみごとに映像化されてある。

この本の特徴は、ニュース映画のナレーションをもとにして各写真の説明文が書かれていることだが、戦時中の呪術的な日本語の発音を正しい文章に起こすのは、たいそうややこしい作業であったにちがいない。こまかいミスがところどころにある。たとえば、「太田恭三郎」となるべきところが「太田教三郎」となっていたりする。そもそものナレーションの説明自体が不自然なところも少なくない。日本人の南方についての知識は、昔もいまも変わらず貧弱なのである。

それにしても、この本は傑作である。ニュース映画のショットを再現するという企画は、その頃の国策の流れとその国策のきゅうくつな枠の中で仕事をしたカメラマンたちの映画美学とを如実に教えてくれたのである。わたしがとても懐かしいと思ったのは、戦時中に見て、記憶のひだに焼きついたシーンが、その中に発見できたときであった。

わたしは、その当時、満州の大連に住んでいて、まだ国民学校の二年生であった。ある日、両親につれられて映画館に行き、そこで見たのが、無線誘導で、爆薬の積まった小さな無人タンクを敵の大型タンクにぶつけて爆発させる、というドイツ軍の新発明を紹介するニュース映画であった。わたしは、この発明をとてもステキだと思い、興奮した。それからしばらくたって、また映画館に行ったら、まだこのおなじニュースをやっていて、なかば嬉しく、なかばがっかりしたのを覚えている。わたしは、この本の中に、たとえばこの画面を発見したのである。

もうあれから三十四、五年も経った計算になる。三十数年経ったあとで、わたしは、そのような写真の中に、その昔の日本が、外の世界とどのような関わりをしていたかを読みとることができるのである。また、わたし自身が、大連の薄暗い映画館の中で、たまたま満州くんだりまで届いたナチスの宣伝映画に興奮したことの意味も、いまとなってはよく理解することができる。それだけ、やはり時間は流れたのである。

ちょうどその頃、折しもテレビで、例の学徒出陣壮行大会の特集をやっているのを見た。この雨の日に、ゲートルを巻いた学生たちが真剣な面持ちで行進し、そして整列して偉い人たちの演説に聴きいる光景は、当時のフィルムに哀しいまでに美しく撮られている。有名な日映ニュース第一七七号であり、これは、ニュース映画史に残る傑作といわれている。むろん、この学徒出陣壮行会の情景のショットも、この本の中に収められている。

しかし、この有名なシーンを映した第一七七号が、学徒出陣とあえて並べて、太平洋戦争の激しい戦闘の実写場面をもうひとつの柱としていたということを、そのときはじめて知った。若い青年たちを待ち受けている「死」の世界が反面で映されていたという事実に、わたしは、すぐれた思想的モンタージュを見る。そういう思想的モンタージュをあえて試みた映画人が、当時の日本にいたというのはたいへんなことである。

このような思想的モンタージュが感動的に思える、ということは、とりもなおさず、わたしの「大東亜戦争」にたいする評価がやはり厳しいものである、ということとつながっている。

このようなニュース映画の画面を通してみても、「大東亜共栄圏」の構想がどれほど空しい虚妄であったかがよくわかる。ニュースの画面に、ビルマのバーモー氏が異常に頻繁に登場しているのに気がついたが、そのバーモー氏がビルマの政界でどれほど浮いた存在であったか、当時の日本人はだれも気づかなかったのだろうか。

わたしが、このニュース映画の記録をながめふけっているときに、たまたま竹内好氏の死が伝えられてきた。わたしは、そのとき、ちょっと淋しく思った。わたしは、竹内好氏の作品が好きであった。

竹内氏とは、ある雑誌のために、たった一度だけ対談したことがある。わたしは、そのときもっぱら聴き役に終始したが、ある意味でたいそう激しい対談になった。別に二人の意見が対立したわけではないのだが、アジアのことを議論すると、とかく激烈な議論になりがちなものなのである。

そのとき、竹内氏が語られたことの中で、とても印象に残っているのは、日本以外のアジアの国々にも「アジア主義」があるのではないか、という問題提起であった。わたしは、これはちょっと考えてみないといけないな、と思った。竹内氏がなくなられたと聴いたとき、わたしは、ふとこの問題提起のことを憶いだした。

「大東亜戦争」は、いわば日本の「アジア主義」の放縦な自己主張であったわけだが、その対応物として、かりに同質の思想がアジアの各国にあったとしたら、この巨大な戦争の正当性も少しはちがった評価を受けることになっただろう。わたしは、そのかげりを求めて、改めてニュースの記録をながめかえしてみたけれども、その試みはむだに終わった。肝心かなめのものを欠いたとき、どんな事業であれ、歴史的な正当性を帯びることはないのである。その肝心かなめのものを見きわめるのが、日本人にはたいそう不得手なようである。

けっきょく、「南進論」についての議論の最後は、どうしても、歴史にたいするシニシズムで閉じられることになる。そのこと自体、たいそう意味深長でありはしないか。しかし、それは当然のことでもある。

前章のはなしの最後に「大東亜共同宣言」が出てきたのは、あらゆる意味で好都合であった。すなわち、これほど「南進論」の空しさと独断性とを象徴する事象はほかにないからである。そして、これを考えるとき、わたしたちは、あるひとつのとてもだいじな問題点に直面することになる。それは、いましがた、竹内好氏に託して述べたことと関係している。

要は、東南アジアの人びとにとって「近代史」あるいは「現代史」はどう映像化され、そこからどういう価値意識を結晶化させているのか、を斟酌《しんしゃく》しないことには、「南進論」をめぐる議論は、独断と迷妄の世界をやたら空転するだけに終わりはしないかということである。わたしが、すこぶる気にしていることは、まさにそのことなのである。その作業は、これまでのところ、まだ不完全である。その不完全さを残している責任の一端はわたしたちにもある。東南アジアの人びとが、すべての歴史を自分たちの世界観で書き上げようという、いわゆる「自律史観」をとろうとしているとき、わたしたちは、もう少しかれらの声に耳を傾けてみないといけない(矢野暢『東南アジア学への招待』日本放送出版協会、昭和五十二年、参照)。

「自律史観」をいちばん最初に語ったのは、オランダの歴史学者ヤコブ・C・ファン・ルールであった。

かれは、一九三七年(昭和十二年)に書いた「インドネシア史研究について」というわずか十ページの短い作品の中でそのことを示唆している。しかし、かれがこの珠玉の名篇を書いた頃、日本人は早くも国策としての「南進政策」のシナリオづくりに踏み出していたのである。

不幸なことに、日本の歴代の「南進論」からは、はっきりいえることだが、ほとんどすぐれた「南洋論」は生まれてきていない。明治の「南進論」者たち、たとえば鈴木経勲などが親しんだ地域が、かれらのいう「蛮族」の住まう南洋群島であったからだろうか、「南洋」世界を文化的に遅れた、あるいは極端なばあいには無文化の世界とみるくせが、いつの間にか日本人には定着してしまった。「文化相対主義」的に、あちらにはあちらの固有文化の世界があり、それは日本の文化と対等の尊厳をもつ、という考え方は、時代の経過とともに薄れていった。だから、日本人はいつまでたっても「南洋論」は語ることができず、「南進論」にだけ耽溺することになった。「南進論」がひとつの近代思想として正当性をもつことができない原因のひとつは、まさにこの事実と関わっている。

ただ、だいじなことは、東南アジアについて「自律史」を語るとしても、事態を単純化してはならないということである。「自律史」というものが、東南アジア世界の中にもある多様性をどういう正統と異端のメジャーで交通整理しようとしているのか、そのばあい、単純化の陥穽にはまらないでそれをなしとげているのか、この点もまだ意外にさだかではないのである。

問題は、ある重要なテーマにしぼられてくる。ここまで議論してまたすべての事柄が究極的にはこのテーマに論理的には収斂をみせる筈である。そのテーマとは、東南アジアの人びとにとってアジアとはなにか、ということである。そして、そのばあい、日本はアジアの一員であることを、歴史的に、あるいは「文明の生態史観」的にみずから実証してみせることができるのか。そこが肝心なのだとわたしは考える

けっきょく、「大東亜会議」も「大東亜共同宣言」も、そして「南進論」も、そういう基本的なテー

マを未解決のまま放置した歴史的状況での所産であったことから、安定したポジの歴史的評価をほぼ永久的に受けることができない可能性があるということである。これから先、日本人が「南進論」についての議論を深めていくとき、そこのまさに原点的なところでの正当性を気にしてほしいものだといったら、望み過ぎだろうか。

◈資料1　志賀重昂著『南洋時事』（丸善商社、明治二十年、一〇五ページ〈自跋〉）

南洋時事成ル矣。如何ナル文字ヲ以テカ巻末ニ附セン。南洋トハ何ゾヤ。未ダ世人ガ毫モ注意ヲ措カザル箇処ナリ。然レバ予輩ハ南洋ナル二字ヲ始メテ諸君ガ面前ニ拉出シ、是レガ注意ヲ惹起セントスルモノナリ。南洋ナル新物躰ト新話頭トヲ初メテ捉ヘ来リシ面目ヲ自得スルモノナリ。只シ自得シタリトテ敢テ望ム処アルモノニ非ラズ、唯自カラコレヲ喜ビ、自カラコレヲ楽ミ、其見聞スル処ヲ心ニ問ヒ心ニ対ヘ、悠々然閑々乎トシテ以テ満足スル処アルノミ。予輩固《モト》理論家ニ非ズ、実業家ニ非ズ、然リトテ文字ニモ嫻ハザレドモ、心計リハ聊カ多情纏綿ノ小詩人ヲ以テ自カラ任ズルモノナリ。

◈資料2　服部徹著『南洋策――一名南洋貿易及殖民』（村岡源馬刊、明治二十四年、一二七～一二九ページ）

苟モ今日ニ当リテ這般群島ヲ経略セント欲セハ、宜シク彼独逸カ尚未タ先セサルニ際シ、勇往突進、此ニ植民策ヲ施サヽル可カラス、先スル者ハ勝チ、後ルヽモノハ敗ル独逸ニシテ既ニ之レニ拠ラハ、如何ニ日本人カ勇毅ナルモ之レヲ動カシ難カルヘシ、日本人ニシテ既ニ之レニ拠ラハ、如何ニ独逸人ハ強勇ナルモ之レヲ動カシ難カルヘシ、是レフィリッピーヌ群島経略ノ策ト相異ナル所ナシト雖モ、元来微小洲ノ地ハ大ニ群島ト事情ヲ異ニスル所アルヲ以テ、其植民策ノ如キモ先ツ宜シク左ノ三策ニ拠ラサル可カラス

一　我貿易船ノ往来スル群島ノ本島ニ向テ最初ノ植民ヲナスヘシ、此人民ハ普通ノ農工商等ノ殊ニ品

行方正、精神不抜ノ徒ニ限ルヘシ

二　群島中ノ無人島ニシテ物産繁殖ノ見込アル地ニハ、其所轄政庁ノ許可ヲ経テ速ニ植民ヲナスヘシ、此人民モ仝シク以上ノ如キ品行方正、精神不抜ナル農工ニ限ルヘシ、無人熱島ノ開発ハ極メテ困難ノ業ナルヲ以テ、務メテ其人ヲ択フヘシ

三　猖獗ナル附庸ノ島嶼ニハ充分ノ警戒ヲ加ヘテ、豪傑ナル植民隊ト、宗教者、仁術家、教育家等ヲ移住セシムヘシ、此人民ハ務メテ威ヲ示シ之レヲ服セシメ、徳ヲ表シ之レヲ懐ケシメ、以テ漸次ニ土蕃ヲ教化服従セシムルニ在ルナリ

以上三策ハ微小洲植民経略ノ要旨ニシテ、其第一策ハ之レヲマリアナノグアム、ロタ其他ノ属島ニシテ住民アルノ地ニ限リ、カロリンノヤツプ、ボナープ、オーラン、マルシヤルノシヤリュート、キルベルトノ一二島ニ限ルヘシ、

◈資料3　田口卯吉稿「南洋経略論」(『東京経済雑誌』第二十一巻第五一三号、明治二十三年三月、三五一〜三五三ページ)

如今南洋諸島の事情は稍々世人の注目する所となれり、然れども未だ一人の鎮西八郎なく、一人の山田長政なし、是れ余輩の私に惜む所なり、我日本人種の孤島の内に閉居したるや久し、故に余輩の幼時と雖も我南方に当りて如何なる島嶼の点在するを知らざりしなり、(中略)

是を以て開港以後已に三十余年を経過したる今日と雖も、世間往々南洋を以て人類の行く能はさる一地方の如く思惟せるものあり、先覚の諸士は欧米諸洲を巡行し世界を一週するを以て遠路とせざるなり、然るも尚ほ南洋諸島を以て天涯地角夢魂達し難きの地となせるもの少なからず、我当局の有志は白雪皚々たる北海道を開拓せんと欲して、巨万の財を散し且つ現に巨万の財を散しつゝあるなり、然

り而して南洋の事に至りては一も訪ふ所なし、（中略）
凡そ赤道直下に位せる土地は大約豊饒にして珍禽奇獣名木宝石に富み、且つ海産物豊かなるとは人の知る所なり、而して余輩の聞く所に因れは南洋諸島実に然るか如し、彼のハワイに於て我移住民の利を得るを見ずや、南洋諸島は実にハワイに異ならざるなり、而して其土地の所有権未だ定まらざるもの実に多く、既に定まるものと雖も之を得ると実に容易なり、我四千万の同胞は既に国内に於て遺利なきに苦しめり、我余分の人民を駆りて此豊饒の地に注き、以て南洋経略の地を為す亦た可ならずや、余輩は嘗て屡々明言せし如く我国防には海軍を以て主要となすものなり、而して此目的を達するの方法たる敢て軍艦の多きを以て足れりとするにあらず、我商業艦隊の増進するを以て永遠なる、堅固なる、且節倹なる国防と思惟するものなり、而して此商業艦隊を増進するの方法豈夫れ南洋諸島の貿易を増進し、之に植民を興し以て我日本国と此諸島との交通をして頻繁ならしむるに帰せざるを得んや、故に余輩は我日本同胞の奮起して志を南洋諸島に伸ふるに至らんとを希望するに於て殊に切なり、

◈**資料4　菅沼貞風稿「新日本の図南の夢」**（岩波書店『大日本商業史』所載）、昭和十五年、六五七〜六五九ページ

請ふ少し眼を放つて宇内を回顧せよ。天公は日本を恵する殊に大にして、日本に向つて崛強の好版図を与ふることを発見するは敢て難きにあらざるべし。吾人は既に支那を引いて我国の同盟となし、朝鮮暹羅を助けて我国の与国となし、以て東洋の勢力を連結し以て白人の跋扈を拒がんとするものなり。然れども凡そ一物を連結して之を運転せんとするには必らず一个之が中心の機軸たるものなかるべからざるは勿論にして、吾人果して東洋を連結するの雄図あらば我国をして之が中心の機軸たらしむるの奇策なかるべからざる也。看よ独逸の帝国は普魯西之が中心の機軸となるありて始めて之を組織するを得たるにあらずや。内には支那と勢禁形格して我国の頤使に服従せざる能はざらしめ、外には白人を挫折して其の跋扈の気を沮喪せしむるに足らしむるには、民を海外に植し、地を宇内に拓くの外

また其の策なかるべし。而して天公は我国にこの崛強なる新版図を与へんと欲し、他人の或は之を草窃せんことを畏れて姑らく之を或者に預け置き、以て我国が之を取るの日を待てり。此の如き天意豈之を空うすべけんや。吾人は意謂らく、我国の盛衰興廃は実にこの新版図を開くと否とに決するものなりと。

この新版図は所謂太平洋の西、印度洋の東、支那海の南、大洋洲の北数多の島嶼相群れる中にあるもの実に是なり。この島は久しく欧西の一国の領する所となり、現に其の管理する所にして陸兵七千八百七十人を置きて之を守ると雖も、其の本国が有する所の海軍は外輪風帆浮砲台を合せて百二十四艘にして、其の中より植民地の防禦に準備するものは小砲艦三十五艘に止まり、是亦亜弗利加及び亜米利加に散在せる植民地に分遣せざるべからざるものなれば、縦令其の本国をして大いに之を争はしむるも、其の派遣し得べき艦隊は二十余艘に過ぎざるべし。我国既に百艘の堅艦を有せば何ぞ之を破砕するに苦しまんや。其の本国に有する常備兵は十一万四千八百九十四人にして、戦時には容易に四十万の兵を挙ぐべしと称すれども、彼の欧洲列国間の権衡を維持するの外之をこの島に派遣し得べきもの果して幾何かあるや。縦令幾何ありとするも、之を海上に鏖さば亦何ぞ之を粉虀するに難からん。苟も一挙して而して之を取らしむる、彼は遠く我は近く、彼は労し我は逸せん。是全く攻守の勢を反する也。是やこの地を取るときは内地と植民地との間に商船の往来を開き、海軍の威力を盛にするの利益あり。其の物産は固より其費を補うて而して余りあるに足る。況んや其の傍近に散在する諸島は専ら其の所有にかゝり、赤道線より北緯十一度に及び、東経百三十三度より百六十四度に至るまでの間も亦皆其の所領にして、一を挙ぐれば以て其他を兼ぬるに足るをや。況んや其の一島の如きは或は二見港に連り、濠洲の航路に接し、将来商業の隆盛ならんことを欲せば、必ずこゝに商船寄泊の良港を有せざるべからざるをや。苟も能く之を取るときは、義以て土人倒懸の苦を説くに足り、利以て日本万世の福とするに足る。所謂小を変じて大となし、敗を転じて勝となすは実にこの一挙より始まらん。是等の土地は皆海中にあれば既に之を略取する後は外国との交渉を生ずること少く実に取るに易くして亦守るに易きものと云ふべし。縦令是等の諸島にして之を略取するの名なしとするも、移住の自由は人生最大の権利なり。這般に向つて移住を企て之を保護するに国旗の力を以てするも亦何ぞ不可ならんや。一朝時至り機会大に熟せば我国の国権を維持するがために、是等の諸島を占領するの必要は忽ち其の名と共に生ずべし。

❖資料5 稲垣満次郎著『東方策（第一篇）』（活世界社・哲学書院、明治二十四年冒頭の一節、三十一ページ）

宇内の大勢は滔々として長江大河の一瀉千里其止まる所を知らざるが如く、天下の活機は転々として火船の輪転無窮なるが如し。五大洲裡に棊峙星羅する列国は、今や各自大不可抗的の潮流中に動揺して霊変不可測的の運命を捕捉するに汲々とし、朝又夕経営刻苦日も亦足らず。是れ豈全地球を挙て智戦商戦兵戦の鉄火界裡に起落する一大紛擾転動の時代に際会する者に非ずや。此時に当て勢の趨く処、機の伏する処、必至にして而かも幾微、幾微にして而かも已むべからざる至大至切の一大趨向有り。此趨向や事理情実を尽して静観黙察すれば、決して秋毫の疑をだも容れざる処にして国家先憂の士の大に注意を要する処なり。其一大趨向とは何ぞや。曰く、太平洋は将に来世紀（第二十世紀）に於て全世界の政策及び貿易の一大活劇場たらんと欲する事是なり。

❖資料6 竹越與三郎著『南国記』（二酉社、明治四十三年、七〜八ページ）

日本が露国と戦ふに至りしは、自家の希望に出でず、挑発と抑圧と交も加られて已むを得ざるに起ちしものなるは当時宣戦詔勅の言ふ所にして、中外の皆斉しく知る処、此中、寸毫も外交的辞令あるなし。然れとも国家或は運命を甘受せざるべからざる場合なきにあらず。已に為されたる事は之を奈何ともすべからず。国民は今日に於ては其負担したる責任を果たすの外なしと雖も、具国家の経綸、百年の長策より打算したる希望に出でず。唯だ勢の制する所となりて此に至りしものなるが故に、其一個の不幸たるは之を言ふを忌むべからず。然れば此上更らに北進し、西行し、若しくは此負担を増加するが如き政策は、余が全然同意する能はざる所なりとす。蓋し人類の国家もまた他の生物の社会と同じく、生物学の原則に支配せられざるはあらす。英雄の権畧、一時此原則を超越する事あるも結局また此処に帰着せざるはあらず。胡馬北風に嘶き。越鳥南枝に巣くむ。生物は皆其本能に制せられざるものなし。而して寒を去り暖に就くは人類の本能なるが故に、古来人類歴史の大勢は北方より南方に進むにあり。ノルマン人が英国を征服したるが如き、露国人が土耳古より小亜細亜に出でんとするが如き、ゴール人が南欧地方に散布したるが如き、皆此自然の大勢を示すものにあらざるはなし。即ち支那二十四朝の歴史を見るも概して胡地玄氷、辺土惨裂なる西北の人が、葡萄熟し杏花飛ぶ西南地方の人を征服したるものに外ならず。唯一の異例は明の太祖、南人を以て元の朝廷を征服して、之れを漠北に駆逐したるにあるのみ。今ま日本は一時偶然の勢に制せられて人類自然の大勢に逆行し、南人を以て北進す。是れ恰かも雙手以て物を空に捧ぐるが如し。一時是れを能くすべきも、其久しきに堪ゆる能はざるや明けし。

資料7　八木実通著『爪哇とセレベス』（進省堂書店、大正五年、三三八〜三四一ページ）

一般旅行者の心得

a、携帯衣服並に附属品其他

（一）白リンネル詰襟（襟には「カラー」を用ひず「ボタン」にて留むるを可とす）半打、背広夏服二三着位　（二）縮或は莫大小シャツ上下各一打、浴衣三枚　（三）ゴム引雨外套一枚、二枚続き毛布一枚　（四）化粧道具其他一般薬品　（五）ハンカチーフ及靴下の類は比較的高価なると洋服附属品は紛失し易きが故に成る可く多く持参するを可とす　（六）神戸港出帆前又は香港到着の際は同港名産の籐椅子を購ふを可とす（航海中時に酷熱甚しく到底船室内に居ること能はざることあると食後の涼を入るゝ便あるが為なり）

b、旅費は旅行先々に於て所要の金員を受取るを便とするが故に出発前取引銀行に依頼し旅行信用状（巡回信用状）Circular letter of credit,となし携帯するを最便なりとす

c、南洋地方に於ては開業医の診察料又は薬価頗る高きが故に普通一般必要なる医薬は内地より携帯するを可とす但し内地の売薬なれば蘭領内至る所日本雑貨店にて求め得べし

d、爪哇旅行に在りては官庁其他信用ある人の紹介状を携ふるを必要とす

e、蘭領各地の税関に於ては銃器、刀剣、強酒類、火薬の輸入を許さず

f、旅行中は行く先々の「ホテル」に予め打電するを便なりとす（新嘉坡より「バタビヤ」或は「スラバヤ」港より「マカツサー」に渡航するが如き場合には殊に然り）

g、旅行者は蘭領土内に到着後、三日以内に到着地管轄地方庁Assistant Residents Officeに到着の旨を届出て内地旅行券の下附を受けざる可からず（入国料二五盾旅券下附手数料一盾五〇仙）但しBatavia（Welteverden）に於ける「Hotel del Nederlanden」にありては内地旅行券を「ホテル」事務所にて下附するを以て土地不案内なる旅行者に取りては頗る便なり

爪哇に到着後六ケ月以内に退去する者は「タンジヨンブリオク」「スマラン」又は「スラバヤ」港に於て下船監理官、其他の地方に在りては発船地を管轄する地方官に入国免状を提出し下船の際納付せる料金の払戻を受く可し

h、一般訪問の場合其他食堂に出るに際しても服装は最も簡単にして白の詰襟にて可なり蘭領内に住居せる蘭人は一般に質素にして欧米に於けるが如く旅行を追ふ事少し且つ熱帯地生活上礼式に拘泥せざるもの丶如し

i、蘭領諸島は日中酷熱甚しきが故に官庁は勿論銀行商館にありても其営業時間は午前九時より正午

十二時頃迄と午後は二時又は四時頃より六時頃迄にて日中は午睡の為め扉を閉し日曜日は午前中のみ営業す、但し「アラブ」人及支那人小売商店は此限に非ずと知るべし

j、蘭領内に於ける銀貨中には贋造貨甚しく混入せるを以て混雑の際には殊に注意するを要す

❖**資料8　副島八十六稿『南方経営論』**（明治三十六年『帝国南進策』民友社、大正五年所載、四五〜四七ページ）

南方の経営に就て是非差当り著手しなければならぬ二三の策を建議して見たい。第一は南方各地の主要なる場所に領事館を増設することである。先刻述べた趣意に基ゐて、今迄領事館の設けのない地方で日本が将来勢力を扶植する目的の圏内には悉く新に領事館を設置し、傍ら官民共同の産業貿易奨励機関のやうなものを之に附属せしめ、之を日本前進の目標にして、多数の同胞を其の方面へ引付ける方法を講ずるのは急務中の急務である。第二は銀行支店を各地に置くことである。先づ初めは今日、日本と商業上の関係の厚い暹羅、新嘉坡、爪哇、濠洲諸港から手を著けなければならぬ。銀行は素より営利事業であるから、彼我の貿易並に金融関係が平均を得ない今日に於て、多分の資本を海外に投ずることは普通の銀行業者に望む訳にはゆかぬから、これは政府が進んで計画する必要がある。第三には航路の拡張である。これも普通では算当に合はぬが、政府が十分なる保護を与へて奨励すべき性質の事業である。曾て和蘭政府では蘭領東印度と支那、日本間との定期航路開始者に対しては、其の本国人たると外国人たるとを問はず、一様の保護金を与へる内規まで設けられて居つたさうだから、之は是非日本人が率先して引受けなければならなかつたに拘らず、誰れも顧みない間に今回は和蘭人自ら爪哇・支那・日本汽船会社を設立して、和蘭政府から特別の保護金を受けることに決して仕舞つた。これからはせめて東洋と南洋だけの海運事業は、日本人が主人公になるやうに心掛けて行かなければならぬ。第四は外国語学校の拡張である。英語や独逸語は態々外国語学校で教授せずとも、外に幾らも其の学校がある。併し今後も必要の生ずる暹羅、馬来、比律賓、印度諸国の土語の教授は、ぜ

ひ政府の力を仮るより致し方がない。第五は植民学校の新設である。海外事業に身を投ずる人物を養成する為めには、これは欠くべからざる計画の一つである。

◈資料9　井上雅二著『南洋』(冨山房、大正四年、一五〜一八ページ)

(一) 南進は自然

前に述べ来りたる処により、南洋発展なるものは、決して空疎なる議論ではない。日本の国是を遂行するに、避く可からざる道程である。近来南への声喧しく、南進論の盛となり来りたるは賀すべきも、動もすれば或種政治家の口より出でしの理由を以て、一部人士の反対を受くる傾きあるは遺憾の次第である。何事も政略を含みて物をいふ現代に於ては、満蒙を叫ぶものは陸軍拡張と相和し、南進を叫ぶものは海軍拡張の前提なりと誤り伝へ、或は北守南進といひ、或は南守北進といふが如き議論を生じたるは、予の不本意とする処である。興亜の大目的を抱き、大日本主義の遂行を為さんとする我国は、朝鮮より北するも必要だが、南を指して南洋に伸ぶるは、更に必要にして、且つ自然であると思はれる。南洋と日本の歴史的交渉といひ、地理的関係といひ、是等は我が国の南進を是認し奨励してゐる。而してその時機は今日を措いて亦何時であるか。

欧米列強は十九世紀後半より、国力内に充実して、先づ阿非利加の分割に努め、続て南米の開拓に力を尽して居つたが為め、最近まで南洋方面には未だ大に殺到しなかつたが、最早世界の地図も縮少せられ、遺利も乏しく、剰す処南洋方面のみとなりし結果、彼等が従来に比して一層活潑なる行動を南洋方面に取るべきは確かな事実であるから、多大の便宜を有する日本人は、此の機に於て南洋発展の歩を進むべきである。

(二) 神武の昔に帰る

(前略) 日本人が南洋人の血を受くる事の極めて多いといふは、決して日本人を侮辱するものではない。人種学者の唱ふる如く、種々なる血を混じて是を醇化せるものが、優勝国民たるは、アングロ・サキソン人種の例によるも明かである。然るに南洋人の血を受けて、是を醇化したる日本人が、未だに未開の間に徨うてゐる南洋人を、その儘にして置けるであらうか。彼等を指導し開発し、自他の幸福を増進するは、所謂王道を蛮夷にも布くので、而も日本よりすれば、神武以前の故郷に帰るといふ愉快なる意味を含んでゐると思ふ。

此の見地より我が民族の南進は、何物を拒むことは出来ぬ。況んや区々たる政略に誤用せられ、微々たる政治家の方針によりて左右せらるべきものではない。世の先覚者は宜しく此の自然の理勢を利導し助長すべく、国民の南進を阻害するが如きは以ての外である。

南進は必要である。自然である。絶対である。

◈資料10 『実業之日本』「南洋号」巻頭言（実業之日本社、大正四年三月二十八日号）

南洋ノ地、天ニ太陽ノ恩恵アリ、地ニ未発ノ宝庫アリ。而シテ人ハ我ヲ迎ヘテ之ヲ開拓スルヲ妨ゲズ。是レ豈ニ天ガ特ニ我国民ノ為ニ発展スベキ好個ノ舞台ヲ供セルモノニアラズヤ。

南洋ノ地、台湾ト近ク相接シ、而シテ多年我祖先ノ活動セル天地ナリ。而モ我国人ノ南洋ヲ誤解セルモノ頗ル多シ。楽観スル者ハ富源充実、手ニ随ツテ獲ラルベキヲ想ヒ、悲観スル者ハ猛獣毒蛇人ヲ害シ、瘴烟蛮霧、人ヲ斃スヲ虞ル。南洋必ラズシモ黄金国ニアラザルモ、学術ノ進歩ハ熱帯病ヲ予防シ治療スルニ稍成功シ、蓄人猛獣ノ害ヲ人類ニ加ヘントスル者亦殆ド跡ヲ絶テリ。

南洋ハ懶惰者ノ地獄ニシテ、努力者ノ極楽ナリ。無尽蔵ノ宝庫ハ依然トシテ原始状態ヲ保チ、ソノ開発ヲ待テリ。北米、濠洲ニソノ発展ヲ阻害セラレタル我国人ハ、宜シクコノ新天地ニ雄飛スベキニアラズヤ。

是ニ於テ吾人ハ南洋号ヲ発刊シ、南洋ノ真相ヲ伝ヘ、以テ我国人ノ発展進取ニ資センコトヲ期ス。

◈資料11 『南洋協会趣旨』(『南洋協会二十年史』南洋協会、昭和十年、五〜六ページ)

南洋諸島の広大なる爪哇、スマトラ、ボルネオ、セレベス、馬来半島、比律賓群島のみを以つてするも凡そ一百万方哩にして、無尽蔵の宝庫は世界民族の開発を待つあり、殊に我邦と南洋とは地理的及歴史的に於て将た経済的に於て最も親密なる干繫を有し、巨額の資本労力は現に注入せられ将来益々発展の域に進まんとす。

本会は汎く南洋の事情を研究して其の開発に努め、以て彼我民族の福利を増進し聊か世界の文明に貢献せんと欲す、想ふに南洋諸島に対する我国民の智識及観念は猶極めて穉弱にして、遠隔せる欧米諸国民の其れにだも及ばず、彼の南洋人士の我国に対する所も亦応に此の如くなるべし。

今日に至るまで南洋に関する学術的社交的若くは経済的の聯絡を欠き、単に個人起業者の施為に一任して顧みざるは洵に遺憾とせし所なり、幸に本会の創立に依て此欠陥を補ひ、彼我の経済的発展を完ふし、併せて親密なる交誼を進むるを得ば、独り国家の利益たるのみならず亦以て世界民族の慶福たらずんばあらず。大方の君子希くば賛襄を吝むこと勿れ。

南洋協会規約(大正四年一月三十日現在)

第一条　本会ハ南洋協会ト称シ本部ヲ東京ニ支部ヲ内外須要ノ地ニ置ク

第二条　本会ハ南洋ニ於ケル諸般ノ事項ヲ講究シテ相互ノ事情ヲ疏通シ共同ノ福利ヲ増進シ以テ平和文明ニ貢献スルヲ目的トス

第三条　本会ハ前条ノ目的ヲ達スル為メ左ノ事情ヲ行フ

一　南洋ニ於ケル産業、制度、社会其他各般ノ事情ヲ調査スルコト

二　南洋ノ事情ヲ本邦ニ紹介スルコト

三　本邦ノ事情ヲ南洋ニ紹介スルコト

四　南洋事業ニ必要ナル人物ヲ養成スルコト
五　本邦ノ医術、技芸其他学術ノ普及ヲ計ルコト
六　雑誌其他出版物ヲ発刊スルコト
七　講演会ヲ開クコト
八　南洋博物館及同図書館ヲ設クルコト
九　其他必要ノ事項

◈資料12　徳富猪一郎稿「台湾占領の意見書」（明治二十七年、民友社『台湾遊記』昭和四年所載、一八二〜一八三ページ）

台湾の我邦に於て永久に占領せざる可らざるは、既に閣下の御承知相成候次第にして、近くは欧洲の諸新聞すら、征清の目的は台湾占領にありと評判致し候。其の我邦に於ける恰も南門の関鍵にして、苟も南方に向て大日本帝国の版図を膨脹せんとせば、先づ此の門戸をくゞらざる可らざるは論を俟たず候。而して我邦の前途は北に守りて南に攻るの方針を取らざる可らざるは、識者の夙に看破する所にして、台湾は恰もその第一著の足溜りとも可申、此れよりして海峡諸半島及び南洋群島に及ぶは、当然の勢ひと存候。

左れば国防上よりするも、通商上よりするも、植民上よりするも、所謂る軍略の上に於ても、商略の上に於ても、戦争に於ても、平和に於ても、その大切なる論を俟たず候。即ち我邦に占領して斯る大利益あるからには、他国より占領せられては、我邦に非常の大損害を与ふることも亦た勿論に候。以上の理由によりて、速に台湾占領御著手の程相祈り申候。今日に於て占領する能はずんば、終古占領するの機会は可無之と存候。何となれば他の諸強国は決して今後に於て手を拱き指を啣へて傍観する筈は無之候。別言すれば我れ若し今日に取らずんば、他日諸強国必らず今後に於て取る可く候。台

湾は東洋に於ける好餌に候。此れを今日に攫まざるは、事実に於ては自個の不見識と、不能力とを吹聴して、他に譲与すると同様に御座候。吾人の宿論を見透したる外国新聞に対してすら顔が立ち不申候。況んや看す〳〵我が南門の鍵を他に渡すこと如何にも口惜しき次第に候。

◈資料13　志賀重昂稿「南洋占領諸島の処理」(『日本一』大正七年四月号所載)

(三)南洋占領諸島の処理

何故に吾人は今日突如此く如きことを云ふのであるか、実に吾人の占領したるマリアナ、カロリン、マルシアル三諸島の件に寒心すべきものがあるが故である。三諸島の経済上の価値たる、世人が呼号する十分の一否百分の一にも足らずと確信す、然れども第一には本邦の南洋発展策の前哨として、第二に太平洋上に於ける平和の保障として、第三には将来に於ける海洋開拓のステーションとして、此の一千三百余個の島嶼は、実以て深甚なる意義の存するものがあるのである。然るに今や欧洲戦場の西方に於ける敵味方の勝敗逆睹すべからず、況んや独逸勢力の東漸の結果、所謂外交季節の漸く来りて、講和条件の彼此より出づるに当り、帝国の聯合与国には、米国大統領ウィルソン氏が領土非併合、占領地は其の住民の自決を主とす云々と真向に振り翳し、此の戦役中に埃及《エジプト》を併合したる英国すら首相ロイド・ジョージ氏亦た之に和し、占領地住民の自決を呼号するを以て、吾人の占領したる南洋の三諸島も亦た之を適用せらるゝや知るべからず。(中略)即ち吾人は呼号す、当局者は一口だに速かに左の方法を我が占領の諸島に実行せられんことを、実行、実行、実行、実行、実行、唯足れあるのみ。

一、教師を増発し、唯是れ日本語の普及を計る事(土人教育には多くの教科を施すを要せず)。

二、日本の官庁の建築を壮厳にする事(在来の如きバラック一様の建築は土人を安心せしむる所因にあらず)。

三、土人の負担を軽減すべき事（土人より租税を徴収するなど云ふ小頭脳が元来の誤なり、其の納税額を剰したりとて何程しきの金額となるや）。

◈資料14　閣議決定「南方政策ニ於ケル台湾ノ地位ニ関スル件」昭和十六年六月二十四日閣議決定

一、台湾ハ其ノ地理的其ノ他ノ特長ヲ勘案シ帝国ノ南方ニ於ケル前進基地ノ一トシテ之ヲ活用ス

二、之ニ伴ヒ台湾総督府ハ中央ノ定ムル南方政策ニ順応シ必要ナル島内諸施設及事業ヲ整備スルト共ニ南方諸地方ニ〃於ケル帝国出先官憲ノ事務ニ関シ所要ノ協力ヲ為ス

三、前項ノ施設及事業整備竝ニ協力ニ関シテハ軍事上ノ要請、台湾統治上ノ必要台湾ノ地位、資源、経験等ノ活用、関係各庁トノ関係ノ調整其ノ他ヲ綜合的ニ考察シ之カ具現ヲ図ル

◈資料15　深見麗水著『南洋鵬航記』（海陸運輸時報社、大正九年、七七～八〇ページ）

爪哇人は至つて痴鈍にして而も甚だしく怠惰な人種であるから仕事が少しも進捗せず働くのが半分に遊ぶのと居眠りするのが半分と云ふ有様にて、日本人の様な元気で短気な者には到底真面目では見て居られない、どうせ爪哇人の事であるから、如何に追ひ廻した所で吾々の意の如く働く筈が無く要求する方が無理かも知れぬが、本気で見て居れば朝から晩まで疳癪を起して居らねばならぬ、初めの内は正直に叱りつけて急がして居つたが後には根気が尽きて……夫れで見て居れば矢張り腹が立つから寧ろ此方から避けて居る位で、爪哇に来れば一般に斯様なものと諦めて居るより外に仕方がない、さりとて其儘放任して置けば仕事は益々長く成るばかりであるから時々出て行つては狗の児でも追ふ様に擲り廻して使ふて居らねばならぬ、（中略）爪哇人の貯蓄心に乏しい事は又実に甚だしいものである、之は生活が容易で財産の必要の無いのが原因を成して居るのであらうが、彼等は時に金銭の必要を生ずれば所持する物品を格外の安価に売り飛ばし椰子の樹一本を一盾《ギルダー》位にて売る事さへある、一

寸考へても馬鹿々々しくつて御話に成らぬ様な事ばかりして居る、だから南洋では土人から意外の安を《ママ》手に入るゝ事が多い、予の知人にて「スラバヤ」の近く「バンドン」と云ふ田舎町で貨《ママ》商をして居る人がある、主もに土人相手に日用品を売つて居るが、土人等には全然貯蓄の観念が無く十銭手に入れば十銭使ひ二十銭儲かれば直ぐに其二十銭で好みの物を求むると云ふ有様であるから世間は不景気の時でも田舎の方では相当に売行があると云ふ事である。尤も此は彼等に貯蓄心が無いばかりでなく痴鈍にして経済の道に暗いからである、されば彼等が労働し又は所有の土地から上る収益は殆んど全部支那人と和蘭人とに取られて居ると云ふ有様にて和蘭政府が質屋を官営にしたのも当然の処置であらう

彼等は四時温暖にして変化なき七十八度の気温に生息し天恵の偉大なる椰子「バナヽ」其他の必要品は居ながらにして直ちに之を得べく飢餓災厄の見許ふこと絶無にして貯蓄理財等の要を認めず慾望なく野心なく至つて平和に楽天的に且つ懶惰放縦にして其一生を全ふし得るのである、彼等が遊惰にして安逸なるは之れ実に天然の然らしむる所にして寧ろ当然の事と云はねばならぬ。生来働く事を好まぬ懶け者は爪哇に逃げて来て宜しく半人半獣の生活を為すべきである（中略）

爪哇人の経済観念が甚だ幼稚であることは既に度々述べた通りであるが彼等の中には今尚古代の物々交換をして居る者多く山間の各駅にては毎週一、二回一定の場所に市場を開き地方より珈琲、椰子の実其他の土産を運び来りて塩魚、雑貨の類と物々交換をして帰ると云ふ事である。

爪哇人は斯く下等なる人物であるが只一つ感心なる点は其性至つて温順にして礼譲に富み慇懃を極むる事である、下級の労働者間にありてさへも傲慢不遜なる人物は殆んど一人も見る事が出来ない、彼等が吾々に向ふ時は先づ腰を屈め、いと慇懃に挙手の礼を為し然る後徐ろに低き且つ丁重なる言葉を以て話し掛ける、初めて爪哇に来た者は其謙遜にして敬虔なる態度に驚かされる程であゝ、

◈資料16　五相会議決定「国策ノ基準」一九三六年八月四日（総理、外務、大蔵、陸軍、海軍五大臣決定）

一、国家経綸ノ基本ハ大義名分ニ即シテ内国礎ヲ鞏固ニシ外国運ノ発展ヲ遂ケ帝国カ名実共ニ東亜ノ安定勢力トナリテ東洋ノ平和ヲ確保シ世界人類ノ安寧福祉ニ貢献シテ茲ニ肇国ノ理想ヲ顕現スルニアリ。帝国内外ノ情勢ニ鑑ミ当ニ帝国トシテ確立スヘキ根本国策ハ外交国防相俟ツテ東亜大陸ニ於ケル帝国ノ地歩ヲ確保スルト共ニ南方海洋ニ進出発展スルニ在リテ其ノ基準大綱ハ左記ニ拠ル。

（一）東亜ニ於ケル列強ノ覇道政策ヲ排除シ真個共存共栄主義ニヨリ互ニ慶福ヲ頒タントスルハ即チ皇道精神ノ具現ニシテ我対外発展政策上常ニ一貫セシムヘキ指導精神ナリ。

（二）国家ノ安泰ヲ期シ其ノ発展ヲ擁護シ以テ名実共ニ東亜ノ安定勢力タルヘキ帝国ノ地位ヲ確保スルニ要スル国防軍備ヲ充実ス。

（三）満洲国ノ健全ナル発達ト日満国防ノ安固ヲ期シ北方蘇国ノ脅威ヲ除去スルト共ニ英米ニ備ヘ日満支三国ノ緊密ナル提携ヲ具現シテ我カ経済的発展ヲ策スルヲ以テ大陸ニ対スル政策ノ基調トス。而シテ之カ遂行ニ方リテハ列国トノ友好関係ニ留意ス。

（四）南方海洋殊ニ外南洋方面ニ対シ我民族的経済的発展ヲ策シ努メテ他国ニ対スル刺戟ヲ避ケツツ漸進的和平的手段ニヨリ我勢力ノ進出ヲ計リ以テ満洲国ノ完成ト相俟ツテ国力ノ充実強化ヲ期ス。

（以下略）

◈資料17　室伏高信著『南進論』（日本評論社、昭和十一年、二五二〜二五六ページ）

こゝには既に方向が指し示されてゐるかに思はれてゐる。方向とすべからざるものが方向として決定され、そしてそれがあたかも不動のもの、永久のもの日本の運命ででもあるかのやうに。
われわれはこゝに危険を見る。この危険が指摘され、この危険が未然に防止されなければならぬ。

これが政治家の任務だ。そしてこれが一層に思想家の任務だ。真の思想家は予言者でなければならないのである。
一つの方向が与へられなければならぬ。これを新しい方向と呼ぶもよい。われわれは既にその方向を指し示した。
南へ、南へ。
南の国へと、われわれはいつて来た。南の海と森とへ、常緑の国へ、そして常春の国へ、――太陽の直下の国へ。
南は熱の国ではないとはいへないことである。そこには堪へがたい熱さが燃えてゐないとはいへないことである。だが。それが日本人に適しないとはいへないことである。日本人がよく熱さに堪へることは既に証明されたことである。まして、熱の国にも、常春の地帯がある。高きへ、高きへとゆけ。そこには常春の国が待つてゐるではなかつたか。にじみ出る全身の汗を一瞬にして慰めるスコオル、これこそ自然のスツルム・ウント・ドランク、地と人との若返りではなかつたか。
南へ、南へ。
の言葉をくりかへさう。この言葉が日本人の全人口によつて高唱されるの日の来たるまで。
氷と雪と朔風と闘争の北へではなくて、南へ、南へと。
メナム河の流れへ、メコン河の広大な平原へ
比律賓、ボルネオ、スマトラの大平原へ、密林へ、常春の林の中へ
処女地南洋へ
スコオルが大地を狂はせる南の国へ
民族待望の南の海と土とへ
それから若き大陸濠洲へ

労働者の天国ニュウ・ジイランドへ
それから更に印度の方へ
政治的な障害を恐れることはない。地理的自然が命令する。自然に打ち克つ力はない筈である。政治的障害は一時的であり、自然の命令は絶対である。政治的障害を突破して自然の命令のもとに。
こゝに日本民族の使命があり、こゝに日本の歴史的約束がある。こゝに日本の人口が移し植えられなくてどこに日本人のはけ口があらう。こゝに日本の過剰労働と、技術と、知識と、資本とが用ゐられなくて、どこに用ゐるところがあらう。そしてまたこゝに日本の市場が開拓されなくてどこに日本の将来があらう。
日本の将来は決定されてゐるのだ。今日の日本人がこれを自覚してゐてもゐなくても、日本の方向は決定されてゐるのだ。
歴史がこれを決定する。自然がこれを決定する。ロゴスがこれを決定する。そして正義と力とがこれを決定する。
南へ、南へ。

◈**資料18　海軍対南洋方策研究委員会編「調査研究項目」**（土井章監修『昭和社会経済史料集成第一巻』所載、大東文化大学東洋研究所、昭和五十三年、二八八～二九三ページ）

対南洋方策研究委員会ニ於ケル主要調査研究事項
第一　帝国ノ国防上ヨリ見タル表南洋各地域ニ関スル調査検討
第一款　表南洋各地域ノ国情
第一項　各地域ノ地理的調査　一、領域、地勢　二、気候、風土　三、住民（種族、言語、宗教、教育、感情等）　四、政治　五、産業　六、資源　七、貿易　八、交通　九、通信

一〇、軍事　一一、重要都市

第二項　各地ノ歴史的諸関係調査　一、表南洋各地ト日本（個人関係ヲ含ム）トノ歴史的関係

二、表南洋各地ト第三国（個人関係ヲ含ム）トノ歴史的関係

第三項　各地ノ国際的諸関係調査　一、表南洋各地ニ関スル外交関係　二、表南洋ニ関スル各国ノ経済関係　三、表南洋各地ニ於ケル邦人ノ進出状況（利権、企業、投資、通商、運輸、居留民等）　四、表南洋各地ニ於ケル第三国人ノ進出状況

第二款　表南洋ニ於ケル戦略要点ノ調査研究

第一項　帝国ノ利用シ得ベキ地点

第二項　想定敵国ノ利用シ得ベキ地点

第三款　表南洋各地資源ノ価値研究

第一項　鉱産

第二項　農産

第三項　林産

第四項　水産

第五項　畜産

第二　表南洋発展ニ対スル諸方策

第一款　一般方策

第一項　最終目的

第二項　進出方針　一、進出上ノ地域的順序及部分的目標　二、進出上ノ手段的順序及部分的目標　三、進出方途ノ要綱

第二款　表南洋各地域ニ対スル発展方策

第一項　蘭領印度ニ対スルモノ
第二項　暹羅ニ対スルモノ
第三項　比律賓ニ対スルモノ
第四項　英領各地域ニ対スルモノ
第五項　仏領印度支那ニ対スルモノ
第六項　葡領チモールニ対スルモノ
第七項　新南群島ニ対スルモノ
第三款　表南洋発展ニ対スル各種方策
第一項　資源ニ関スル方策
第二項　植民ニ関スル方策
第三項　通商ニ関スル方策
第四項　企業ニ関スル方策
第五項　金融ニ関スル方策
第六項　交通通信ニ関スル方策
第七項　土民ニ関スル方策
第三　対表南洋方策実行具体策
第一款　対表南洋方策実行ニ対スル各種障害ノ検討竝ニ障害排除方策ノ研究
第一項　各種障害ノ検討　　一、対外的障害　二、対内的障害
第二項　障害排除方策
第二款　対表南洋方策実行ニ対スル外交政策ノ研究
第一項　対蘭

第二項　対英
第三項　対米
第四項　対暹
第五項　対仏
第六項　対葡
第七項　対支（華僑ヲ含ム）
第八項　綜合方策
第三款　対表南洋方策実行ニ対スル海軍政策ノ研究
第一項　対表南洋方策実行ノ海軍政策ニ及ボス影響
第二項　現海軍政策ニ変更ヲ加フベキ点
第四款　対表南洋方策実行ニ必要ナル諸工作
第一項　対内工作　一、調査研究、指導統制機関ノ組織系統ノ研究及同機関ヘノ拡人工作　二、進出基地トシテ台湾及裏南洋方面ニ施スベキ準備的工作　三、官民連絡法、民間指導法
第二項　対外工作　一、目的地ノ主権政府ニ対スル工作　二、地方官憲及住民ニ対スル工作
三、第三国ニ対スル工作

備　考

一、本研究ニ於ケル表南洋ト称スルハ蘭領印度、暹羅、比律賓、英領馬来、英領ボルネオ、英領ニューギニア、ソロモン諸島、ギルバート諸島、仏領印度支那、葡領チモール、新南群島ヲ謂フ
二、本調査事項ハ順序ヲ示シタルモノニアラズ

◈資料19 「南方発展邦人先駆者名簿」（南洋団体聯合会『大南洋展覧会図録』所載、昭和十七年）

南方発展関係諸侯

豊臣秀吉／徳川家康／加藤清正／細川忠興／島津家久／島津義弘／島津忠恒／松浦鎮信／松浦隆信／有馬晴信／五島玄雅／松倉重政／亀井茲矩／鍋島勝茂／寺沢広高／山内忠義／山口直友／竹中委正重／鍋島直茂／山口駿河守

御朱印船船主資本主

舟本弥七郎／末次平蔵／亀屋栄任／角倉了以／角倉与一／平野《（末吉）》孫左衛門／平野藤次郎／細屋喜斎／原弥次右衛門／皮屋助左衛門／西野与三／田那辺屋又左衛門／伊丹ペドロ宗味／伊丹治右衛門／浦井宗普／小西長左衛門／高瀬屋新蔵／窪田シゲル与四郎／今屋宗忠／尼崎屋又二郎／大黒屋助左衛門／大黒屋長左衛門／檜皮屋孫兵衛／檜皮屋孫左衛門／六条仁兵衛／木屋弥三右衛門／荒木宗太郎／大賀九郎左衛門／後藤トメ宗印／平戸助太夫／平戸伝介／長井四郎左衛門／豆葉屋四郎左衛門／河野喜左衛門／西村隼人／長崎喜安／高橋掃部入道／薬屋甚左衛門／伊藤新九郎／土井浄甫／長谷川左兵衛藤広／長谷川権六藤正／長谷川忠兵衛／江島吉左衛門／負田木右衛門／村山市蔵／村山等安／木津船右衛門／西ルイス宗真／高尾次兵衛／木田理右衛門／大文字屋半兵衛／高木作右衛門／佐川信利／茶屋四郎次郎／伯耆屋吉右衛門／中村四郎左衛門／橋本十左衛門／糸屋随右衛門／糸屋太兵衛／小浜民部／綿屋藤左衛門／大迫吉之丞／大沢四郎左衛門／船頭杢右衛門／船頭弥右衛門／津田紹意／茶屋又七郎／茨木屋又左衛門の母／夏の方

南方渡航及移住先覚者

◉台湾渡航

千々石采女／谷川角兵衛純次／鷹屋七之允純政／久能善右衛門／村山秋安／明石道友／正木矢次右衛門／柴田勝左衛門／浜田弥兵衛／浜田新蔵／天野屋太郎左衛門／柴田八左衛門／尾ノ道九郎右衛

門／対馬四郎右衛門／西郷惣右衛門／山岡新左衛門
◉台湾移住
伊丹ウィルレム／ハシント九左衛門／フランス・スネール／銀七／長右衛門／伊兵衛
◉澳門渡航
式見市左衛門／ベルトラメウ了西／船本トマス／町田マチヤス／斎藤小左衛門
◉澳門移住
田中アンドレ／トマス・デ・アンヘレス／寺内フランシスコ／マンシイ／池本小四郎の父／伊予屋千松の母／カスパル・バルホア／マリヤ・デヤス／須賀マルタ／久崎アンドレ／パウロ四郎兵衛／京五郎
◉呂宋渡航
原田孫七郎／原田喜右衛門／山下七左衛門／渡辺善四郎／柳屋源右衛門／長野与右衛門／米次郎／ペドロ了陳／納屋助左衛門／川淵九左衛門／吉岡久左衛門／木村権之丞／西川忠政／田中秀兼／岡野三右衛門
◉呂宋移住
高山右近／内藤徳庵／内藤ジユリヤ／パウロ了因／ルシヤ・デ・クルス／テクラ・デ・イグシヤ／中島マダレナ／税所シゲル／セバスチヤン庄右衛門／絲屋シゲル
◉安南渡航
茶屋新六／島田兵衛尉政之／小川利兵衛／角倉助次右衛門／角倉五左衛門／パウロ斎藤小左衛門／町田マチヤス／牧シゲル／藤塚兵左衛門／佐藤吉右衛門の父／甚左衛門／寿庵／原弥次右衛門
◉安南移住
平野屋六兵衛／塩村宇兵衛／塩村太兵衛／塩村ジヨセフ／林喜右衛門／谷弥次郎兵衛／具足屋次兵

衛／角屋七郎兵衛／内城加兵衛／平野屋四郎兵衛／むかで屋勘左衛門／泉屋小左衛門／金崎小左衛門／西村太郎左衛門／鬼塚源太郎／フランシスコ五郎右衛門／平左衛門／宋五郎／平三郎／弥左衛門／権兵衛／多賀平左衛門／松木三右衛門／帯屋市兵衛／帯屋又左衛門／ドミンゴ／与惣右衛門／孫左／三蔵／和田（東京）理左衛門／ウルスラ／ニコラス助右衛門／潘二郎純信

●カンボヂヤ渡航

伽羅屋森助次郎／島野兼了／森本右近太夫一方／本茶屋嘉右衛門／同妻／孫左衛門／同妻／大和屋善左衛門／分部又四郎

●カンボヂヤ移住

森嘉兵衛／森宗右衛門／権三郎／太兵衛／武富長右衛門／西ロマン

●暹羅渡航

前橋清兵衛／末弘市右衛門／天竺徳兵衛／平戸町の源之丞／智原五郎八／滝佐右衛門／太田次郎右衛門／森田長助／高尾次右衛門／高尾与右衛

●暹羅移住

市河治兵衛／握浮哪純広／城本久右衛門／山田長政／同オクン／絲屋太右衛門／寺松広助／木村半左衛門／アントニオ善右衛門／北島八兵衛／徳永長三郎／石橋加兵衛／三宅次兵衛／野中市兵衛／吉原太兵衛／石津伊左衛門／単兵衛／与右衛門／山上吉左衛門／中村彦左衛門／木谷久左衛

●蘭印移住

＝バタビヤ＝

楠市右衛門／村上武左衛門／浜田助右衛門／ミヘール惣兵衛／フランシスコ助九郎／カタリナふく／へろにも春／えすてる／ペドロ喜左衛門／こるねりや武左衛門／こるねりす九郎兵衛／権左衛門／清右衛門／田平のマリヤ／アントニイ／ゴンサロ／ドミンゴ市右衛門／ヤン藤兵衛／ピーテル五

郎兵衛／三十郎／マルテン市右衛門／マリヤ助右衛門／スサンナ助右衛門／ルイス六兵衛／マンシオ五市／（バタビヤ在住日本人は尚多数、その名判明するも省略す）

＝アンボイナ＝

作右衛門／七蔵／久太夫／左兵／太作／兵衛／五郎作／庄三郎／孫六／ヤン六兵衛

＝マキヤン＝

五郎作／左市／仁吉／浪蔵／ヨースト平左衛門

＝マカツサル＝

次良兵衛

＝テルナテ＝

十兵衛／治右衛門／ジュアン・ロピス／吉右衛門

明治以後南洋発展功労者

榎本武揚／菅沼貞風／田口卯吉／佐野常樹／石原哲之助／堤林数衛／笠田直吉／中川菊三／太田恭三郎／高月一郎／後藤猛太郎／坂本志魯雄／山本友助／岩本千綱／小川利八郎／熊谷直亮／宮崎滔天／松岡好一／兼松房次郎／佐久間貞一／細谷十太郎／阿久沢直哉／斎藤幹／山崎平吉／谷田部梅吉／志賀重昂／小嶺磯吉／後藤実史／依岡省三／大村清次郎／（尚多数あるも省略す）

◈資料20　**「大東亜共同宣言」**（大東亜会議）

大東亜共同宣言

昭和一八年一一月六日大東亜会議事務局発表

昭和十八年十一月五日及六日ノ両日東京ニ於テ大東亜会議ヲ開催セリ同会議ニ出席ノ各国代表者左ノ通

日本国

内閣総理大臣

東条英機　閣下

中華民国

国民政府行政院院長

汪兆銘　閣下

「タイ」国

内閣総理大臣「ピー、ピブン、ソンクラム」元帥閣下ノ名代トシテ

「ワンワンイタヤコーン」殿下

満洲国

国務総理大臣

張景恵　閣下

「フィリピン」共和国

大統領

「ホセ、ペー、ラウレル」閣下

「ビルマ」国

内閣総理大臣

「バー、モウ」閣下

同会議ニ於テハ大東亜戦争完遂ト大東亜建設ノ方針トニ関シ各国代表ハ隔意ナキ協議ヲ遂ケタル処全会一致ヲ以テ左ノ共同宣言ヲ採択セリ

大東亜共同宣言

抑々世界各国カ其ノ所ヲ得相倚リ相扶ケテ万邦共栄ノ楽ヲ偕ニスルハ世界平和確立ノ根本要義ナリ

然ルニ米英ハ自国ノ繁栄ノ為ニハ他国家他民族ヲ抑圧シ特ニ大東亜ニ対シテハ飽クナキ侵略搾取ヲ行ヒ大東亜隷属化ノ野望ヲ逞ウシ遂ニハ大東亜ノ安定ヲ根柢ヨリ覆サントセリ大東亜戦争ノ原因茲ニ存ス

大東亜各国ハ相提携シテ大東亜戦争ヲ完遂シ大東亜ヲ米英ノ桎梏ヨリ解放シテ其ノ自存自衛ヲ全ウシ左ノ綱領ニ基キ大東亜ヲ建設シ以テ世界平和ノ確立ニ寄与センコトヲ期ス

一、大東亜各国ハ協同シテ大東亜ノ安定ヲ確保シ道義ニ基ク共存共栄ノ秩序ヲ建設ス

一、大東亜各国ハ相互ニ自主独立ヲ尊重シ互助敦睦ノ実ヲ挙ケ大東亜ノ親和ヲ確立ス

一、大東亜各国ハ相互ニ其ノ伝統ヲ尊重シ各民族ノ創造性ヲ伸暢シ大東亜ノ文化ヲ昂揚ス

一、大東亜各国ハ互恵ノ下緊密ニ提携シ其ノ経済発展ヲ図リ大東亜ノ繁栄ヲ増進ス

一、大東亜各国ハ万邦トノ交誼ヲ篤ウシ人種差別ヲ撤廃シ普ク文化ヲ交流シ進シテ資源ヲ開放シ以テ世界ノ進運ニ貢献ス

解題

清水　元

本書は、故・矢野暢（一九三六〜九九年）の著作『「南進」の系譜』（一九七五年、以下『系譜』と略記）と、後にそれを補完するために書かれた『日本の南洋史観』（一九七九年、以下『史観』と略記）の新版である。日本と東南アジアの関係史という、日本の東南アジア研究者であれば、避けて通りうべくもない、にもかかわらず、それまで誰も手を染めようとしなかった新しい領野に最初の鍬を打ち入れた先駆的業績である。小さな書物だが、問うている問題は深く、重い。いずれも中公新書の一冊として上梓され、初版以来すでに三〇年以上の歳月を経ているが、残念なことに、いつの頃からか絶版になってしまった。

私は、生前の矢野とはまったく面識がない。また、生来、集会を好まぬ、という病癖から逃れられない私は、学会などに参加することも稀なため、文字通りその「謦咳」に接することもなかった。したがって、単なる読者以外の何者でもない私が、本書の解説を書くなど、まことに不適任とも思えるが、読者として間接的に学恩を被る者の立場から、三〇年振りに再読した二著に対して、いささかの感想めいたことを綴ることによって、責めを塞ぎたいと思う。

日本と東南アジアとの関係の歴史は古い。朱印船を駆って東南アジアへ赴き、各地に日本人町を形成した一六〜一七世紀初頭の日本人以来、同地域との関係は今日に及んでいる。だが、ここで注目しておかねばならないことは、その関係の歴史が、両者の相互交流からは程遠いものだったということである。とりわけ、明治期以降の近代日本と東南アジアとの関係にはその感が深い。むしろいわゆる「鎖国時代」のほうが、限定されたかたちではあったにしても、日本と東南アジアの間に事物を介した一種の文化交流があったとさえいえるかもしれない。

近代以降の日本・東南アジア関係は、人々が互いに行き来し、両者の間でさまざまな事物が交換されるという、「相互性」ないしは「相関性」を本質とするものではなかった。東南アジアは、日本にとって存在し、同時に日本も東南アジアにとって存在するという意味での、「共存」するものとして近代日本の前に現われたのではない。東南アジアは、あくまで、日本という主体の前に横たわる客体に過ぎなかった。

このような近代日本による東南アジアへの一方的関わりの歴史にいち早く着目したのが、『系譜』である。矢野は、主体が対象に関わることを意味する「関与」という言葉を用いて、近代日本と東南アジアの関係史を「南方関与」と巧みに表現した。ただ、この用語には、「日本人の南方との自然な関わりの総体」(本書九ページ)というごく簡単な定義しか与えられていない。「自然な関わりの総体」とはほかでもなく、自然流出的な南洋移民を含む明治以降の日本人の東南アジアへの関わりのすべてをさす。歴史的にみれば、近代日本の東南アジアへの関係はしばしば「南進」という言葉で表現された。これに対して、「南方関与」という枠組を設定することによって、狭義の「南進」を近代における日本と東南アジアとの関係の歴史の全体の中に位置づけ、このアグレッシブな響きをもつ歴史用語を相対化することが新用語の使用を提唱したことの狙いであったといえよう。この定義によれば、「南進」は「南方関与」が国策と結びつく特殊な局面を示すタームである。

「南方関与」には定義上とくに「関わりの型」についての言及はないが、『系譜』が、日本人の東南アジアへの関わり方、認識の仕方の特徴として、「北に人あり、南に物あり」という『北人南物論』シンドローム」(本書一四三ページ)を強調しているところからも、「交流」でも「関係」でもなく、あえて「関与」という言葉を用いた理由を知ることができる。南洋を異質文化圏、否それ以上に外国としてすら意識せず、それゆえに「南洋に関する限り日本人は百パーセントの自由を持つという幻想的な思い込み」（本書一四三ページ）こそ、近代日本人の東南アジア観の深刻な負の特質として『系譜』が剔出したものだったからである。

『系譜』の執筆時、矢野暢は、京都大学東南アジア研究センターの助教授であり、少壮の東南アジア学者、とくにタイ政治史の気鋭の研究者として知られていた。その矢野が、何故このような作品を書いたのか……。

『系譜』は、近代日本の「南方関与」についての歴史叙述であり、実証史学的研究の体裁を整えている。みずから「堤林数衛日記」、「青柳徳四郎関係資料」など数々の一次史料を発掘し、「年号一つ確認するだけでも大変な」苦労をして書き上げられたこの著には、「歴史の淘汰に耐えて残りうるようなある程度の水準の実証的な仕事にしたい」（本書五ページ）という思いが込められている。しかしながら、歴史家はもしかすると、同書に実証史学の名を与えることを逡巡するかもしれない。前人未踏の研究分野に踏み入った先駆的業績ゆえの不注意な誤記や事実誤認が散見されるからではない。矢野の真の関心と意図が実証研究にないことが実はその理由である。実際、歴史の実証ということに対しては、矢野は意外な程に無頓着である。それゆえ、実証研究として本書を読み進める読者はしばしば肩すかしを食い、はぐらかされたようなもどかしい気持ちを味合わされる。

一例を挙げよう。みずから史料を掘り起こした堤林数衛の蘭領東インドにおける商業活動に関して、「（堤林の南洋商会は）大正十一年頃から世界的不況のため事業経営が困難となり始める」（本書七三ページ）と書く。そして、その根拠になんと大正九年後半期の営業報告書からの引用をあてているのである。しかもこの報告書の内容は、「欧州産業ガ回復スルト共ニ……逐日良質低廉ナル欧品ノ輸入ヲ増加シ従テ邦品ニ対スル今後ノ形勢誠ニ憂慮ニ堪ヘザルモノアリ」というもので、『系譜』が理由として挙げる「世界的不況」について述べられたものではない。突然の南洋商会解散（昭和三年）の真相は不明だが、当時の在蘭印日本領事館の調査によれば、南洋商会の蘭印支店網は、「世界的不況」の一九二〇年代にむしろ拡大しており（外務省通商局「在外本邦実業者調」）、また、この時期、蘭印で活動する日本人の数も大幅に増大している（同「海外在留本邦人職業別人口調査」）。にもかかわらず、南洋商会は解散した。その原因と経緯については、これらの点も加味した上で、改めて考えられねばならない論件であろう。

このように、『系譜』は、けっして実証史学的研究ではない。というよりも、それは、実証的な歴史研究を超えた、もっと生々しい現実的な問題意識に貫かれた「なにものか」なのである。

「南方関与」はすぐれて歴史学的な課題ではあるが、こうした研究領域が設定されざるをえなかった背景には、より現実的な問題意識があったことは間違いない。第二次大戦後、東西冷戦が激化していく中で、アメリカの世界戦略の一環として再び歴史の舞台に登場してきた日本・東南アジア関係は、当初から、東南アジアを日本にとっての「商品市場」、「原料資源供給地」として位置づけるものであった。そして、そのような役割を担わされた東南アジアの重要性は、一九六〇年代以降の高度経済成長期を通じてますます高まり、日本の東南アジアへの経済進出は急速に進んだ。その結果、日本の経済的オーバー・プレゼンスが問題とされ、七〇年代に入ると東南アジア各地で日本批判が沸騰し、七四年一月の田中角栄首相の東南アジア歴訪時にはついに反日暴動が勃発した。こうした現実の東南アジアにおける「反日」の構造を知るうえで、日本人の東南アジアに対する認識と関係の仕方の諸類型を歴史的にさかのぼって明らかにすることが不可欠の前提作業と考えられたのは至極当然の成り行きであった。

こうして、この事件に最も敏感に反応した矢野によって『系譜』は書き上げられた。若き日の矢野の「現在」を見る鋭い問題意識から俯瞰された、日本・東南アジア関係史に関するありとあらゆる問題を網羅して編み上げられた壮大な「カタログ」とでもいうべきもの、一言で言って、それが『系譜』の本体である。

「南方関与」という無味乾燥でニュートラルな概念は、そのためにこそ創造されねばならぬものであった。前記のとおり、「日本人の南方との自然な関わりの総体」という定義が与えられている、この言葉は、あたかもブラックホールのように、近代日本において東南アジア地域に関わったあらゆる人々、あらゆる事柄を吸引・包容する。『系譜』では、この言葉のもとに、南方へ関わった日本人の実態と彼らが南方に対して持った認識、その関わりを合理化するイデオロギーはもとより、南洋文学や現地の日本人小学校、日本人墓地からシンガポールの照南神社、マレー人回教徒への天理教の布教、等々にいたるまで、まさに「ありとあらゆる」テーマが一筆書きのように取り上げられ、縦横無尽に論じられている。膨大な関連文献に目配りした、視野の広さと才気煥発ぶりには舌を巻かざるをえない。「南方関与」に関することで、このコンパクトな新書に触れられていないことはほとんどない。出版後三〇年以上を閲した今日でさえも、おそらく、この「カタログ」と無関係に日本と東南アジアの関係史を語ることはできまい。というより、この「カタログ」に掲げられた事柄や人物をより深く考察することで、今日に至るまでの「南方関与」研究は進められてきたと言っても過言ではないのである。紙幅の都合ですべてを挙げることはできないが、『系譜』以後、例えば、後藤乾一『昭和期日本とインドネシア』(勁草書房、一九八六年)、原不二夫『英領マラヤの日本人』(アジア経済研究所、一九八六年)、石井米雄・吉川利治『日・タイ交流六百年史』(講談社、一九八七年)、早瀬晋三『「ベンゲット移民」の虚像と実像』(同文館、一九八九年)、倉沢愛子『日本占領下のジャワ農村の変容』(草思社、一九九二年)、清水洋・平川均『からゆきさんと経済進出』(コモンズ、一九九八年)など、さまざまな地域に関する個別テーマについて、実証性に富む充実した歴史研究が数多く生み出されている。これからも南方関与に関して新しく研究を始めようと思う者は、本書の中に、自己のテーマに関する何がしかの言及を必ず発見せざるをえないであろう。この意味で、『系譜』は、「南方関与」に関するほとんどすべての論件を参照・検索できる「カタログ」として、矢野の意図したところとは違った意味で、「歴史の淘汰に耐えて残りうる」文献になっているといえよう。

　そのうえ、いかに無限抱擁的だとはいえ、この「カタログ」に取り上げられているさまざまなテーマはけっして雑然と寄せ集められているわけではない。それらは、大東亜共栄圏に帰結する昭和戦前期日本の「南進」を「悪」として告発・断罪する至極明快な歴史観を太い柱として、構造化されているからである。矢野によれば、「南進」とは、総体としての「南方関与」の一部であり、それが「国策と結びつき、望ましくない傾向を帯び始めた局面にだけ」用いられるのが適切な言葉である。「無告の民」の自然流出から始まった近代日本の「南方関与」は、彼らが「営々と働き蜂のように地盤を固めていった時代」を経て、昭和期に入るとその地盤の上に「南進」政策として認知され、史上初めて国策の一部になる。昭和一一（一九三六）年、広田弘毅内閣が策定した「国策ノ基準」がそれだという。以降、「速足なる日本の南進歩調」が進み、「中身もなにもない空虚な概念」としての大東亜共栄圏構想と太平洋戦争という破局へ向かって雪崩を打つように転落してゆく。この過程で、多くの日本人が『南進』というまわしい現象を担った」が、それらの「人びとの中には、歴史悪に貢献した野心的な日本人とそうでない純朴な歴史の犠牲者とが同時に含まれていた」（本書八ページ）。国策としての「南進」が進むなか、「日本の利己的な国益追求が行われ……、無知な本土人、権威主義的で計算高いエリートがのさばり始め……、日本の庶民と現地の庶民との人間的な心の通いは踏みにじられる」（本書一三五ページ）。現地の人々との関係が悪化しただけではない。太平洋戦争の勃発によって、終局的には、サイパン島の玉砕（昭和一九年七月）に典型を見るように、「南洋に永住覚悟で住み着いたろくに学歴もない無告の民」は、南洋各地で「ことごとく不幸になった」（本書二八〇ページ）。これが『系譜』の歴史観である。この歴史観のゆえに、矢野にとっては、「すべては昭和十一年に始まる」（本書二九三ページ）のである。

　こうした歴史観は、「南方関与」の認識論、思想・イデオロギー的側面である南進論の考察においてよりあらわになる。「日本人が東南アジアをどう見がちであるかという認識枠組みのほうが、（『系譜』で扱った庶民の南方関与の実態よりも）はるかに大きな将来的意味を持つ」という問題意識から、四年後に新たに書き下ろされた『史観』においては、「どことなく平和主義的なニュアンスをまとった」「基本的には善意の思想であった」明治期南進論が、大正期の実務的「南進」の時代を経て、昭和一〇年代に、「南進論というまったく同じレッテルのもとで、かなり中身のちがう」大東亜思想へと人為的に作り替えられていった過程が描かれている。すでに近代日本の南進論の「すべての要素が出揃っていた」明治期南進論には、「危険思想への肥大のための起爆剤的な要素」すら潜んでいたからである。

『史観』は、『系譜』第二章で論じられた「『南進論』の系譜」を敷衍・精緻化したものであるが、やはりその実証性には、「まえがき」で矢野が「実証的分析の成果」と自負するほどのものが必ずしもあるわけではない。だが、実証的裏づけが十分でないとしても、矢野の慧眼ならではの重要な指摘や、鋭い着眼は随所に認められる。

例えば、明治期南進論の脱亜主義的性格について述べている次のような指摘である。「『南進論』と『アジア主義』とはまったく別物であって、……それぞれの思想を構成する要素の点で、はなはだしい懸隔があった。……また、『南洋』は、『アジアは一つ』などのアジア主義的テーゼの通用しにくい世界であり、そして欧米の植民地である限りは、朝鮮半島や中国と比べると、アジア連帯感にもとづく行動の自由が極端に制限される世界であった」（本書二二一ページ）。本来、南進論が太平洋地域への発展・進出を鼓吹する「海の思想」である限り、中国・朝鮮半島などの北方大陸との運命共同性の否定を含意する福沢諭吉の「脱亜論」と相通い合う思想性を持っていたことが、ここでは示唆されている。「比喩的にいって、……『海』の思想として語られる」（本書四三ページ）南進論という矢野の問題提起に関しては、拙著『アジア海人の思想と行動』（ＮＴＴ出版、一九九七年）でも愚考を披瀝しておいたが、その後、海で結ばれた有機的システムとしての「海のアジア」と日本との関係を、今日的問題意識から考察する白石隆『海の帝国』（中公新書、二〇〇〇年）や宮城大蔵『「海洋国家」日本の戦後史』（ちくま新書、二〇〇八年）のようなすぐれた作品が書かれている。

しかし、『史観』において矢野が最も強調したかったことは、そのようなところにあるのではない。『史観』のスポットライトは大正期南進論にあてられているからである。そのことは、中公新書版の本文全一九六ページのうち八一ページもの紙幅が大正期に割かれていることからもわかる。ここでは、大正期における「南方関与」の三つの基盤変化（すなわち、南洋群島の領有、大戦景気による日本の経済力の上昇、外南洋［東南アジア地域］への日本人進出の急増）と、それを背景とした南進論の四つの特徴（すなわち、実利的・即物的傾向、「公」の思想としての色彩の濃化、南洋イメージの社会的定着、諸列強との競合意識の増大）が論じられている。それとともに、南洋興発や石原産業のような国策的企業の擡頭、『実業之日本』、台湾総督府、南洋庁の役割、さらには準国策機関である南洋協会に巣食う「南方屋」の輩出など、昭和期の「南進」に密接に結びつく事柄が取り上げられ、最後に「拠点」と「圏」という発想がこの時代に生まれたことにまで説き及ぶ。当然「圏」の思想は大東亜共栄圏を用意したものと位置づけられている。ここでもまた、矢野は大正期について、論ずべきテーマをきちんとリストアップし、後に続く研究者に課題を与えている、といってよい。

『史観』によれば、昭和期の「南進」政策を可能にした具体的な条件は、ほぼすべて大正期における事態の発展の中で整えられた。「南進」というタームが一般に定着し、一方で「未開、下等、怠惰、愚鈍、不潔」といった南洋イメージが大衆の間にひろがるのもこの時代である。しかし、功利的で実際的な大正期南進論は、昭和の時代が必要とした国民全体を「南洋への関心にかりたてる動員力をもった」ロマン性やカリスマ性を帯びた思想と人的象徴を欠いていたがゆえに、昭和期になると無視され、失念される。代わりに、南進論のあらゆる要素を備え、菅沼貞風や竹越與三郎などスターにも事欠かなかった明治期南進論がクローズアップされ、それらをつまみ食いし、歴史を歪曲するようなかたちで、近代日本の「南進」の正統理論として昭和期南進論が作り出されたという。したがって、昭和期南進論は必然的に虚妄の論議たらざるをえなかったが、そこに至る道が、大正期南進論にあったのだとしたら、「大正期『南進論』の積極的な評価を呼びかけるわたしの主張は、けっして的はずれではない」（本書二五〇ページ）ということになる。

矢野は何故それほどまでに大正期南進論にこだわるのであろうか。大正期南進論を再評価し、明治から昭和に至る南進論の思想史的文脈に正当に位置づけようという知的営為以上のものがそこには感じられはしまいか。自己の恐怖の体験としてジャカルタの反日暴動が『系譜』の「まえがき」に執筆の動機の一つとして記されているのは象徴的である。矢野は昭和三〇年代以降の日本の東南アジア進出を、「南方関与」の第四期と呼ぶ。そして、それまでのどの時期とも違った、第四期のユニークな特徴を、それが賠償交渉という政府間交渉として始まり、この賠償をはじめ、戦後日本人の東南アジア進出への環境を、国家が整備していったところに求めている。つまり、戦後の「南方関与」は、「国策」との関連で捉えられているのである。

矢野の定義によれば、国策と結びつくとき、「南方関与」は「南進」となる。とすれば、戦後日本の「南方関与」は、いつの日かいまわしい国策としての昭和期「南進」に接近するかもしれない、との危惧が生じたとしても不思議ではない。このときはじめて、南方関与が到底国策とはなりえなかった明治期と「南進」国策を掲げた昭和期とをつなぐ道を地ならしした、大正期南進論が最も強い光を照射されなくてはならない対象として浮かび上がってくる。純朴な無告の民が、歴史悪に荷担したり、あるいは歴史の無残な犠牲者になっていく、その岐路は一体いつ訪れたのか。大正期南進論が「鬼子」のような昭和期南進論を産み出したのは何故か。このことを突き止めない限り、戦後日本の東南アジア関与の行方を占うことはできない。いわば、「下町族」（現地に基盤を置く無告の民）のいない、「グダン族」（日本の本社から派遣されてくるエリート・ビジネスマン）だけの、しかも国策と結びついた戦後の経済進出は、容易にあの「歴史悪」としての昭和戦前期の「南進」に堕してしまうかもしれないからである。まのあたりにしたジャカルタ反日暴動はその予兆ではなかったのか。大正期南進論の可能性と限界を見極めること、これこそが、『系譜』と『史観』執筆当時の矢野の最も痛切な問題意識であり、二著の執筆に駆り立てた直接的動機であった。

だからこそ、「たんなる金もうけ以上の、人生の使命みたいなものを知的に気にし続けていた」（本書七四ページ）堤林数衛の「回心」（プロテスタントとしての「天職・天命」への目覚め）にも矢野はこだわるのである。『系譜』と『史観』の間に、矢野が、昭和五二（一九七七）年度文部省特定研究「東アジアおよび東南アジア地域における文化摩擦の研究」の「日本の南方関与と文化摩擦」班の成果として発表した論文は「堤林数衛の精神的『回心』」であり、「大正期『南進論』の特質」であることを見れば、当時の矢野の関心がどこにあったかは明らかである。

矢野は時代の熱気に敏感な研究者であった。激動の七〇年を過ぎたとはいえ、その残照のなかで、学の中立の幻想の下に知的生産を行う既存の学問の在り方が問いつづけられ、研究さえも「収奪」であると言われる時代であった。矢野は、『系譜』の「まえがき」で、「『お前はなぜ東南アジアを学ぶのか』という問い掛けを誰かから受けた場合、はっきりした解答をかえせること」を、執筆の動機の一つにあげている。そして、「エピローグ」では、南方調査論、熱帯医学研究、「工作」の思想という戦前の知的伝統に批判的に触れた後で、戦後日本の東南アジアとの関わりのあるべき姿について、「地域研究を通じて東南アジアを学び、文化交流という『工作』を積み重ね、そして熱帯医学の常識を身につけておけばそれでいいといえるのか。私はそうは思わない」（本書一四九ページ）と言い切っている。南洋を東南アジアと、南方調査を地域研究と置き換えたところで、戦前の南洋論と南進論総体に対する自己批判を踏まえなければ、結局、戦前期と同じ轍を踏むことになりはしないか。この思いから矢野はけっして解き放たれることはなかった。

矢野が戦後日本の南方関与の出発点とする賠償協定は、一九五四年のビルマを皮切りに、フィリピン

（五六年）、インドネシア（五八年）、南ベトナム（五九年）と、立て続けに締結された。政府のシンクタンクとしてアジア経済研究所が設立されたのが五八年、国立京都大学に矢野が所属していた東南アジア研究センター（現東南アジア研究所）が設立されたのは六三年である。が、この間、その一方で、メディアでは奇妙な現象が起こっていた。「怪傑ハリマオ」という番組が六〇年から翌六一年にかけてテレビで放映されたのである。東南アジアを舞台に、現地人を圧迫・搾取する悪逆非道な白人、この白人に寄生し私利をむさぼる貪欲な中国人、虐げられる東南アジアの人々、そして、彼らを助けて白人・中国人と戦う正義の使者ハリマオ。ハリマオは日本人である。これらの登場人物が織りなす、まさしく大東亜戦争期における「南進」を髣髴させるこのドラマは、昭和戦後の少年達にも熱狂をもって迎えられていた。これは単なる偶然だったのか。

こうした時代風潮のなかで、前述のとおり、一九六〇年代、日本の東南アジアへの経済進出は急速に進み、挙げ句の果てが七〇年代における東南アジアの「反日」である。ジャカルタ暴動を直接の契機として書かれた『系譜』を、矢野は、「けっきょく、百年あまりの南方関与のあとで、私たちは、いままた、まったく新しい出発点に立たされているわけである。考えてみれば、たいへんむだな百年であったようである」（本書一五〇ページ）と結ばざるをえなかった。そして、『史観』でも、「戦後のわたしたちが東南アジアについて考えそうなことは、『心と心の触れあい』であれ、『太平洋圏構想』であれ、もうほとんど戦前の『南進論』者たちの議論の中にふくまれていることもはっきりした。それは、かなりおそろしいことである」（本書一六六ページ）と記した。

思えば、戦後における日本と東南アジアの関係は東西冷戦と南北問題という外から与えられた制度的枠組の中で形成されてきた面があまりにも強く、その正統性の根拠は意外なほど問われてはいない。しかも、その後、日中国交回復（一九七八年）の実現とともに、日本の経済関係の機軸は中国に移り、東南アジアといかに関わるべきか、ということが一時の熱気を込めて語られることも少なくなった。とはいえ、東南アジアとの関係が消滅してしまったわけではない。とりわけ八〇年代後半以降、日本と東南アジアの経済関係はむしろより密接なものとなり、両者の経済的相互依存関係ははるかに深まっている。その間、戦前の「南方調査」を思わせるように、地域研究としての東南アジア研究は蓄積をつづけ、東南アジアに関する実務的経済書の出版も夥しい数にのぼっている。何かしら、矢野が歴史の岐路として描いた大正期後半の様相に似ていなくもない。もしかして、日中の経済関係がこれまでのような発展を望めなくなったとき、再び、東南アジアとの関係が声高に語られる日が訪れるのであろうか。そのとき、東南アジアに対して適切に語り、正しく振る舞えるだけの準備をわれわれはしてきただろうか。またまた、「たいへんむだな二〇年であったようである」と、本当に言わないですむのか……。鮮烈な問題意識に貫かれたこの二つの作品を、今、改めて読み直してみることはけっして無意義なことではない。

（早稲田大学政治経済学術院教授）

あとがき

矢野卓也

このたび『「南進」の系譜』ならびに『日本の南洋史観』が合本という形で復刊される運びとなった。どちらも一九七〇年代に中公新書として刊行されているので、三十余年の歳月をへてあらためて世に問われることとなる。現在でも「南方関与」は日本における地域研究の重要なテーマの一つであるが、その先駆をなす著作と思しい。比較的多作であった父、矢野暢にとっても、この二冊はとりわけ愛着の深い作品であった。

父はよく、「研究者は、学問をする上で、自らのアイデンティティを絶えず吟味しなければならない」と語っていた。人は誰しも、その人生の節々で、ふしぎなめぐり合わせを経験する。私がみるところ、そのようなめぐり合わせに対して、研究者は大きく分けて二通りの反応を示すように思われる。ひとつは、人生の因縁にさほど頓着せず、自らの知的関心に忠実に、淡々と研究を進めるタイプ。もうひとつは、そのような因縁にあくまでこだわり、ひたすらその意味を追い求めるタイプである。父は典型的な後者といえた。

生まれ年にこだわり、満州からの「引き揚げ」という来歴にこだわり、そして九州に生まれ、京都大学に学んだことにこだわった。道なき道を切り拓くことに学問の醍醐味を見いだす一方で、その実、「縁」という言葉にたいそう縛られていた節もある。

父と、『男はつらいよ』のビデオを見ていた折、車寅次郎が旅先で出会った人間に「あなたはいったいどのようなお方か」と問われ、「ひとことでいうと旅人」と答えたのを見た父が、「トラはおれと同類だな」と満足そうに呟いたことを思い出す。地域研究者は、当然のことながらよく旅をする。しかし、父の場合、単に職業上の必要にとどまらず、自らのアイデンティティの一環として旅を捉えていたようだ。

たしかに父の人生は、旅続きであった。九州の熊本に生まれ、まもなく親に連れられて満州の大連に移り住み、敗戦を迎えた後、売り食い生活を経て本土に引き揚げた。小学校四年から高校までをふたたび熊本で過ごすと、大学進学で京都に移り、大学院時代には南タイのイスラム村落に二年ほど暮らした。その後、広島とワシントンDCで教鞭をとってから、ようやく京都を拠点として暮らすようになった。とはいえ、その後の生活もはなはだ落ちつきないもので、調査、講演、国際会議などといっては日本各地、アジア、ヨーロッパ、アメリカなどを足しげく動きまわっていた。そして晩年の五、六年はおおむねヨーロッパの地で過ごした。ヨーロッパでも数多く旅を重ね、亡くなったのはオーストリアのウィーンである。

さて、本書にもあるように、父が『「南進」の系譜』を執筆した直接の動機は、一九七四年一月、当時の田中角栄首相がジャカルタを訪問した際に発生した「マラリ事件」を現地で体験したことである。このときジャカルタの警察はほとんど機能しておらず、市内は無法地帯であった。母はそのとき留守宅で幼子(すなわち私)を抱えて不安に駆られていたが、父からはまったく連絡がなく、途方にくれたという。そのような中でも、父はこの反日暴動事件に関する批評を日本の新聞に書き送っており、母は記事によって間接的に父が生きていることを知るのみであった。

当時、東南アジア諸国の通信事情は劣悪をきわめた。日本への国際電話が大仕事であったことは間違いないが、察するに父はそのような事情とは無関係に、家族のことなど忘れ、研究者として、そしておそらくは実存的な次元においても、その暴動と対峙していたのであろう。

いずれにせよ、幼少期の引き揚げと、このジャカルタ暴動の経験が父の学問のあり方に決定的な影響を及ぼしたことはたしかである。そして、この二つの経験は、近代日本(あるいは日本そのもの)の業がもたらしたという意味で、父にとって本質的な共通性を負っていたといえる。

他方、先に述べたように、父は大学院生のとき、定着調査のためおよそ二年間にわたって南タイのドンキレクというイスラム村落で過ごしている。このこともまた、その後の父の問題意識や世界観の形成に多大な影響を及ぼした。

父が亡くなった翌年の二〇〇〇年九月、私はドンキレクを訪れた。大阪市立大学の永井史男先生から「矢野先生の研究の原点を見てみたいが、まずはご遺族とご一緒に」というお誘いを受けてのことだった。

父が暮らしていた一九六〇年代後半と比して、南タイははるかにアクセスしやすくなった。バンコクからジェット機で南タイの中心都市ハジャイまで飛び、そこから車で小一時間ほどの距離にあるその村では、とうに世代交代が進んでいたが、父のことはまだ村人たちの記憶に残っているようで、ありがたい歓迎を受けた。

村での調査にあたり、父は現地の若者を助手として雇い入れていた。その一人であったカーオという人物のお宅にお邪魔することができた。年月をへて、プー・ヤイ・バーン(村長)として村の指導的立場に就いていたカーオさんであったが、ご夫人ともども父のことをよく覚えてくれていた。我々の訪問を聞いて出してくれたのだろう。テーブルの上に、まだ二十代の父とカーオさんが一緒に写った古い写真が立てられていた。数十年間、ジャングルに埋もれるような南タイの小さな集落に人知れず眠っていた一葉の写真。そこに若かりし父の姿を見たとき、その地で父が生を終えたかのような不思議な錯覚におちいった。そして、ふと明治以来南洋に散らばった「無告の民」のことが頭に浮かんだ。

後年、父がさかんに唱導した「外文明」と「内世界」、あるいは「強い空間」と「弱い空間」といった歴史空間認識の枠組みは、すでにドンキレクで着想されていたという。「文明」と「固有文化」の関係性、あるいは無関係性とも表現できるこの二項対立は、私の見るところ、父の地域研究方法論のかなめである。

たとえば、父が関心を寄せていた脱植民地化論もその文脈でとらえることができるし、いうまでもなく本書のテーマである日本の「南方関与」、そして「南進」についても同様である。開国以降、「強い空間」たろうとした日本が、「弱い空間」と関わり、そして、ぶざまに歴史の報復を受けるといったリカレントなパターンに、父はとにかくこだわり抜いた。こうした問題意識から導き出された次なる知的課題は、必然として「強い空間」のあるべき姿の模索へと向かった。むろん「弱い空間」へも変わらぬ眼差しが向けられていたことはいうまでもない。

『「南進」の系譜』に戻ろう。

父は、本書を刊行したときのことを回想し、四つの「思い出」を述べている。

「まず第一は、日本の国内各地はもとより、シンガポールやマレーシアなどまで取材旅行を重ね、また、古本屋で戦前に出た南方関係の書物を買い漁ったりして、そうとうに手間暇かけたというなつかしい思い出である。第二は、堤林数衛や高橋忠平などの、いわば南方とかかわった無告の民を幾人か発掘できたということである。第三は、出版に際して、中央公論社が「南進」という表現を用いることをつよく渋ったという事実である。不要な誤解を招くというのが、その反対の理由であったが、当時はまだそういう時代であったのだ。第四に、この本が出たあと、まるで反響がなかったという苦い思い出もある。この本は、むしろ、時が経つにつれてしだいに評価を受けるようになった」(「〈関係〉の政治学と〈無関係〉の政治学」、『講座現代の地域研究　第三巻　地域研究のフロンティア』、二一四〜二一五ページ、一九九三年、弘文堂)。

本書タイトルの「南進」にわざわざカギ括弧がつけられたのには、上記のような経緯があった。近代日本の「南進」を肯定するかのごとき誤解を受けることを出版社が恐れたのである。実際、本書が世に出た後、一部の識者が父に「南進論者」のレッテルを貼ったこともあったかに仄聞する。父にそのような意図がないことは、本書をお読みいただけば明白であろう。

日本は「南進論」は持ったが「南洋論」は持たなかった。すぐれた「南洋論」を持たないかぎり、日本の南方関与に正当性が与えられることは今後ともない、というのが父の結論である。こうした「南洋論」を持ってこそ、我が国の南方関与、すなわち「強い空間」であるところの日本の南方関与は、その存在に伴う責任や宿命を引き受けることができるだろうし、ひいては南洋世界、アジア世界をどのような世界に導くことができるか、について語る資格が備わると考えられるからである。

やはり本書は、日本の「業」、とりわけ国際社会との関係において決定的な失策を重ねて破綻した近代日本の「業」を抉り、そして今日においてなお、賢明な「治者」たり得ているとは言い難い日本に警鐘を鳴らしているように思われてならない。

復刊に際し、本文については明らかな誤植、脱字などを訂し、意味を解しづらい部分には「編注」を加えた。なお参考文献で、その後、再版・改版された書籍については書誌データを追加してある。さらに主要な事項と人名の索引を付した。読者に資するところがあれば幸いである。また引用した資料の中には、今日「差別的」と考えられる表現も見られるが、歴史的な背景を踏まえるため、すべて原典のママとした。併せてご寛恕を乞う次第である。

最後になったが、こころよく復刊をお許し下さった旧版の出版社である中央公論新社、そして、いまあらためて本書に注目し、光を当てて下さった千倉書房、および担当の神谷竜介氏に、この場を借りて厚く御礼申し上げたい。

（財団法人日本国際フォーラム研究員）

一九六四年頃、タイ・ドンキレクにて（写真提供：永井史男氏）

ラ

マ

ヤ

ハ

タ

サ

主要事項索引

タ

主要人名索引

ア

［著者略歴］

矢野暢（やの・とおる）
政治学者。専門は東南アジア地域研究。一九三六年熊本生まれ。一九五九年京都大学法学部卒業。一九六五年同大学院博士課程修了。一九七〇年法学博士（京都大学）。大阪外国語大学講師、広島大学助教授、京都大学東南アジア研究センター助教授などを経て、一九七八年より同教授。一九九〇年同所長（～一九九三年）。スウェーデン王立科学アカデミー終身会員。一九九六年ウィーン大学法学部客員教授。一九九九年逝去。主な著作に『タイ・ビルマ現代政治史研究』（創文社）、『劇場国家日本』（TBSブリタニカ）、『東南アジア世界の構図』（日本放送出版協会）、『冷戦と東南アジア』（中央公論社、吉野作造賞）、『国家感覚』『国土計画と国際化』『ノーベル賞』（ともに中央公論社）、『フローの文明・ストックの文明』（PHP研究所）などがある。

「南進」の系譜　日本の南洋史観

二〇〇九年五月三〇日　初版第一刷発行
二〇一九年五月一八日　初版第二刷発行

著者　矢野暢
発行者　千倉成示
発行所　株式会社 千倉書房
〒一〇四－〇〇三一　東京都中央区京橋二－四－一二
電話　〇三－三二七三－三九三一（代表）
https://www.chikura.co.jp/
印刷・製本　中央精版印刷株式会社
造本装丁　米谷豪

ISBN 978-4-8051-0926-7 C1021

松岡外交

服部聡 著

第二次大戦直前、米露独中を相手に多元的外交戦を繰り広げた異能の外相が見据えていた日本の進路とは。

❖A5判/本体 五七〇〇円+税/978-4-8051-1007-2

近代ユーラシア外交史論集

三宅正樹 著

帝国が崩壊していくユーラシア大陸の東西で、中露を巻き込んで日独が繰り広げた熾烈な合従連衡の行方を追う。

❖A5判/本体 七二〇〇円+税/978-4-8051-1063-8

東アジアのかたち

大庭三枝 編著

中国の台頭と米国のリバランス戦略の狭間で変容する東アジアにおける地域秩序を日米中アセアンの視座から分析。

❖A5判/本体 三八〇〇円+税/978-4-8051-1093-5

千倉書房

表示価格は二〇一九年五月現在